斯里兰卡教育、语言与社会发展研究

张荣建　编著

中国农业大学出版社

·北京·

图书在版编目(CIP)数据

斯里兰卡教育、语言与社会发展研究/张荣建编著. —北京：中国农业大学出版社，2018.3

ISBN 978-7-5655-1966-6

Ⅰ. ①斯… Ⅱ. ①张… Ⅲ. ①教育研究-斯里兰卡 Ⅳ. ①G535.6

中国版本图书馆 CIP 数据核字(2017)第 321779 号

书　名 斯里兰卡教育、语言与社会发展研究

作　者 张荣建　编著

策划编辑	张　玉	**责任编辑**	张　玉
封面设计	郑　川		
出版发行	中国农业大学出版社		
社　址	北京市海淀区圆明园西路 2 号	**邮政编码**	100193
电　话	发行部 010-62818525,8625	读者服务部	010-62732336
	编辑部 010-62732617,2618	出　版　部	010-62733440
网　址	http://www.caupress.cn	**e-mail**	cbsszs@cau.edu.cn
经　销	新华书店		
印　刷	涿州市星河印刷有限公司		
版　次	2018 年 3 月第 1 版　2018 年 3 月第 1 次印刷		
规　格	787×1 092　16 开本　21 印张　260 千字		
定　价	78.00 元		

前 言

随着“一带一路”国际合作倡议的提出，为了响应这一倡议和为进一步对外开放提供智力贡献，以及提升我校科学研究服务国家发展战略能力，重庆师范大学借助多学科优势及我校与斯里兰卡凯拉尼亚大学共同建设孔子学院的机遇，开设了国别研究方向，成立了斯里兰卡研究中心，组织课题研究团队，对斯里兰卡展开多方位的研究，本书就是重庆师范大学斯里兰卡研究的成果之一。

斯里兰卡政府一贯奉行对华友好政策，两国在许多重大国际和地区问题上拥有共识，合作良好。在国家“一带一路”建设中，位于印度洋的斯里兰卡具有重要地位。长期以来，中国和斯里兰卡在政治、经贸、教育、文化和旅游诸方面相互合作和广泛交流，进一步加深对斯里兰卡的了解，对促进两国关系的发展非常有必要。

本书是我校张荣建教授领衔的研究团队对斯里兰卡教育、语言和社会诸方面进行综合研究的成果，其主要内容是从历时和共时的视角研究斯里兰卡教育、教育语言政策及社会发展和未来趋势，包括斯里兰卡的教育改革、双语教育、教育模式和传统及全球化视野的斯里兰卡高等教育；语言态度与语言维护、语言与社会态度和认同、语言政策与语言规划以及女性和老年人状况等。其经验和教训对我们也有借鉴作用。

本书分为三个部分，第一部分介绍斯里兰卡的教育，包括大中小学层面。涉及教育政策、历史和现状等宏观问题，也涉及课堂教学、教育教育实践等微观问题。

第二部分介绍斯里兰卡语言问题，其既涉及语言政策和规划的宏观层面问题，也涉及语言教学与教师培训和专业发展的微观问题。

第三部分是对斯里兰卡社会的管窥，介绍了妇女、儿童、老人和有关民族社区的问题。随着我国与斯里兰卡全方位的合作，了解作为南亚发展中国家的斯里兰卡社会的这些方面，将有利于在政治、经济和文化等方面进一步加深相互了解和支持。

通过近两年的努力，本书终于付梓了。本书的完成出版，要感谢重庆师范大学对项目的支持（项目批准号 2014GB06），感谢重庆师范大学科研处和斯里兰卡研究中心所提供的人力、财力支持，感谢重庆师范大学外国语学院对时间的保障和提供的人力、财力支持。同时，还感谢中国农业大学出版社张玉编辑提供的宝贵意见。

本书在编撰过程中，从构思和编写，得到黄绚老师、王庆老师、研究生韩宗良和马雪的大力支持，也特表谢意。在本书出版之际，也有众多遗憾，这既有本人学识的原因，也有资料选择的原因，这些就有待今后加以弥补完善了。

目　　录

第一篇　斯里兰卡教育

第二篇　斯里兰卡语言概要

第三篇　斯里兰卡社会

第一篇
斯里兰卡教育

第一章　斯里兰卡教育概述

一、概述

斯里兰卡是位于印度洋的岛国，与中国距离遥远，但中国和斯里兰卡关系友好，经历了历史的考验。中国和斯里兰卡于1957年1月1日正式建交。2009年，斯里兰卡结束了长期内战，中国和斯里兰卡合作进一步密切。中国是斯里兰卡最大的捐助者，自2009年以来提供了价值12亿美元的援助，占斯里兰卡接受外国援助总额22亿美元的54%。

2013年，中斯双方决定将双边关系提升为战略合作伙伴关系，2014年，中国和斯里兰卡签订了关于深化战略合作伙伴关系的行动计划。

在13世纪，斯里兰卡是两个王国：北方的泰米尔王国和西南的僧伽罗王国。1505年，葡萄牙殖民者入侵，在西部和南部海岸建立殖民地。内陆的康堤王国没有被占领。1612年，康堤王国与荷兰人结盟，反抗葡萄牙人，但最终屈服。1646年，斯里兰卡被割据为荷兰和葡萄牙殖民地。1656年，荷兰人打败了葡萄牙人，将其驱逐出斯里兰卡。在150年的荷兰殖民时期，荷兰人占据了大部分斯里兰卡国土。1796年，英国人打败了荷兰人，并且在1815年占领全国。1948年，斯里兰卡获得独立。

斯里兰卡小学入学率高，从2001年到2007年，入学率保持稳定。2001年入学率是99.6%，2004年是96.7%，2006年是99.9%，2010年是94.0%，稍有下降。2011年统计，斯里兰卡人口为2 150万人，人口增长率为0.91%，14岁以下人口为24.9%。但入学率因社会经济阶层不同而有别。

斯里兰卡教育有 2 300 多年的历史。公元前 3 世纪，梵文随佛教从印度北方进入斯里兰卡，佛教的传播和佛学院的发展，使得佛学院成为学习的中心，有的寺庙还成为东方学的重要中心。佛教和尚也教俗人学习佛教经文的字词及阅读。佛教和尚除了学习佛教经文，还学习世俗的学问如诗歌、医学、工程等，大量灌溉渠道网及大量古老建筑遗址就是历史的证明。但本质上，斯里兰卡教育是属于贵族精英和佛教和尚少数人的教育。来自印度的泰米尔语的教育也是属于少数精英的教育。

西方殖民者的入侵使得斯里兰卡传统教育基础逐渐衰落。1505 年，随葡萄牙殖民者入侵，当年建立了第一所传播天主教的西方学校。这所学校得到葡萄牙政府支持，由天主教传教士管理和运行。学习方法是依靠记忆，课程包括天主教经文。1656 年荷兰殖民者入侵，荷兰传教士继续了西方教育，主要目标是传播基督教新教，但也包括了世俗的内容。1796 年英国殖民者入侵并且统治了整个斯里兰卡。在殖民地时期，基督教传教士在沿海和内陆建立了学校，教育体制发生变化。在外国殖民者统治下，特别是英国殖民统治下，不收费的斯里兰卡母语学校继续存在，但这类学校多是小学。英国殖民者在控制了斯里兰卡国家并建立了统一的行政体制后，需要培训当地人在底层行政部门服务，政府鼓励建立英语教学的学校，对使用英语教学语言的学校给予了更多支持。英语学校收费，学生年龄从 5 岁到 18 岁，学校地位高，其目标是培养在英国行政机构工作的白领和提供上大学的机会。这样，斯里兰卡就出现了双重学校体制：收费的英语学校，其有好教师和好设施，招生对象是社会上层；免费的本地语学校，招生对象是贫困阶层的孩子。英语学校的学费将大多数人拒之于英语学校门外，接受英语教育的都市少数精英使得阶层固化。在 1911 年，仅 8%的人口能够用英语读写，按照不同族群比例，4.9%的泰米尔人和 4.2%的僧伽罗人构成精英。斯里兰卡首任教育部长C·W·W·坎南加拉认为，这导致贫富差距加大，学校差距加大，而且有75%的适龄儿童没有上学。为此，他提出免费教育提案。斯里兰卡在1948年获得独立后，教育才真正得到实质上的发展。斯里兰卡有不同民族，有许多学校使用僧伽罗语或者泰米尔语作为教学语言。只有大城市的精英学校使用包括英语的3种语言。

目前，斯里兰卡教育体制受中央政府和省级政府管辖。不同政府部门负责不同类型和层次的教育：教育部负责中小学、佛教学院、师范学院和教育学院；考试院负责国家考试；高等教育部负责大学；教育服务部负责基础教育设备；职业与技术培训部负责职业教育和技术学院。

1836年，在英国殖民地时期，根据科尔布鲁克委员会(Colebrooke Commission)的建议，斯里兰卡开始了政府公办学校体制。首先，在科伦坡建立了皇家学院(Royal College)，然后建立了6所男女分离的学校。使用本国语言教学的学校大多数免费，由政府和慈善机构负责经费。

1906年颁布的《城市学校法令》(The Town Schools Ordinance)和1907年颁布的《农村学校法令》(The Rural Schools Ordinance)规定给6～12岁的孩子提供义务教育，法令还规定，使用本国语言教育的任务由当地政府负责。这两个法令重要的是首次引进义务教育，但其成效并不令人满意。

成人普选权的实施和根据1931年宪法改革赋予的内部自治使教育的问题更加突出。民众选出的国务委员成为负责教育的执行委员会主席，承担了教育部长的职责。

20世纪30～40年代的教育政策构成了斯里兰卡教育民主化的高潮。1939年的《教育法令》(The Education Ordinance)是教育法律的最大组成部分，其计划对教会学校加以控制，建立中心学校和初级学校，设立奖学金，给农村孩子提供与都市精英学校孩子相同的教育机会，让贫困孩子接受更好的教育。该法令规定，将幼儿园到大学教育免费的原则作为国家政策，打破了英语学校的排他性，为贫困孩子进入中学和大学开辟了道路。而加速母语作为教学语言的决定为下一个十年打破阻碍社会进步的语言障碍奠定了基础。

1938 年，在坎南加拉博士和教育执行委员会领导下，根据 1931 年的普选权，斯里兰卡公立教育体制正式确定免费。政府在全国建立了面向全民教育的中心学校，将泰米尔语或者僧伽罗语作为学校教学语言。

1942 年，成立了公立教育评估特别委员会，对教育提出许多重要建议：

(1)面向全体儿童的免费优质教育，让教育不再是都市富裕阶层可购买的商品。

(2)民族语言代替英语作为教学语言，让高等教育机会和待遇优厚的工作机会不再属于都市富裕少数人。

(3)教育体制重组，让教育达到充足、高效率和节省。

(4)确保每一个孩子按照父母的宗教信仰接受宗教信仰。

(5)保护教师不受学校管理层的欺压。

(6)提供充分的成人教育。

1945 年，斯里兰卡实行从幼儿园到大学的免费教育，不允许教育实行产业化经营。斯里兰卡 1948 年独立后，尽管面临很多困难，人均收入仅 250 美元，但社会发展成效显著：成人识字率是 86%，婴儿死亡率是 3.8%，人口死亡率为 0.6%，预期寿命 67 岁。人口出生率下降到 1.5%。学校数量大幅增加。从 1980 年起，政府向 10 年级以下学生免费提供课本、午餐和校服，所需资金来自政府财政和社会捐助。斯里兰卡法律规定，1～9 年级是义务教育阶段，所有儿童必须学完 9 年课程，然后可选择继续升学或当学徒或务农。但教育部强烈建议学生学习到高中毕业。根据国家统计局数据，斯里兰卡目前有 10 012 所公立学校，4 037 157 名学生。2015 年成人识字率达到 92.63%。

在殖民地时期，许多斯里兰卡僧人，如达摩波罗（Anagarika Dharmapala）建立了佛教学院，给接受英语教育的僧伽罗语学生灌输佛教思想，让佛教得以发扬光大。大多数这类学校位于各省省会，如科伦坡、康堤、加勒和库鲁内加拉。斯里兰卡还有许多由卫理公会修建的天主教学校，科伦坡的 Zahira College 则是斯里兰卡最古老的穆斯林学校。

斯里兰卡独立后修建了许多学校，政府对教育体制进行了一系列变革，包括使用民族语言作为教学语言，将私立学校国有化，建立国家和地区教育体制。但许多殖民地时期建立的学校在斯里兰卡社会上仍然保持有重要影响。

二、斯里兰卡初等和中等教育

斯里兰卡初等和中等教育体制分为 5 个层次：幼儿园，小学，初中，高中分普通教育一般考试阶段和普通教育高级考试阶段。斯里兰卡儿童一般五六岁开始上学，小学教育为 5 年（1～5 年级），小学毕业阶段，学生可以参加国家奖学金考试，成绩优秀学生进入优质学校。初中教育为 4 年（6～9 年级），高中教育参加普通教育一般考试阶段学习为两年（10～11 年级），参加普通教育高级考试阶段学习也为两年（12～13 年级）。希望进入大学的学生必须通过普通教育一般考试，然后进入 12～13 年级学习，之后参加普通教育高级考试，该考试也是斯里兰卡大学入学考试，通过考试后进入大学。

斯里兰卡入学年龄，在初等教育阶段，幼儿园入学年龄是4～5 岁，1 年级是 5～6 岁，2 年级是 6～7 岁，3 年级是 7～8 岁，4 年级是 8～9 岁，5 年级是 9～10 岁，毕业后可以参加国家奖学金考试。在

只有公立大学才能够授予本科学位的状况。

斯里兰卡公立大学本科教育免费，但入学竞争激烈。在分数上线者中，大学入学率不到16%（不到16 000名学生），并且仅半数毕业。入学标准是根据普通教育高级考试的成绩，因此，大学入学者多是都市好学校的学生。边远地区的入学标准降低，学生选拔按照地区分配名额进行，只有该地区排名靠前的学生才能够进入大学。没有能够入学的学生另寻出路。分数上线但未能录取的学生中，有8%的人选择出国读书，有的进入斯里兰卡开放大学学习，还有的学习国内外专业组织证书，如英国特许管理会计师公会和国际注册会计师（CIMA，ACCA）证书，有的在职业院校学习机械或者电子技能。大学本科除了免费教育，政府还向学生提供经济支持。

斯里兰卡目前有16所大学，一流大学有科伦坡大学、佩拉德尼亚大学、卢哈纳大学、凯拉尼亚大学、斯里加亚-瓦德合那普拉大学和莫勒图沃大学。此外还有法学院、医学院、师范学院、国防学院等高等专科大学。大专院校根据每年招生名额，从高级考试合格者中择优录取学生。近年来，根据《大学法》的修改，一些大学可以自行颁布学位，最著名的是斯里兰卡信息技术学院。尽管斯里兰卡也面临有些专业大学生的就业问题，但医学、信息技术、商科、法律和工程专业毕业生就业情况好。有人认为，公立大学毕业生失业或者脑力流失，是因为所学专业的市场需求小。

许多学者表示，斯里兰卡有必要建立私立大学，让不愿或者无法进入公办大学的学生以较低价格在国内学习。北科伦坡医学院就曾经是这样的大学，培养了许多斯里兰卡最杰出的医生，但后来该学院国有化了。不过，建立私立大学的建议没有得到政府支持。目前，斯里兰卡私立高等教育机构有3类：①颁发斯里兰卡大学拨款委员会认可的学位；②颁发国外大学认可的学位；③颁发职业证书。

斯里兰卡高等教育的文凭分为几类，包括：①证书：学习期限为

1 年以内。②文凭：学习期限为 1～2 年。③学士学位包括普通学位：3 年课程学习，不分专业。④荣誉/特殊学位：4 年课程学习和研究，分专业。⑤硕士学位：可以是课程学位或者研究学位，或者兼而有之。⑥博士学位：进行原创性研究，撰写论文。

四、职业教育与培训

斯里兰卡职业教育与培训由职业和技术培训部高等教育和职业教育委员会管理。职业培训包括根据职业技术培训中心制定的大纲开设的课程学习和在企业的学徒制。斯里兰卡国家职业资格体制（NVQSL）制定了 7 个层次的职业资格。高等职业教育在大学完成，职业教育和培训的学位层次学习由斯里兰卡开放大学和职业技术大学实施，文凭层次在 37 所技术学院、斯里兰卡高等技术教育学院和斯里兰卡农学院实施。

教育部还推出了非学历的职业教育，培训对象是辍学者和教育程度低的成年人，使其有一技之长而自谋职业。大多数培训课程是在社区中心进行，内容包括裁缝、理发、美容、木工、管道工、油漆工和缝纫等个人提升课程，职业课程和补习班课程。这些非正式教育项目利用学校的设施，让辍学者和没有入学者受益。

高等教育和职业教育委员会对私立培训机构进行监管，一些较大规模的私立培训机构提供的课程包括客服，会计和管理。

第二章　斯里兰卡独立后的普及教育举措

1948 年独立以来，斯里兰卡公共教育政策的核心是普通教育入学机会的平等。独立时，小学入学率为 60%，中学入学率低，中小学的适龄儿童中，仅 15%的入学率。大学招生很少，仅 1 000 人入学。这表明仅中上层家庭孩子能够获得教育机会，贫困人群孩子被排斥在外。独立后，历届政府大力推行教育普及政策，政府政策保证了普通教育的扩展，增加了所有阶层群体的入学机会平等。孩子入学数量不断增加，读写能力不断增强。表 1-1 是具备了读写能力者百分比的情况：

表 1-1　具备了读写能力者百分比　　%

年份	男性	女性	平均数
1901	42.0	8.0	26.4
1911	47.2	12.5	31.0
1921	56.4	21.2	39.9
1946	70.1	43.8	57.8
1953	80.7	69.0	75.5
1963	85.6	67.3	76.9
1971	85.6	70.9	78.5
1981	90.5	82.4	86.5

Source. Department of Census and Statistics.

在 1960 年之前，存在政府公办学校和政府资助的私立学校这种教育双轨制。双轨制的存在不利于贫困家庭孩子的发展，而资源分配的无计划和分配不均导致人力和财力的浪费，农村孩子和城市贫困孩子几乎无缘进入高质量教育机构学习。因此，1960 年，政府决定将私立学校国有化，从而结束了教育体制的双轨制。

在 20 世纪 60 年代，政府教育开支达到占国民生产总值 4.5%的高水平，占政府年度预算的 16%～20%。但开支很大部分是工资支付、校舍和设备支出，很少部分用于改善教育质量，如课程材料建设和教师培训等。这个时期，科学教育向农村学校延伸，作为满足社会对教育机会平等需求的尝试。

但是，教育的数量扩展却没有与社会经济需求结合，导致了毕业生的高失业率。学校教育体制培养的是未来的白领，行政机关工作人员，毕业生的数量超出了经济的需求。20 世纪 70 年代初实施的教育改革重点是满足未来的社会需求，改革引进了综合课程，强调小学生的参与和活动本位的学习，强调初中的公共课如科学、数学、职前课程的学习。

1978 年，对学校的年级结构进行了改革，实施了教材免费政策，让贫困孩子得以继续学习。同时，教育部门也认识到对辍学孩子提供职业培训和对成人提供继续教育和个人提升课程的重要性，以及满足特定群体培训的重要性。

在 1972 年以前，学校结构和年限是：初小 1～5 年级；高小6～8 年级；初中 9～10 年级；高中 11～12 年级。在 10 年级末，学生参加普通教育一般考试，考试成绩决定其能否进入高中。高中参加普通教育高级考试，该考试也是高考选拔考试。在 13 年级末，学生向 3 个方向分流：人文、科学和商业。

1972 年的教育改革将入学年龄从 5 岁提高到 6 岁，小学和初中学制缩短，学习年限改变为：小学 1～5 年级；初中阶段 6～9 年级；高中阶段 10～11 年级。初中阶段的公共课包括科学，数学和职前课程。在九年级末举行全国普通教育文凭考试(NCGE)，以选拔高中学生。

1978 年的改革又恢复了 1972 年以前的做法。入学年龄降低到 5 岁，教育年限从 11 年增加到 13 年。大多数初中和高中学校也招收小学年级学生。高中分 1A、1B 和 1C 类型学校，1A 和 1B 是开设了普通教育高级考试科学课程的高中，1C 是开设了普通教育高级考试人文和商业课程的高中。

斯里兰卡的一所小学

第三章　斯里兰卡教育管理体制

斯里兰卡大学和高等教育机构由政府高等教育部管理。在中央政府层面，教育行政权力在总统、部长和政府部门。根据总统授权，教育部长在副部长和项目副部长辅助下行使行政权力，具体由秘书负责政策实施和监督教育部的活动开展。在斯里兰卡，政府教育政策受到执政党政策影响，并且得到多数人支持。教育政策根据斯里兰卡的社会需求与现实条件，提出了教育规划的目标。教育部的中期投资计划和年度实施计划是根据国家政策和优先选择制定的，教育规划为提高教育体制的效率而制定行动路径和实现目标框架的具体指标。教育部规划和项目司负责教育规划和项目。司长按照政府投入规划的规定和资源制定工作要点。年度实施项目根据教育部各个司的项目活动和地区教育部门活动进行。

教育部有 4 个秘书，每人有自己负责的权限范围。全国分 4 个区，每一个秘书负责监控一个区。秘书的助手是教育副总干事、教育干事，总会计，学校事务主任，高级副秘书、副秘书，高级教育事务官员和会计。教育部的教育考试司和教育出版司这两个机构由两个专员负责。

教育服务部负责包括学校建筑、家具、设备、教材和午餐等事务，其负责人负责实施项目副部长交办的项目。

总统任命的教育服务委员会是一独立机构，由公共服务委员会管辖，负责如教师和教育服务官员的招聘、晋升、安排和纪律。

在地区层面，教育项目的实施是地区教育部门负责。按照教育部计划，地区教育主管负责地区层面的教育规划，地区教育发展的 3 年滚动计划。经过教育部批准后,该计划作为年度实施计划的基础。地区教育官员还负责学区的计划。

与斯里兰卡行政地区对应的有24个教育部门。地区教育部门是地区教育主管(RDE)负责,并且得到高级教育官员、教育官员和会计、学校规划师和作为分区教育官员的督学辅助。在大型行政区,学生和学校数量大,管理机构还会继续分为学区,组成学校网络,满足人们对中小学的需求。

地区教育部门有5个科室,包括教育管理、发展、行政、财务和校舍。地区教育主管直接领导教育发展科。

在有分区的地方,地区教育主管负责整个地区管理,高级教育官员负责分区管理。分区的活动限于行政、财务和校舍三方面。每一个地区分为几个学区,其与选区对应。每一个学区平均有30～40个学校。2～3个学区可以分享相同学校资源,集中提供高中教育,还可以根据需要合并和撤销学校。一个学区由一个教育官员负责督查学校,同时也作为学校和地区教育部门的联系人。另外,学区教育专家负责监督不同科目,如科学、农业、家政、体育、艺术、音乐和舞蹈。学区的目标之一是普及小学教育,让尽可能多的学生从学校设施中受益。地区教育部门制定了学区发展的3年滚动计划。学区也根据该计划制订自己的年度计划。

学校的高质量教育离不开教师和学校校长。改革政策还确定了特定的管理队伍和教师教育者。目前的普通教育体制包括4个管理部门:斯里兰卡教育行政中心(SLEAS),构成体制的管理者;斯里兰卡教师教育者中心,其是职前教师教育机构和教师继续教育机构成员;各个学校校长组成的斯里兰卡校长中心;和教师组成的斯里兰卡教师中心。

建立斯里兰卡校长中心的目的是要发挥校长在学校工作中的关键作用,包括入职要求、职业结构、与职务联系的收入等。另外,还建立了教育领导力发展中心(CELD)，提供学校领导力和管理培训。教育领导力发展中心还提供校长的脱产培训。斯里兰卡校长中心的成员可以担任校长、副校长和部门领导（如学校的小学部和中学部的领导）。校长应该掌握的技巧和能力包括：a. 清楚描述学校的前景和教育目标；b. 组织学校有效实施课程教学；c. 保证教师教学能力适应课堂教学需求和学校课程需求；d. 教师评估，不断提高其技巧和能力；e. 鼓励教师和学生持续进步；f. 配备和使用为学校目标服务的资源；g. 发展社区关系，包括学生家长和校友；h. 与学生、教师、家长和社区保持密切接触。

目前的问题是，斯里兰卡教育行政中心和斯里兰卡校长中心之间的关系模糊，斯里兰卡教育行政中心成员可以担任校长，地位高于校长中心成员，结果是大多数优质学校的校长是教育行政中心官员担任。这一方式带来诸多问题。首先，给斯里兰卡校长中心成员的职业路径带来障碍，使他们难以成为优质学校的校长。其次，与斯里兰卡校长中心成员不同，斯里兰卡教育行政中心官员没有经过职业校长训练。第二，斯里兰卡教育行政中心官员应该在行政管理岗位工作，特别是在省级和地区层面，但这些官员实际上是在学校任职，他们的空缺难以得到补充。结果，省级和地区层面被迫从斯里兰卡校长中心和教师中心成员中选择执行官员。一个解决方法可以是目前担任校长的斯里兰卡教育行政中心官员可以继续留任，而新进入斯里兰卡教育行政中心的人只能作为管理人员在国家教育部、省级教育部门、地区和分区教育部门任职。目前，斯里兰卡正在对该政策进行规划。

校长负责学校年度计划，并且得到副校长、年级组长和课程组长协助。不同层面的计划实施依赖于与学校层面和学区层面计划的衔接，也依赖于与学区层面和地区层面计划的衔接。

在中央层面，由教育部小学教育司负责小学教育的整体规划和发展。小学教育课程委员会包括教育部官员、各个学科的分委员会主席、师范学院院长、小学校长，或者开设有小学层次教育的中学校长，他们负责课程内容和教学方法。分委员会包括语言、数学、环境研究、科学、社会研究、健康和体育、美育和创造性活动等科目，成员包括学科专家、教育部官员、师范学院老师和小学老师。除了教材，小学教育司还负责小学老师的在职培训、监控和评估以及行动研究。

课程开发中心为地区教育部门提供人员服务，包括课程指南和教材、对教育督导官员和地区骨干教师进行在职培训。地区教育主管保证教材的分配、教师和校长的培训的开展。

教育督导由校长，课程协调专家和地区教委主任实施。课程开发中心人员到学校督导教学，获取课程材料评估的资料，给地区评估人员提供指导。中心专家组包括大学教师、师范学院教师、学校校长、小学教师，他们对小学评估更有效。

新学校的建立由地区学校机构委员会决定，然后通过负责的教育部秘书递交到教育部学校机构委员会批准。最终决定要考虑该地区没有上学的孩子数量，该小学方圆 2 英里内的学校情况、人口密度和地理环境。建立新学校的要求通常来自地区教委主任和志愿者团队，如农村发展协会和村庄发展委员会。有时，志愿者组织会捐赠土地修建学校或者修建房屋。学区计划会上要考虑建立新学校的要求。目前的小学教育课程中，社区合作广泛，家长可以积极参与课堂活动，母亲帮助老师活动组织，分享学习经验、智慧和技能。学生也去社区学习环境知识。

通过学校发展协会，家长对学校做出贡献，如翻修教室、提供实践操作材料等。

第四章　斯里兰卡中小学教育

一、斯里兰卡中小学概况

据 1981 年数据，斯里兰卡各种类型的学校总数是 9 521 所，其中开设了普通教育高级考试科学课程的 1A 和 1B 类学校有 470 所，占学校总数 4.9%；开设了普通教育高级考试人文和商业课程的 1C 类学校有 1 383 所，占学校总数 14.52%。初中有3 754 所学校，占学校总数 39.5%。小学有 3 914 所学校，占学校总数 41.1%。

很多学校开设了不同年级的课程，开设小学课程的学校有3 914 所，占学校总数 41.1%。小学和初中混合的学校有 3 754 所，占学校总数 39.4%。开设有小学、初中和高中年级课程的学校有 1 471 所，占学校总数 15.4%。开设有初中和高中课程的学校有 382 所，占学校总数 4.1%。在 9 521 所学校中，有 9 139 所学校有小学年级，占比 96%，这一数据表明了斯里兰卡全国小学教育的普及。

不同学校规模大小不等：从 50 人到 4 000 多人。小型学校多在偏远农村和种植园，大型学校多在人口密集的城市。

大部分学校是男女同校，在 9 521 所学校中，149 所是男校，210 所是女校，9 162 所是男女同校，占 96%。但城市中也有一些单一性别学校。这些学校大多数是殖民地时期建立，并且得到政府资助的教会学校。

小学入学数据中，男性稍高于女性。在初中和高中入学数据中，女性高于男性。

目前，斯里兰卡学校以政府公办为主。在殖民地时期，存在有政府控制的学校和教会管理政府资助的学校。1960 年，这类学校被政府国有化，仅有 62 所学校在政府的控制外，其中 25 所得到政府资助，支付教师工资。所有学校都要遵守国家教育政策。还有一类学校是佛教学校，培训今后担任佛教僧侣的人和 14 岁以上希望在宗教氛围中学习的世俗学生。有些佛教学校还是著名的东方学习中心，按照传统佛教寺院方式学习。这类学校也得到政府资助。

幼儿园入学年龄是 5 岁，实施活动为主和环境为主的教育，为进入学校教育做准备。教育部不直接举办学前教育，大量学前教育机构是志愿机构和私人举办的。在农村，由农村发展协会和村庄发展委员会组织学前教育。在种植园，由政府种植园合作社组织学前教育。政府部门支持志愿机构建立学前教育机构。在城市，有许多私人幼儿园。尽管教育部不直接举办学前教育机构，但要负责培训学前教育机构的教师和制定学前教育机构的规范。

20 世纪 70 年代，政府对成人教育项目重新进行了规划和组织，以满足校外年轻人和成年人需求。技术和职业教育为辍学者提供了劳动力市场或者自谋职业所需的技能培训。1978 年，实施了普遍的成人教育项目。1981 年，教育部组织了读写中心的试点，为成人学习者提供另一个选择，将非学历正式教育与正式学历教育密切联系，使用现有学校资源，读写中心项目能够帮助成人学习者重新进入学校。

社会发展和群众对教育机会的需求促使政府对教育进行改革，改革措施包括：免费教育和母语作为教学语言，这一改革消除了英语学校和母语学校这种双元制学校；在农村建立了中心学校和对贫困孩子的奖学金；教师数量的增加和教育设施的扩大，使入学孩子数量剧增。从 1950 年的 140 万增加到 1970 年的 270 万，然后是 1982 年的 340 万。增加的数量主要是在小学。教育机会的改革包括学校数量和位置、学生人数、教学资源和课程。入学距离和学校位置是决定入学率的关键因素。学校密度也是重要因素。斯里兰卡大约每 30 平方公里有 4 所学校，但不同地区有别，学校数量从 1 所到 22 所。

大约有 2 249 所学校或者 23.7%的学校是小型学校。有 692 所学校只有一个老师，798 所学校有 2 个老师，即 66%的学校仅 1～2 位老师。学生数量和生师比是分配设备和老师的关键，也使得很多小型学校合并班级。许多都市学校班级人数多，最高中位数是 37 人，最低中位数是 9 人。小型学校多在偏远地区，社会、经济和教育发展程度低。设备差，学生数量少，大多数小型学校只好维持 1～2 个老师。但老师对需要进行不同年级的教学力不从心，也导致学生成绩差。

20 世纪 70 年代，在联合国儿童基金会支持下对农村学校进行了改善，但仍不足以满足需求。1972 年，小学入学年龄从 5 岁提高到 6 岁，招生人数减少，1972—1977 年的招生人数低于 1971 年。1978 年，入学年龄改回到 5 岁，当年的小学生数量比 1977 年增加了 27.9%。从 1978—1982 年，小学招生平均年增长为 2.6%。

斯里兰卡 96.3%的学校是男女混合学校，在 1975 年，小学男女学生比例是 1.1∶1。1981 年，比例为 1.07∶1。5～11 岁年龄段的男女学生比例是 1.4∶1。男性稍高。小学生中 48%是女生。小学学习年龄是 5～11 岁。但因为生育率下降，1971—1981 年期间的入学增长率下降。

在贫困地区，社会经济因素导致学生留级和辍学，这些因素包括：①家长的收入和教育程度；②家长和孩子的眼界；③缺乏入学机会；④学习效果差；⑤家庭人口多。根据 1981 年的调查，15%的小学生是学习缓慢者，包括在阅读、写作和数学方面，但他们没有得到学校的特殊关照。学习效果差的原因包括：学校缺乏激励环境，孩子缺乏学习动机，情感障碍和适应差，缺课和逃课，听觉和视觉差，营养差和慢性疾病等。

斯里兰卡是免费医疗，但卫生部因为缺乏足够人员而无法给小学生定期体检和治疗。目前，卫生部和教育部采取了如下措施：①培训老师检查学生身体情况;②政府医院对有缺陷的学生进行治疗;③开展社区健康教育;④改善学校环境卫生。在可能的情况下,学校午餐还添加社区提供的食品。

斯里兰卡种植园地区的学校在历史上就比较弱。在19世纪和20世纪初,印度南部的劳工移民来到茶园和橡胶园,成为英国种植园主的廉价劳工。他们的生活范围孤立于社会和周围村庄。1907年和1920年的《教育条例》规定了种植园劳工子女的义务教育,要求种植园老板提供设备和教师,满足6~10岁的孩子的教育。1947年的《教育条例》将义务教育年龄提高到14岁。政府教育督学定期对种植园学校检查,并且对学校给予政府资助。尽管如此,种植园学校的教育条件依然较差。

种植园学校的课程包括:阅读、写作、数学、口语和游戏,女孩还学针线活。学校最高年级是5年级,尽管有少数孩子完成了5年级学习并且进入都市的中学学习,但许多孩子没有完成学业就辍学了。

种植园的印度工人和斯里兰卡泰米尔人在语言、种族和宗教有千丝万缕的联系,但他们的生活自成一体,种植园学校和教育面临的困境是因为:①教育基础设施数量不足和质量欠缺;②大多数教师没有经过训练,教学能力不足;③种植园学校有教学能力的老师大多来自其他地区,对在此教书缺乏热情和兴趣;④中学教育和教学设施被忽视;⑤辍学率高。

最近,斯里兰卡种植园学校被接纳到国家体制内,这有利于学校今后设计和实施发展规划,但种植园学校的发展受到社会经济条件制约,很难招收有教学能力的当地人教师到种植园学校任教,同时,基础设施改善需要巨大开支。为此,教育部成立了一个新机构评估种植园学校需求,并且和地区教育部门合作,实施教育发展项目,具体如下:①为种植园学校招收1 400名教师;②接纳种植园学校到国家体制的农村发展项目内;③教育部拨款改善基础设施;④提供奖学金。但教育部的经费拨款也面临诸多困难:农村学校条件差,教师工资占经常性预算的85%,包括工资的经常性开支占教育开支的93%,改善条件的经费不足。这些,尚有待于社会经济发展而逐步解决。

二、小学教育的基层网络

斯里兰卡学校群是指相邻地区的学校集合。每个群有3 000~5 000名学生。学校群里的学校分享资源,改变目前的学校体制是按照不同种族、宗教和语言区分,满足不同群体需求的不同学校。在学校群中,教育的需求不再考虑不同群体,而是当地整个社会群体的教育需求。学校群的目标是:①减少教育设备设施条件的不平等;②加强学校管理人员能力;③促进资源共享,让小型学校能够分享更好的资源和设施;④促进合作意识。这一改革还能够减少专业教师和设备使用的不充分和浪费,促进资源最优化。所有资源属于学校群并且所有学校共享。学校群的核心学校还组织各个学校图书馆的图书流通。

斯里兰卡学校群的出现有其社会经济背景。1981年,斯里兰卡教育改革白皮书认为,教育体制的现状是:①政府负责9 500所公立学校的招生和设备;②学校之间竞争,包括资源和生源,结果是富裕学校越富、弱势学校越弱;③尽管有中央政府和教育部的统一大纲,但学校间的教学质量不平衡。因此,白皮书建议实行学校群方法。

学校群的功能包括:①资源分配活动;②开发学习项目,主要是改善学习活动。资源分配活动包括调查学校群的资源和需求,分享专业教师;分享设备,交换图书,分享如体育器材之类的物资;辅助读物编写,以及开发教学器材。开发学习项目包括开展教师在职培训,举办参加普通教育一般考试和高级考试的特别班,组织课外活动。对担任学校群负责人的学校校长来说,完成这些任务责任重大。

每一个学校群的构成包括几所小学和中学,有的学校还有大专班。一个学校群里的不同学校,不同年级和层次要为社区提供最好的教育。

家长会考虑整个学校群的集体资源。政府鼓励学校群实现更大自立，承担更大责任，并且给予其更大管理权力。

有中学层次的大型学校条件更好，是学校群的核心学校，其实验室、工作坊、图书馆、视听设备和课外活动设备好，能够和其他学校分享，当然，核心学校也分享其他学校的好设备。在行政管理上，核心学校是学校群的核心，该校校长是学校群的行政负责人和校长，但每一个学校都有自己的校长。核心学校为学校群的校长提供额外人员和场地，为了让他更好地执行学校群的管理和教学监督，核心学校还另外配备了一个副校长。学校群的校长实施学校群的领导，就行政和教育督查事务向地区教育督导报告。学校群校长负责整个群的发展计划，对每一个学校的长处和功能定位。他分配整个学校群的教师，负责和组织课程大纲，分享设备。他还负责申请物资，编制设备经费预算。作为学校群的行政负责人，学校群校长组织学校群各个学校校长的合作，尊重其独立性，因为学校群的发展需要领导之间的和谐关系和合作。学校群的各个校长保留自己学校的行政权力。

学校群校长有权利推荐教师的晋升和惩罚，有权决定设备收费的使用，以及教师和学生在学校群内部的调度。但老师在学校群的调动需要与地区教育督导商量。学校群校长一个月访问各个学校一次，并且有各种补贴。

学校群的运行模式是每一个学校群有一个学校群理事会，进行咨询服务。理事会由学校群校长担任主席，各个学校校长和学校发展委员会代表参加。咨询包括教育活动的规划和实施。理事会一个月一次会议，由各个学校轮流主办，展示各个学校的实际情况。议题包括教学的规划和评估。轮值校长作为学校群理事会秘书，将会议纪要上交教育部计划司。

学校群于 1981 年 9 月开始试点。1982 年 2 月到 1982 年 6 月开始对过程进行观察研究，学校群试点涉及观念变化，机构和人员关系。

学校群试点开始是在工作坊进行培训，识别各个学校和核心学校的情况。地区教育官员、校长和教育部长的代表参加活动。然后，核心学校和其他学校群的校长要完成下列任务：评估各个学校资源；评估学校群需求以改善教学；规划年级和层次，平等机会和条件，按照规范标准使用教师和建筑；制定 3 年规划。

学校群试点最重要的成就是各个校长参与教育需求规划，并且得到教育行政部门和核心学校校长的支持。

1983 年 3 月，教育部政策协调司学校群处开展了 21 个学校群试点，每一个学校群的学校从 7 所到 15 所不等，一共有 225 所学校、10 个教育地区参加，涉及大约 105 000 名学生，占斯里兰卡学生总数的 3%。

各个学校群进展不一，但成功的因素包括：①学校群校长的领导作用，包括创新的态度、对学校群改革的信念。②教育部对试点项目的监控。③地区教育部门的领导。

学校群试点的影响和创新包括：年级调整，学校群的校长赞成不同学校年级的调整，而以前这会被看作是校长地位下降。教师使用更有效率，因为许多学校缺乏教师。学校群的解决方法是在学校群内部进行教师调整，优先满足偏远学校需求。根据需求满足建筑、饮用水、厕所和家具建设配备。优先满足小型学校需求而非优先考虑核心学校。各个学校参与了教学改革。打破学校界限组织课外活动，比如体育活动。不同学校教师，学生和家长聚集一起，很多小学是第一次体验。由核心学校组织辅助课堂，充分利用学校群的教师资源。学校群实行统一考试，由教师委员会准备考试题，保证标准统一。学校群还开展研讨会及示范课。

学校群试点的监控、评估和反馈，在中央层面是教育部学校群处负责；在地区层面，由地区教育主管和教育协调官员负责。对试点项目，通过下面方式获得反馈：①教育部学校群处的监控团队实地考察和观察；②学校群各个校长的进展报告；③地区教育主管和教育协调官员报告。反馈提供了进行修改的数据和措施，以进一步改善教育质量和促进学校群观念：例如，在改善各个科目和各个层面的教育质量方面，各学校共同参与领导，而不仅是核心学校领导。结果表明，学校群试点可以向全国推广，其培训了教育行政官员和校长，能够解决教育面临的许多问题，并且促进了体制、行政官员、校长、教师、学生和家长的改变，有利于教育和学校体制的发展。

当然，入学孩子数量多、学校距离分散、学校和社区的社会经济不平衡、教师在职培训等问题需要解决，基础教育体制需要放权，确保教育质量。这些，都是学校群将面临的问题。

三、斯里兰卡中小学的入学机会公平

斯里兰卡社会对教育的重视和价值观使得斯里兰卡政府决策者作出免除所有政府学校学费的决策，促成广泛平等的中小学入学机会。这些促进教育公平的政策包括：建立就近入学的小学体制，免除政府学校学费，免费学校餐、制服和课本，补贴交通和男女同校。但在禁止私人进入教育、决策集中化和教师招聘与培养上还存在争议。

斯里兰卡社会广泛认可教育在促进社会经济发展和提高人们福祉方面的重要性，认为教育在提高生活水平、人类发展、社会公平和社会流动、民主和政治决策方面起主要作用。在女性能力提高、人口流动、预防保健和生育控制方面起代际作用。在20世纪80年代，斯里兰卡被认为是低收入国家中社会发展的榜样，如高预期寿命，婴儿、儿童和母亲低死亡率；成人识字率高，小学入学率高和教育性别较平等诸方面。斯里兰卡在人力资源上的投入，建立了基础教育全面入学和完成学业的体制，中学广泛入学的政策，这些在多方面促进了国家经济和社会发展。

斯里兰卡普及中小学教育有着多种历史文化和政治经济因素的

作用。

第一，斯里兰卡传统文化广泛重视教育，其传统是宗教机构的母语免费教育，包括僧伽罗语和泰米尔语，尽管这种教育局限在宗教范畴，但也教授社会上非宗教群体的读写和算术等基本技能，并且产生了尊师重教的社会环境。

16 世纪到 17 世纪，葡萄牙殖民者在沿海建立了教会学校，17 世纪后期和 18 世纪，荷兰殖民者将沿海地区的学校范围扩大，实行男孩 12 岁、女孩 10 岁的义务教育。19 世纪，英国殖民者和基督教传教士建立了用英语教学的学校。19 世纪后期，佛教、印度教和穆斯林社区也出现了英语教学的学校，基督教教会学校也继续扩展。1906 年的《都市学校法令》规定小学教育为义务教育，1907 年的《农村学校法令》将义务教育扩大到农村。

从 19 世纪后期起，学校数量从 1871 年的 494 所增加到 1911 年的 2 735 所。入学儿童从 1871 年的 38 355 人增加到 1911 年的 359 657 人。入学机会增加也使得到成人识字率增加，成年男性的识字率从 1871 年的 23%增加到 1911 年的 43%，成年女性的识字率从 1871 年的 2%增加到 1911 年的 12%。

第二，20 世纪 30 年代和 40 年代，一些有识之士意识到，中小学教育普及是促进社会经济公平和广泛发展的手段。当时的一个重要政策改革是在一些选定的免费公办中学引进了英语作为教学语言的方法，即“中心学校”。当时英语在政府行政机关和私人商贸公司大量使用，使用英语能够获得更多的工作机会，对英语作为教学语言的教育需求也加大。但英语作为教学语言的学校主要是教会学校，数量有限、费用昂贵，仅社会精英和富裕家庭能够负担。面向全体儿童的免费教育将英语作为教学语言，为贫困家庭的天赋儿童接受这种教育和提供今后的经济机会开启了通道。20 世纪 30 年代和 40 年代的议会辩论表明，提倡普遍教育的政治家清楚，教育是为了未来的投资。政府学校提供免费英语教育的建议被称作是“无价之宝”。

第三，1948 年独立后，历届政府都重视教育和人力资源投资。特别是在 1948 年独立后的 20 年出现了教育带来的跨代收益。新一代家长至少有小学教育或者更高教育程度，他们获得比上一代更好的经济机会。因此，他们的下一代对教育的需求更强。促进普遍教育是政治上能够获得选民支持的重要因素。斯里兰卡两大政党都承诺要支持教育普及。例如，提倡普遍免费教育运动的代表人物 C·W·W·坎南加拉在 1931—1947 年担任斯里兰卡首任教育部长，他也是统一国民党成员。建立免费政府教育的提案在议会通过时，统一国民党是多数党。独立后，统一国民党从 1948 年到 1956 年执政，因此，能够给出持续的政治承诺，提供免费普及教育。1956 年，另一个大党，斯里兰卡自由党与一些小党联合执政。斯里兰卡自由党继续实施免费的普及教育政策。在一个长时期内，统一国民党和斯里兰卡自由党在不同领导人领导下轮流执政，但他们继续执行免费的普及教育政策。两党持续的政策是普及基础教育和中学广泛入学的关键。

政府制定的平等的普通教育入学机会政策，首先是学前教育的政府政策。目前，学前教育主要是私人投入和运行，斯里兰卡有大约 12 000 所学前教育机构，如幼儿园、蒙特梭利学校和托儿所，大约 80%是私人教育机构。据 2003 年数据，3～5 岁的孩子中有大约 60%入学，其他 40%的孩子则无法接受人生重要阶段的教育。学前教育是半公共事业，有巨大社会效益，需要公共投入作为补充，而政府放手让私人举办学前教育机构的原因主要是缺乏应对这一大型挑战的资源。而且，公众对学前教育和儿童早期发展的教育、经济和社会收益也认识不足。政府因此没有动力投入。

不过，政府对儿童早期发展的认识在逐步提高。政府几年前起草了《儿童早期养育和发展国家政策》(ECCD)。该草案包括全面定义儿童早期养育和发展，从出生前到 5 岁期间的儿童需求。该政策呼吁考虑发展过程的整体特征，采用整合方法，关注儿童健康、营养、认知和心理及社会需求，并且制定了实现这一目标的行动计划。识别了4个需要干预的战略领域：①提高儿童护理从业人员的知识和技能，促进最佳儿童生存、成长和发展；②扩大和改善从业人员培训机会；③将目前注重学习的学前教育机构转换为社区管理的，儿童友好的发展中心；④提供所有儿童成长和发展的平等机会，包括特殊需求儿童。

目前，学前教育是斯里兰卡教育体制中被人们所认识和研究最少的领域，儿童早期养育和发展研究有待加强，为决策者和大众提供更多知识，以普及学前教育和加强其质量。

在中小学教育层次，1948年独立以来，斯里兰卡政府建构了广泛和内部一致的普及普通教育政策框架。该政策框架包括一系列需求侧和供给侧政策，以吸引和鼓励所有6～14岁的孩子完成学业。不同政策界定了不同类型的学生，包括从未上学的学生、小学阶段辍学的学生、小学阶段可能辍学的学生、难以适应小学到中学转变的学生、未能完成初中学业的学生、中学可能辍学的学生。

斯里兰卡政府制定有广泛的需求侧政策，以促进教育入学平等，促进招生和入学。这些政策包括：①所有政府中小学免学费，大幅减少了招生和入学的直接费用，对贫困家庭孩子作用特别大。中小学免学费是吸引和鼓励孩子入学的最重要需求侧政策。②政府吸引孩子入学的一系列激励政策。每个孩子每年有一套免费校服、有一套免费教材、有汽车和火车的交通补贴。这些激励政策保证了贫困家庭孩子在入学和学习上有最低限度的帮助。③在贫困地区，小学生有免费校餐。这对6～10岁孩子的入学和学习也是激励。另外，还提供辅助营养品以改善其认知能力和学习。④政府实施了义务教育法，规定6～14岁孩子必须完成9年教育的法律义务，包括小学5年(1～5年级)和初中4年(6～9年级)。父母和监护人对遵守法律和确保其孩子入学负法律责任。e.义务教育法的实施得到入学委员会的支持，该委员会在校长指导下在学区行使责任。这些入学委员会跟踪辍学儿童，必要时与家长商量如何让孩子回到学校。这些儿童或许从没有上过学、或者是小学或者初中辍学，入学委员会的工作效果依赖于领导该委员会的校长的能力和委员会成员，特别是当地政府的代表的投入与能力。

这些需求侧政策解决了上述几类孩子的需求。政策的实施结合了下列措施：a.免费教育带来直接费用减少；b.减少间接费用所产生的激励，如校服、交通补贴、免费课本和校餐；c.法律框架，如义务教育法、入学委员会的行动。这些政策构成了强大的、相互促进的需求侧活动。

斯里兰卡政府还制定有广泛的供给侧政策，以完善和补充需求侧政策，促进教育目标实现。这些政策包括：①政府完成了全国中小学布局的建设，计划在居住地两公里内有小学，即每一个村有一所小学。所有家庭居住地5千米内有一所中学，这样，5～18岁的所有孩子都有机会在合理的家庭距离内入学。这种广泛的学校布局是最重要的政府供给侧政策措施，覆盖了所有年级的孩子，确保孩子不会因为没有学校，或者距离距离远而失学。这也是需求侧政策的必要条件，保证所有孩子有学校上。②1～11年级的孩子自动升学。该政策保证了不同年龄孩子在学校的学习。不鼓励差生留级。这些政策能够减少中小学孩子辍学的风险，也减少了孩子不愿从小学升中学的风险。该措施因为减少了复读，也就减少了教育运行费用。③对有特殊学习需求的孩子提供特殊教育项目。对视觉、听觉、行为、学习障碍和多种障碍的孩子，提供特殊教育项目。政府建立了一些这类学校。其他障碍儿童进入普通学校学习，但老师是经过特殊训练的。这种方法能够解决没有入学的孩子和辍学的孩子问题，也满足了最弱势社会群体和有特殊学习需求的孩子的需求。④对那些从未进过学校或者辍学、现在又需要劳动技能的青少年，提供非学历教育项目。没有基本读写能力的孩子的非学历教育项目在功能活动学习中心进行，超过 16 岁孩子的非学历教育项目在社区学习中心进行，这些措施能够满足这些孩子的需求。

因此，需求侧和供给侧政策的结合构成强有力的框架，促进基础教育的入学和完成学业，及升入高一级学校。最重要的两个政策是免费教育和建立全面的中小学网络布局，其覆盖了各类孩子。其他政策补充和完善这两个政策，特别是与特殊群体有关的政策。

当然，斯里兰卡教育政策框架也有局限。20 世纪 60 年代早期的法律禁止私人进入实施义务教育的学校，在这之前有大约 55 所私立学校存在，另外还有少数根据公司法建立的国际学校存在，它们提供外国课程。一种观点认为，该法律实际上削弱了教育体制的平等和效率。因为禁止私人资本进入基础教育意味着政府要承担普及教育的所有费用，包括富裕家庭孩子的费用，从而减少了政府对公办学校学生的资助。如果私人能够投资基础教育，富裕家庭孩子会进入私人学校，从而使政府能够资助更多公办学校的学生，他们更多是贫困学生。所以，限制私人投资是不平等的，减少了可以资助贫困学生的资源。禁止私人投资基础教育还意味着减少教育总资源，导致教育投资不足和发展缓慢。活跃的私立学校体制有助于经济快速增长，让政府有更多资金投资公共领域，包括教育。所以，禁止私人投资基础教育也意味着降低经济效率。

当然，许可私人投资基础教育不会自动提高效率和促进平等。首先，学生流向私人学校会让公办学校生源减少，政府会减少投入。为避免发生这类情况，政府有必要保证教育投入预算的实际价值稳定。其次，私人学校的质量不稳定，会出现质量最好和最差的学校。开放私人投资基础教育应该有完善的质量保证和鉴定机制，由独立机构运作，确保私人学校的质量标准，或者放手让市场竞争驱逐“劣币”。这些是斯里兰卡政府教育部门需要考虑的问题。

1948 年独立以来，普通教育入学机会的平等是斯里兰卡公共教育政策的核心。

追求教育机会平等使得 1948 年以来教育体制出现大变化，其社会背景是人口的增加，经济发展对教育的更多需求和家庭收入的增加。这期间教育的发展主要是建立学校，修建学校建筑和教室，以及伴随招生增加的教师数量的增加。从 20 世纪 50 年代到 70 年代，学校数量，教师和学生数量都快速增加。在 1950 年，有大约 3 900 所学校，130 万学生，38 000 名教师。到 1981 年，有超过 9 500 所学校，360 万学生，136 000 名教师。在 1950 年，生师比是 35∶1，1981 年下降到 29∶1。随教育发展，成人识字率从 1957 年的 65％增加到 1981 年的 87％。80 年代起，政府教育政策的重点还是扩张，1991 年，政府学校增加到 10 000 所，学生大约是 430 万，教师为 177 000 名。1962 年，中学招生率是 27％，在 90 年代初增加到 70％。见表 1-2。

在 20 世纪 90 年代和 21 世纪，有 3 个重要因素开始影响公共教育体制。首先，人口生育率从 20 世纪 70 年代开始下降，导致人口变化。从 1987 年起，1 年级入学学生数量减少。其次，私立学校和国际学校招生增加，对政府学校需求减少。第三，随经济发展，人口从农村进入城市，许多村庄小学校因此关闭。如果政府教育投入所占份额不变，政府对公办学校贫困学生的赞助可以提高。

入学机会平等涉及阶层，性别和地域几个方面。表 1-3 和表 1-4 是教育涉及的阶层和年龄与性别类别。在阶层和性别因素上，小学阶段 6～10 岁儿童入学机会平等程度高。占人口比例 1/5 的最低收入群体中，纯入学率是 95％，占人口比例 1/5 的最高收入群体中，纯入学率是 97％。最贫困群体的纯入学率仅比全国纯入学率 96％低一个百分点。在性别群体中，各个人口比例的收入群体的纯入学率是平等的，但次最低收入群体除外，其女性入学率稍高。总体上，男女入学率是 96％。

表 1-2 1950—2006 年教育发展的趋势

项目	1950	1960	1971	1981	1991	2002	2008
公办学校数量(所)	3 188	4 394	8 585	9 521	9 998	9 826	9 714
公办学校学生数量(人)	1 349 345	2 192 379	2 828 070	3 451 358	4 258 698	4 027 075	3 836 550
公办学校教师数量(人)	38 086	69 658	94 858	135 869	177 231	191 812	204 908
公办学校的生师比	35	31	30	25	24	21	19
公办学校的生校比	423	499	329	362	426	410	395
成人识字率(%)	65	72	79	87	87	91	93

Sources: Department of Census and Statistics, Ministry of Education and Central Bank of Sri Lanka. Note: Literacy rates are for Census Years, 1953, 1963, 1971, 1981 and 2001 respectively. Literacy rates for 1991 and 2006 are estimated from Household Survey data.

表 1-3　根据 2002 年收入占比计算的基础教育纯入学率(6～10 岁)

收入占比	男性纯入学率(%)	女性纯入学率(%)	整个纯入学率(%)
1/5 的最低收入群体	95	95	95
1/5 的次最低收入群体	95	96	95
1/5 的中等收入群体	96	96	96
1/5 的次富裕收入群体	97	96	97
1/5 的最富裕收入群体	97	97	97
总数 1	**96**	**96**	**96**

Source:Calculated from the Household Income and Expenditure Survey, Department of Census and Statistics, 2002.

表 1-4 表明，在经济收入和性别因素上，6～10 岁儿童的基础教育入学机会平等。占人口比例 1/5 的最低收入群体中，纯入学率是 94%，占人口比例 1/5 的最高收入群体中，纯入学率是 97%。最贫困群体的纯入学率也仅比全国纯入学率 95%低一个百分点。在性别中，两个最低收入群体的纯入学率相等。在接下来的两个收入群体中，男性比女性高一个百分点。在最高收入群体中，女性比男性高一个百分点，男女入学率是 95%。

表 1-4　根据 2002 年收入占比计算的基础教育纯入学率(6～10 岁)

收入占比	男性纯入学率(%)	女性纯入学率(%)	整个纯入学率(%)
1/5 的最低收入群体	94	94	94
1/5 的次最低收入群体	95	95	95
1/5 的中等收入群体	95	94	95
1/5 的次富裕收入群体	96	95	95
1/5 的最富裕收入群体	96	97	97
总数 1	**95**	**95**	**95**

Source:Calculated from the Household Income and Expenditure Survey, Department of Census and Statistics, 2002.

斯里兰卡1年级到11年级是自动升学。大多数学校提供1～11年级或者1～13年级的课程。在2006年,69%的学校有1～11年级或者1～13年级。学生能够在熟悉的环境完成初中学习,从而有利于有的学生从小学到中学的过渡。

数据表明,在小学或者基础教育阶段的入学机会高度平等,包括不同社会阶层和性别。纯入学率高,不同社会阶层和性别的差异小。

根据2007年的统计,几乎所有的孩子完成小学学业,97%的男孩和98%的女孩小学毕业进入初中。在初中阶段,8年级和9年级有学生辍学。在9年级,男生继续学习的是89%,女生是92%。男生辍学率比女生高,这是因为男生的教育机会成本更高,他们能够在劳动力市场满足低技术岗位工作的需求。总体上,完成学业的学生比例呈上升趋势。当1997年《义务教育法》公布时,仅59%学生升学到9年级,而目前是90%。计划在未来将完成9年级学习的比例提高到95%。

按照不同地区分类的基础教育学生在校率见表1-5。

表1-5 2007年按照不同地区分类的基础教育(1～9年级)纯流失率

省	1～9年级的纯在校率(百分比)		
	男性	女性	总数
西部	93	96	95
中部	91	95	93
南部	91	96	93
西北部	88	91	89
北部	85	90	87
东部	85	77	81
中北部	90	95	92
乌瓦	88	95	91
萨伯勒格穆沃	88	91	89
斯里兰卡	89	92	90

Source:Calculated from the School Censuses,Ministry of Education.

在女生中，西部省和南部省的在校率最高，为96%。中部，中北部和乌瓦省随后，为95%。其他省女生在校率是90%，但东部省仅77%。因为2007年内战激烈，女生担心安全而辍学，所以，东部省女生在校率低于男生。男生中，西部省最高，为93%，中部省、南部省和中北部省是90%，其他省是85%～88%。

西部、南部和中部各省比例高的原因，是西部省包括首都科伦坡和其他工商业地区，这是斯里兰卡最富裕的地区，还有最好的学前学校、中小学和大学。南部省的两个地区——加勒和马塔拉，有古老的优质教育体制，第三个地区——汉班托特，近年来一直受到教育政策关注。中部省也有如康堤和努沃勒埃利亚那样的富裕地区，比例最低的两个省是东部和北部省，因为受到30年战争的影响，政府需要加大对那里的政策支持和投入。斯里兰卡对教育的重视使得成人识字率、特别是女性识字率保持高水平。在南亚，斯里兰卡成人女性识字率高于其邻国，如印度、孟加拉、巴基斯坦和尼泊尔。在发展中国家中，斯里兰卡女性教育程度居领先地位，斯里兰卡的教育水平也在发展中国家中居领先地位。女性教育程度对未来经济和社会发展有重要作用，也是人力资源发展政策和投入的重要结果。

儿童教育质量非常重要。儿童不仅要入学，还要保证其在学习中认知技能和能力得到发展，学习中的文化和社会维度得到发展，这是国家教育体制的课程目标。20世纪50年代以来的政策关注学习环境的质量，特别是农村、茶园和城乡接合部的学校，并且努力改善偏远地区儿童教育质量。70年代和80年代，政府更加关注教育质量，并且出台了多个改革项目。这些改革在90年代和21世纪进一步加速，包括扩大教育领域的人力、物力资源和提高其质量，进行课程和机构改革、教学法改革，让小学教育成为真正是学生为中心的，中学真正是以活动为中心。

教育平等也包括改善学校学习环境，学校层面的教学条件改善在教育改革中有重要作用。环境改善包括两个方面:首先,是基本场地和设施,如教室、桌椅、黑板、水和卫生的改善。第二,是高级场地和设施,如实验室、图书馆、电子信息设备、活动室、多功能教室,及设备、工具和技术的改善。

在20世纪50年代和60年代,贫困地区大多数学校缺乏基本设施,如教室、座椅、黑板。许多班级之间的教室没有隔离,上课相互干扰。很多学校缺乏饮用水和卫生设施。后来,特别是最近30年来,决策者开始重视学校环境的改善,提高了入学率,支持了学校教学活动和课外活动。政策给出了基本设施的规范,如教室、行政办公室和教师工作室,饮用水和卫生设施的规范。教室现在是分离的空间,有足够的桌椅。

现在有7 350所学校(占75%)有饮用水供应,但各省不均。西部省学校饮用水供应比例最高,为94%,南部省其次,为86%。中部省仅58%。萨伯勒格穆沃省和西北部省学校的饮用水供应比例也较低,分别是68%和69%。

根据政策规范,大约6 000所学校有卫生设施。同样,各省不均。西部省比例最高,为83%,南部省其次,73%。中北部省、北部省、西部省、东部省和中部省仅47%～55%。有的贫困地区学校缺乏基本设施,特别是饮用水和卫生设施。不过,斯里兰卡学校的基本条件在逐渐改善,当然,也需政策加大对这些地区的倾斜投入以改善条件。

学校环境也包括高级场地和设施改善,如实验室和设备,图书馆和资源,电子信息设备,活动室,多功能室等。实验室是支持普通教育一般考试的重要资源和关键设备,有实验室的学校逐渐增加。目前,有60%提供普通教育一般考试的学校有实验室。最高的是西部省(78%),中部省(64%),乌瓦省(63%)。北部省和东部省最低,为43%和46%。

斯里兰卡教育体制也对全球电子信息技术的普及作出反应,特别是从21世纪初开始，主要是对高中阶段教育作出反应。高中阶段的学生准备进入职场或者升入大学，电子信息技术有助于两者。但电子信息技术设备的价格和附件如打印机妨碍了其在小学和初中作为教学工具的扩展和使用。不过，随电子信息技术设备价格下降，电脑和设备会在基础教育阶段加大使用。2009年，教育部开始了一个得到世界银行支持的试点项目，给样板学校提供廉价的手提电脑作为教学工具。

图书馆设备，如小型学校教室中的图书袋和图书柜，中型学校的阅读角和阅读室，大型学校的图书资源中心，是政府改进教育质量，特别是学校毕业生质量的重要政策举措。大约52%的学校有图书馆设施。西部省比例最高，为73%。其次是中部省，为63%，再其次是西北部省，为54%，中北部省，52%。最低的是北部省，仅36%。该计划的一个重要方面还包括提高教师教学质量，促进学生阅读和写作能力(Calculated from the Ministry of Education School Census，2007)。

政府今后的任务是改善学校学习环境，消除学校教育设施的地域差异，特别是改善贫困地区学校的基本设施和高级设施。

四、基础教育的学习效果评估

小学教育认知能力的衡量标准是教育政策分析和项目监控的重要部分。科伦坡大学教育学院建立了国家教育研究和评估中心(NEREC)，进行学习效果的国家评估。斯里兰卡开放大学也建立了类似中心，进行国家教育评估的研究。佩拉德尼亚大学和贾夫纳大学的教育学院也在开展相同的研究。2003年和2007年，国家教育研究和评估中心对4年级学生进行了学校效果的国家评估，其结果有助于政策分析和教育体制改革分析。

数据表明，基础教育数学和英语两个科目的学习效果在2003—2007年间得到提高，包括农村和城市学校。数学课程的全国平均分从 2003 年的 61%增加到 2007 年的 74%。在城市，平均分从 2003 年的 70%增加到 2007 年的 80%。在农村，平均分从 2003 年的 59%增加到 2007 年的 72%。英语课程的全国平均分从 2003 年的 42%增加到 2007 年的 52%。在城市，平均分从 2003 年的 55%增加到 2007 年的 64%。在农村，平均分从 2003 年的 39%增加到 2007 年的 50%（National Assessments of Learning Outcomes，2003 and 2007，National Education Research and Evaluation Center，University of Colombo）。2003 年和 2007 年对 4 年级学习效果的国家评估表明，小学教育得到改善，在 4 年时间内，这些数据的增长表明教育改革的方向是正确的。20 世纪 90 年代和 21 世纪的教育改革，包括《教育领域发展框架和措施》正在发挥作用，所有类型学校学生的数学和英语认知能力得到提高。

不同类型学校学生的数学和英语的认知能力平均分也得到提高。第一类 A 和 B 学校规模大，发展好，有 1～13 年级，包括了小学和初高中。第一类 C 学校规模大，也包括 1～13 年级，但没有普通教育高级考试的科学项目。第二类学校有 1～11 年级，包括普通教育一般考试的大量科目。第三类学校是 1～5 年级或者 8 年级。

所有学校的初等数学学习结果呈现增长趋势。在国家层面，占比例 1/4 的最高分的学生的比例从 2003 年的 41%增长到 2007 的 59%。余下的 3/4 的学生的比例都下降，特别是得分最低的 2/4 的学生比例下降大。所有学校的学习效果都得到改善。在不同班级中，第一类 A 和 B 学校的学生表现最佳。第一类 C 学校和第三类学校的学生其次，两者差异小。第二类学校学生落在最后。见第 41 页表 1-6。

在 2003—2007 年期间，所有学校的初级英语学习结果呈现增长趋势。得分在 75 分以上和在 50～70 分之间的学生比例在 2003—2007 年期间增加。得分在 0～25 分和 26～50 分之间的学生比例下降。所有学校的学习效果都得到改善。第一类 A 和 B 学校的学生表现最佳，第三类学校的学生其次，然后是第一类C学校，两者差异小。第二类学校学生落在最后。第二类学校学生在数学和英语上表现最差，但值得重视，因为这类学校是斯里兰卡数量最多的学校。在2006年，43%的学校是第二类学校（Aturupane，2009），学生来源多是贫困家庭。结果表明，这类学校需要更多政策倾斜和公共资源的支持。见第42页表1-7。

表 1-6　2003 年和 2007 年 4 年级数学课程学习效果的国家评估

类型	2003 年学习效果国家评估				2007 年学习效果国家评估			
	学生在各分数段得分的百分比				学生在各分数段得分的百分比			
	0～25 分数段	26～50 分数段	51～75 分数段	76～100 分数段	0～25 分数段	26～50 分数段	51～75 分数段	76～100 分数段
斯里兰卡	**18**	**18**	**24**	**41**	**8**	**12**	**21**	**59**
第一类 A 和 B 学校	8	10	20	62	4	8	15	74
第一类 C 学校	15	17	26	42	7	10	22	60
第二类学校	23	22	25	30	11	16	23	50
第三类学校	21	18	21	40	8	13	21	58

Source:Calculated from the National Assessments of Learning Outcomes, National Education Research and Evaluation Center, University of Colombo. Note: cumulative percentages may not exactly add to 100 percent due to rounding.

表 1-7　2003 年和 2007 年 4 年级英语课程学习效果的国家评估

类型	2003 年学习效果国家评估				2007 年学习效果国家评估			
	学生在各分数段得分的百分比				学生在各分数段得分的百分比			
	0～25 分数段	26～50 分数段	51～75 分数段	76～100 分数段	0～25 分数段	26～50 分数段	51～75 分数段	76～100 分数段
斯里兰卡	**26**	**42**	**19**	**12**	**14**	**38**	**26**	**23**
第一类 A 和 B 学校	12	31	29	28	7	24	31	39
第一类 C 学校	24	46	20	10	13	39	27	21
第二类学校	34	46	14	6	19	46	22	13
第三类学校	28	38	20	14	14	35	25	26

Source: Calculated from the National Assessments of Learning Outcomes, National Education Research and Evaluation Center, University of Colombo. Note: Cumulative percentages may not exactly add to 100 percent due to rounding.

第五章　斯里兰卡职业教育体制

一、斯里兰卡职业教育概述

职业教育是斯里兰卡教育发展的一个重要目标，即希望成为“亚洲奇迹”，让斯里兰卡成为亚洲的海运、航空、商业、能源和知识的中心，而这一目标的实现更需要的是技术而非学术人才。职业教育毕业生与普通大学学生的差异，就是职业教育毕业生具有工作技能训练和就业能力，普通大学学生特别是纯文科和理科的学生只有书本知识不具有就业技能和竞争力。

2009年，斯里兰卡结束了多年内战，马欣达·拉贾帕克萨总统提出了《十年国家发展战略》。该战略确定斯里兰卡应该建设成为海运中心。为此，政府进行了大规模投资，汉班托特新港口在2010年年底投入使用。首都科伦坡港口进行了扩建，其南港向海里延伸了6英里，在建的另一个码头计划向海里延伸3英里。在全球经济下滑的时刻，《国际集装箱化》刊物发布的《全球集装箱港口30强2008》报告中，科伦坡港口名列125个港口中的第27位。

新的经济增长带来新的需求和新的工作机会，也引起斯里兰卡职业教育和培训部门的重视。新的职业教育课程有IT、媒体和语言，但还没有包括充满希望的海上航运市场：斯里兰卡要发展船舶制造，捕鱼，出口水下矿产资源，利用海浪产生能源，让沙滩和海洋吸引更多的旅游者。这些行业的发展将带来新的工作机会，但是，偏向学术的教育无法满足这些需求。斯里兰卡的知识经济需要的是技术工人，即使获得大学学位但没有就业技能训练就不是技术工人。因此，斯里兰卡职业教育与培训面临的新挑战是培训的创新性。

政治高度稳定，人口的自由迁移，社会生活的自由，良好的基础设施，包括道路和运输网络、通信网络、稳定的电力供应，以及具有高技能的劳动力，这些是吸引国际投资的先决条件，斯里兰卡今天都具备了最佳投资地的条件。

在斯里兰卡的2千万人口中，超过65%的人口有中学文化程度，这在世界上名列前茅。但在人力资源发展中，有两方面落后：斯里兰卡受过教育的劳动力缺乏就业技能；其次，斯里兰卡高等教育录取率是21%，在中等收入国家中偏低。丰富的人力资源会创造更好的投资环境，为此，斯里兰卡在教育和培训上进行了改革。

斯里兰卡教育改革需要让教育与真实工作要求联系。但是，斯里兰卡教育主要还是沿袭着1836年建立的科伦坡皇家学院，1893年建立的第一个职业学院科伦坡理工学院，和1921年建立的第一个科伦坡锡兰大学学院的路径。

今天，普及13年的普通教育招生超过330 000人，即98.5%的适龄儿童进入1年级。他们成功完成了5年小学教育，很少辍学。但是，18%的小学毕业生没有达到预期的水平和能力。这些学生在中学也是后进生。来自贫困家庭的学生会在9年级或者完成13年义务教育之前辍学。在9年级时有30 000人辍学。大约290 000人进入11年级或者参加普通教育一般考试，其中有175 000人通过了普通教育一般考试，没有通过考试的115 000人要么重新考试，要么退学。参加普通教育高级考试的有210 000人，包括重新考试并且通过普通教育一般考试的学生。参加年度普通教育高级考试的245 000人中，有120 000人通过，有22 000人被斯里兰卡各类国立大学录取，有30 000人通过私人渠道进入大学和出国，大约70 000人考试合格的学生没有被录取。没有通过普通教育高级考试的100 000名学生要么重新考试、要么另寻出路。有的年轻人进入职业教育学习，但这是他们最后的选择。这也是斯里兰卡职业教育过去几十年的现状。

现在，斯里兰卡教育界对职业教育的目标有了新的认识，在变化的时代，斯里兰卡普通教育面临的问题，是学生不具备就业技能而难以进入就业市场。斯里兰卡大学生，特别是文科，只能在竞选期间参加各种政治活动找工作。很多大学生教中学，因为教师是他们唯一能够做的工作。现在，如果没有接受教师培训，他们也不能进入教师岗位了。斯里兰卡的18所国立教育学院每年毕业生为3 500人，他们一毕业就能从事教育工作。

2005年，斯里兰卡职业和技术培训部（MVTT）出台文件《国家职业资格框架》（the National Vocational Qualifications (NVQ) framework），这是斯里兰卡教育、经济和社会发展的标志，也是斯里兰卡职业教育未来的方向。培训者进入第一级入门技能，完成了课程和实践考核后可以进入第二级，然后依次继续向上。

如图1-1所示。

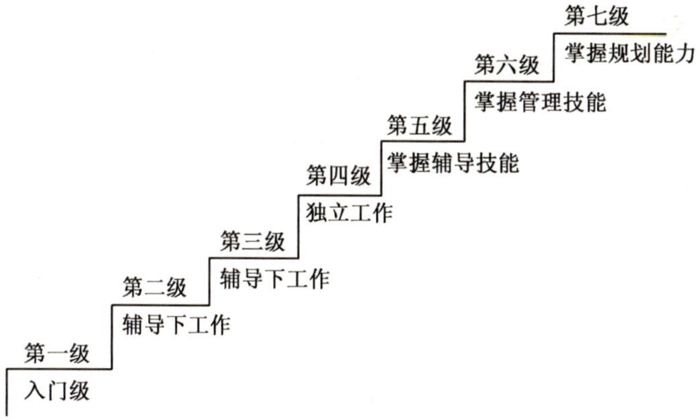

(Source: Ministry of Vocational & Technical Training 2010)

图1-1

该框架弥补了职前培训和劳动力市场需求的鸿沟，避免了学校培训的重复，缺乏一致性的培训标准和实施。根据该框架，所有提供职业教育培训的机构必须在职业技术教育部门登记，获得课程认可后，才能够实施得到认可的职业教育培训和提供证书。

人们希望普通教育能够与职业教育相结合，但是，职业教育面临的挑战是其并没有具备吸引学生志愿选择职业教育以获得就业所需的职业技能的能力。每年大批学生离开普通教育学校，但他们进入职业教育的数量太少。例如，在 115 000 人完成普通教育一般考试，100 000 人 完成普通教育高级考试的学生中，进入职业教育全日制学习 1～2 年的仅有 12 500 人，也就是说，仅 6％的普通教育的学生进入职业教育学习。

斯里兰卡教育需要考虑的是普通教育和职业教育的平衡。在 2008—2009 学年，有 22 804 名学生注册了 173 门课程，包括 3 天至 3 年的课程。大多数 3 年课程是半脱产课程，只有很少的全脱产课程，有 20 门课程是 2 年全脱产，有 22 门课程是 1 年全脱产，有 48 门课程是 6 个月全脱产。全国 9 所理工学院和 30 所技术学院提供包括 1～6 级培训标准的课程，注册学生中 34％是女性。

只有 3 277 名学生注册了 2 年全日制的 22 门课程，其中，1 200 人选择的是会计学。真正接受 2 年全脱产技术训练的学生人数是 2 000 人。在 1 年全脱产课程中，9 318 名学生注册了 29 门课程，其中，2 200 人注册的是英语课程。在 6 个月课程中，还有 50 门课程是全脱产，许多是软科学课程，如速计、打字、秘书。在 2008—2009 年，一共提供了 101 门全脱产课程，72 门半脱产课程。

在 2007—2008 年，有 4 603 名考生参加了 29 门课程的考试，其中，2 243 人或者 48％通过了全脱产课程考试。在 9 个半脱产课程中，有 1 339 名考生，其中 579 人或者 43％通过了考试。通过了考试的学生的年度经常性单位成本，不包括资本投入，大约是 274 000 卢比，参加考试的学生的平均单位成本是 129 651 卢比。

希望进入职业教育课程学习的学生，需要通过普通教育高级考试的 13 门课程才能录取，或者需要通过普通教育一般考试 19 门课程才能录取。另外有 16 门课程需要达到普通教育一般考试水平，但不一定要通过该考试。其他课程不需要这些特殊入门要求。（TVET Guide 2010）。这些课程许多是免费的，有些付费很少。

斯里兰卡高等技术教育学院（SLIATE）的目标是成为斯里兰卡职业技术教育中心，并且在 2010 年底在所有地区建立分校，目标是培养 25 000 名学生。高等职业教育委员会（TVEC）开发并拥有劳动力市场信息系统，并且计划与国内外行业和专业机构建立更紧密联系和合作，这意味着建立更多分支机构。斯里兰卡现在已经有 800 家私人职业教育培训机构，根据高等职业教育委员会框架提供 518 门课程。

斯里兰卡的普通教育偏重书本知识，在普通教育一般考试中有技术课程模块，普通教育高级考试有 3 个软技术课程、3 个硬技术课程。但是，学习这些课程的学生没有进入大学的渠道。这些成为希望进入技术领域学习的孩子的瓶颈。需要在普通教育一般考试和高级考试增加技术领域课程考试，否则技术教育的预期很难落实。

二、斯里兰卡的学徒制

斯里兰卡传统经济是农业，近几十年来，政府加大了工业和基础建设投资，大批国有企业成立，参与斯里兰卡工业化和现代化建设。行业培训是经济政策的主要工具和提升行业素质的主要因素。20 世纪 60 年代后期，政府对行业培训机构进行了调查评估，包括培训费用，培训机构的培育，培训所需的人力需求，对现代行业需求的调研，培训设备，培训教师需要的职前和在职培训。政府采取了多种措施，巩固、协调和扩大国家机构的培训举措，但正式的机构培训难以满足各种需求。因此，政府出台了职业准备的学徒制，以满足不同社区，不同行业人员和培训教师的职业技能需求。

1971 年，斯里兰卡国家学徒制委员会（NAB）成立，目标是建构和实施覆盖工业和农业需求的各种学徒培训项目。1981年,该委员会扩展了其职责,涵盖了上万学徒的培训。斯里兰卡学徒制培训体制与技术和职业教育与培训相互补充,为国家需求提供了有技术的劳动力。

目前,职业技术教育与培训是斯里兰卡国家社会与经济体制的组成部分,学徒制是培训学生职业技能的主要手段。斯里兰卡有技术和职业教育学校20多所,学校开设有颁发高等国家文凭、国家文凭、国家证书和国家技能证书的课程和短期职业课程。高等国家文凭的课程仅限于管理学科,与大学学位相等。国家文凭的课程是两年,然后是半年工厂培训。国家证书大多数的课程是不脱产的,限于与行业相关专业的在职人员培训。技术学院开设的一系列短期培训课程,包括3个月到一年,注重实际操作能力培训,获得实际知识。技能课和短期职业课程是就业导向的。

斯里兰卡国家学徒制委员会的建立是斯里兰卡职业培训历史的分水岭。该委员会通过法律权力鼓励行业参与培训,另外还协调、促进、监控、指导和管理学徒制,该委员会具有的自主权力使其具有运作的灵活性。国家学徒制委员会最大的作用是对各个行业领域培训资源的协调,把学徒制培训转换为被雇主和学徒都认可的全国项目。

国家学徒制委员会的运行有4个特征:①三方代表参与,包括政府、工商界雇主和工会。②涉及教育、培训、劳工和农业的所有政府部门的参与。③在培训、劳工和行业等方面有丰富经验的代表参与;④委员会的执行官由委员会主席和学徒制主任担任。

国家学徒制委员会的技术委员会讨论培训标准、课程和大纲、样本行业测试和评估工具。所有委员会都有社区广泛参与,即都有必须有雇主、工会、教育部门和劳工代表参加。

根据雇主要求,学徒制督导评估预备参加行业培训的名额,起草接受培训者名单。尽管不保证接受培训者培训后的就业机会,但根据培训的用途和以前接受培训者的就业机遇,参加培训者的数量是学徒培训名额数量的3～5倍。对学徒的选择权在雇主手中，但国家学徒制委员会要求所选择参加培训的人有必要资格，并且来自相关行业。

招聘学徒时，学徒要与雇主签订《学徒制合同》，并且在国家学徒制委员会主任处备案。国家学徒制委员会制定行业统一的培训标准。每一个学徒要购买培训标准，知道应该做什么。学徒的测试和发证由国家学徒制委员会根据行业测试标准进行。国家学徒制委员会还制定学徒工作条件，包括工作时间、请假和放假。学徒得到政府而不是雇主补贴。

斯里兰卡学徒制涉及的培训领域是：手工艺、技术员、工程大学生、技工、准技术员，以及需要长期现场培训或者定制培训，以满足特殊环境转岗工人。学徒制时间从一年到四年。工程大学生和理工大学生根据课程在工厂实习，理工学生在3年级接受1年学徒培训，工程学生前3年接受短期工厂培训，前两年是通用工程，最后一年是专业工程。

国家学徒制委员会还为小企业按照培训标准进行培训。一方面使学徒能够在不同工作岗位移动，一方面使农村青年得到培训，并且就近就业，以让年轻人留在当地，而不是进入城市

斯里兰卡学徒制的另外一个特征，是通过听说训练，帮助学徒获得与环境相适应的基本语言能力，并且培训自谋职业者的创新能力，锡兰银行为选择的对象提供100 000卢比（US＄4 000）经费，作为小项目的合作伙伴参与的投入。

国家学徒制委员会提供的学徒制培训除了覆盖传统的工业和农业领域外，还包括酒店、驾驶、速记和摄影。但国家学徒制委员会培训的制约因素是公共和私人企业缺乏培训场地。政府除了扩大和增加公共和私人领域培训地点外，还在自由贸易区建立了培训地点，作为企业提高培训质量的样本。这一措施使得国家学徒制委员会的运行能够免受公共和私人领域行业的控制和其提供的培训机会的影响。

第六章　斯里兰卡教师教育

一、斯里兰卡教师教育概况

1948 年独立时，斯里兰卡小学教育普及程度较好，但中学教育普及程度低，当时教师人数有限，学生人数为 130 万人，但仅有 38 000 名教师，生师比高达 35∶1。当时，斯里兰卡经济以农业为主，私人领域规模小，行业单一，私人公司主要是出口初级农业产品如茶叶、橡胶和椰子。最受人们青睐的工作岗位是政府部门，特别是公务员和专业领域如司法和医疗部门。相对而言，教师收入不错，社会地位较高，特别是在农村和茶园地区。

随着教育体制的扩展和规模扩大，对教师需求也随之增加。教师被认为特别适合女性。学校一天是从早上 7:30 开始，下午 1:30 结束，还有 3 个月假期(分别是 4 月、8 月和 12 月)，有较多时间操持家务和带孩子。从 20 世纪 60 年代和 70 年代起，中学和大学毕业生不断增加，教师数量也逐渐增加，到 2006 年，教师人数达到 205 000 名学生人数为 380 万名，生师比降低为 19∶1，是 1950 年的一半。

斯里兰卡各省教师和学生数量的比率较均衡，在北部，西北部和萨伯勒格穆沃省，生师比为 17∶1，在西部和东部省为 21∶1，其他省的比率是 18%～20%，包括受到战争影响的北部省。数据还表明，按照国际标准，斯里兰卡生师比低，即教师配置分布好，这主要是因为公共教育投入的传统。随着中学和大学毕业生人数的增加，教师队伍有了充足的来源。但随着经济发展和私人领域的扩大，及海外发达经济国家的工作机会，政府工作岗位包括教师的工资和地位开始下降，教师职业不再像以前那样吸引人。但对大学生，特别是女生还有吸引力。具体生师比见表 1-8。

表 1-8　各省公办学校生师分布

省	学生数量(人)	教师数量(人)	生师比
西部	857 466	40 965	21
中部	503 535	29 421	17
南部	494 906	28 184	18
西北部	456 502	26 247	17
北部	264 849	13 481	20
东部	372 452	17 627	21
中北部	248 637	12 541	20
乌瓦	276 851	15 567	18
萨伯勒格穆沃	361 352	20 875	17
斯里兰卡	3 836 550	204 908	19

Source: Ministry of Education, School Census, 2006.

斯里兰卡重视教师培养，所有教师招聘和替换由国家教育部实施。到 1989 年为止，71% 的教师接受并且完成了专业训练。全日制教师教育在 4 类学校完成：教育学院提供 3 年职前训练；师范学院提供 3 年在职训练；国家教育学院提供非研究生和研究生训练，包括远程教育；大学和开放大学提供研究生文凭课程。国家教育学院与地方教育部门合作，选择骨干教师在当地进行在职训练。斯里兰卡教师教育最紧迫的问题是培训质量和增加职前训练、经费、课程和网络教学。

教师教育涉及对社会经济和教育、心理学，和与教学法、教师角色和职责相关的社会理论的专业性的理解。Dharmadasa(1996)提出了 16 个教师能力：a. 识别学生特征，b. 规划教学，c. 培养学生的积极人格特征，d. 学习效果的衡量与评价，e. 课堂管理组织，f. 教师专业发展，g. 使用教学辅助工具，h. 具有积极的教师人格特征，i. 实施课堂教学，

j. 课堂交流，k. 发展学校和社区关系，l. 课程组织和修改，m. 教育研究和创新，n. 管理和组织学校活动，o. 给学生提供指引和建议，p. 具有学科知识。这也是教师教育的目标。

根据世界银行 1996 年报告，在斯里兰卡，教育和国民经济发展具有特殊关系。尽管人均国民生产总值为 584 美元，但成人识字率高达 90%，在南亚国家中比例最高，其社会发展指数达到收入高得多的国家的水平。斯里兰卡有 190 000 名教师，其中 50 000 名是 1989—1995 年之间入职的，在 10 000 所公立大中小学任教。本科生教师教中小学，未受过培训的本科生大多数教小学和初中，只有研究生学历才能教大学。教师工作稳定，也是政府聘用的体制内的工作人员。

斯里兰卡具有古老的佛教和印度教传统，教师受到社会尊敬和崇敬，具有榜样特征，向学生展示学问和行为规范。“教师是自觉的和行为规范的，充满奉献精神的，积极遵循职业准则”。

过去 40 年对斯里兰卡教师发展改革的强调产生了很大影响。到 1989 年，有大约 71% 的在职教师受过或者正在接受专业培训。1984 年以前，所有教师培训课程都是在职培训，但快速发展的教育事业促使新的教师发展模式出现。

斯里兰卡教师招聘根据所获得的资格和学历分 3 个层次：①通过普通教育高级考试的毕业生适合在文科、科学、数学、英语、商务、家政和手工艺等课程任教，直接招聘到教学岗位。②职前培训的教师：通过普通教育高级考试的学生在教育学院接受 3 年职前教师培训，包括初等教育、科学和数学教育、英语教育、宗教教育、家政和体育，并且分配到不同地区的教学岗位。③获得学士学位的大学毕业生分配当老师。不再招聘通过普通教育一般考试的学生担任教师。师范学院和教育学院的教师培训课程是脱产的。3 所大学提供 1 年制的研究生文凭课程，而其他的在职和职前培训课程是远程或者是半脱产的。

国家教育部根据笔试和面试成绩进行教师招聘，然后分配到 26

个不同的地区。在对教师的招聘和分配中，考虑了其学业成绩、高中的辅修和课外活动、社区发展活动的参与等因素。

从事教师教育的师范学院和教育学院与大学不同，大学关注的是传统的学术并且授予学位，师范学院和教育学院关注特定的学科，而且有自己的核心课程。1985年以来，斯里兰卡建立了7所教育学院，分别是科学、数学、英语、体育、宗教、小学教育和家政，并且还将建设更多教育学院。教育学院负责3年职前教师培训，对象是通过了普通教育高级考试，年龄在18～22岁之间的学生。课程涵盖课程设计，与学习者的身体、社会、情感和智力发展有关的知识，了解国家教育体制、宗教和文化概要，学习理论和教学理论，国家教育总体目标和所学专业的具体目标，以及学科专业知识。教育学院也因为培训科目和对象有别而不同，如初等教育、数学和科学教育、英语教育、体育教育等。

所有的教育学院在第一和第二年实行住校学习，政府提供师范生的食宿，并且减免学费。第三年到不同学校实习，政府发放津贴。教育学院开设有4门公共核心课程：基础/专业教育、普通教育、学科专业教育和各项活动。专业课程包括教育心理学、教育哲学和社会学，教育评估，教育指导，教育发展趋势，学校与社区，教育实践。普通教育课程包括母语、英语、宗教和文化、卫生和体育、美育（艺术，舞蹈和音乐）。专业课程还需要选修一门下列课程：母语、数学、科学、初等教育、家政、英语、体育和宗教。

在教育学院学习3年期满，根据考试和实习成绩，学生获得斯里兰卡国家教师资格证书。实习成绩包括实习学校校长评语，指导教育评语，实习学校教师委员会评语和学科指导教师评语。

教育学院的教学方式包括集体讨论，脑力风暴研讨，专题讨论，角色扮演，模拟课堂，观察和实验，微格课堂，论文和项目，更多的是集体讨论而非授课。

师范学院负责3年在职教师培训。第一和第二年的课程包括专业课程和普通教育课程。第三年实习。专业课程根据学生的教育背景、潜能和教育部门的需求确定。目前的课程包括美育、农业、阿拉伯语、英语、手工艺、家政、数学、科学、体育、小学教育、宗教和特殊教育。目前,大量大学生进入中学教师队伍,1983 年删除了英语课程,1985 年删除了母语、社会学和商科课程。师范学院的教师在职培训主要关注教师的知识、技能和实践的继续提升。

目前,有 16 所师范学院提供两年制课程,涵盖中小学大纲的 19 门学科。无大学学位但通过了普通教育一般考试和高级考试和至少有一年教学经验的老师被选择进入两年带薪全脱产学习。在完成课程、教学实践、内部评估和教育部门的书面考试后,被授予教师培训证书。

斯里兰卡国家教育学院(NIE)远程教育系在 1983 年开始远程教师培训,远程教师教育由对象是 35 000 名没有接受过教师培训并且没有大学学位的小学在职教师。最初仅开办了两个专业:小学教育,数学和科学。从 1984 年起开始扩展:为没有受过训练并且无学位的老师开设了 3 门课:小学教育,科学,数学。1991 年,该系开始了教师教育领域培训项目(TEA),以满足 3 万多名实习教师的培训需求。根据中小学开设的不同课程,为这些教师开发了 15 个新培训项目。

现在,远程教师教育的目标是培训小学全科教师和能够胜任中学艺术、科学、数学、商科和家政教学的教师,为在职教师提供经常性的培训和提供教材。远程教师教育是在职教师培训的创新,接受培训者在 3 年不脱产学习中,使用精心设计的自学材料来发展自己的学科知识和教学能力。

3 年远程教师教育课程包括 5 个方面:印刷材料和其他媒介占 60%,作业占 10%,面授占 10%,当地面授占 10%,教学实践占 10%。课程以函授为主,学生使用自学材料,完成作业后交国家教育学院远程教育系批改和打分。接受远程教育培训的老师需要参加周末和假期的面授，面授在地区远程教育中心举行。接受培训的老师根据培训成绩获得培训合格证书。

科伦坡大学教育学院，佩拉德尼亚大学和贾夫纳大学的教育系提供教师教育研究生课程。招生对象是具有大学学位和有一年教学经验的老师，通过考试参加学习。该课程为一年全日制或者两年半脱产课程，半脱产课程在周末和假期进行。培训者享受带薪学习，通过书面考试、教学实践和论文合格毕业后获得教育研究生文凭。这些大学每年培训 600 名教师。科伦坡大学教育学院还提供英语教学、社区发展和心理测试的研究生文凭课程。

斯里兰卡开放大学也实施两年制在职远程教师教育研究生课程。每年培训 700 名未经培训的本科学历教师，其课程包括教育原理，教育心理学，学习效果评估，学生评估和指导，教育技术，教学大纲，学校与社会，比较教育，教育管理和实践。教学主要是函授方式，使用书面材料和其他媒介，在当地资源中心进行面授。教学实践由开放大学在当地的人员负责。

斯里兰卡教师教育的创新有两个：教育学院和远程教育的培训模式。前者是职前培训，后者是在职中小学教师培训。其目标既希望吸引优秀学生进入教育领域，也希望提高在职教师待遇，培养大量充足的和受过训练的教师。

相对于需要培训的近 3 万教师，大学每年培训的人数太少，国家教育学院远程教育系在全国 10 个地区中心开设了一年半的教师教育研究生课程。课程包括 5 个单元：a. 学科核心单元：心理学基础，哲学基础，社会和历史基础；b. 能力发展单元：教学法和教学管理；c. 职业发展单元：课程开发，学校组织，学生指导和咨询；d. 校本项目；e. 4 周教学实践。课程采用函授形式，周末面授。考试是形成性的：持续评估 20%，项目 20%，教学实践 20%，书面考试 40%。

教育部门也对骨干教师进行在职教师培训。大量在职教师培训是由国家教育学院与地区教育局合作举行的。培训对象包括各年级教师，每次时间短，但跨度为一年。对小学教师的培训按照学科进行：语言、科学、数学、美育和英语。对中学教师的培训学科包括：语言、社会常识、英语、科学、数学、卫生、商科、农业、家政、生活技能、技术技能和美育。对普通教育高级考试或者大学预科阶段（12～13 年级）教师的培训包括：英语、地理、物理、化学、生物、纯数学和应用数学、商科、经济学、会计和语言。骨干教师的选拔是根据国家教育学院的书面考试和地区教育主管的面试决定的。骨干教师培训定期采用面授和工作坊形式进行，国家教育学院组织资深骨干教师和来自大学的专家进行培训。然后，骨干教师对本校教师进行在职培训，最终获得教师培训证书。

国家教育学院英语教育系负责英语课程的提升和英语教师的培训，还包括斯里兰卡中小学、师范学院和教育学院英语教学标准的提升。英语教育系提供一年制全脱产英语教学课程，学生学习合格后颁发文凭，并且开展学位课程培训，为国家教育学院负责英语教学项目的人员提供培训，为英语教学发展提供论坛、开展课程开发和设计、开展应用语言学和语言教学研究。英语教育系还实施英语教师在职培训，对通过了普通教育一般考试和高级考试但没有接受训练的老师提供两年制半脱产课程：在职专业英语教师培训课程，在地区中心利用周末和假期授课、讨论和研讨会。根据教学实践，课程评估和书面考试后授予英语教师培训证书。

新入职教师职前培训课程为 3 周，培训对象是所有未经培训的新教师。培训课程包括教育心理学、教育原理、儿童心理学、教学法，不同学科教学策略、课堂管理、评估测试策略等，以帮助新入职教师了解教育概况，克服新困难。斯里兰卡有两种教师职前教育：第一，政府有 18 所国立教育学院（NCOEs），提供 3 年教师教育。第二，大学培养研究生，如果获得教育研究生文凭或者硕士学位，就有资格成为老师。

在国立教育学院和大学毕业生中，进入教师队伍的人要么是有教师资格、要么是在研究生毕业就能够获得教师资格。

斯里兰卡还有教师继续教育体制，其包括100个教师培训中心（TCs），至少一个学区一个，提供短期教师培训。国立教育学院还提供与教师培训中心互补的培训课程。大学提供教育研究生文凭或者硕士学位，教师参加学习，并且可以作为其专业继续发展的一部分。

校本在职教师培训主要针对特定学科的教师，在学校由资深教师负责对特定学科教师进行培训，讨论该学科日常教学的问题，包括学科内容、教学计划、教学策略、测试评估问题、教材等。大家集思广益，共同进步。根据《2006—2010年教育领域发展框架和措施》（ESDFP），政府开始新的教育改革方法，即学校本位的教师发展，与教育学院和大学的教师培训项目互补。学校本位的教师发展项目得到广泛支持，包括大学教师、在职辅导教师、教师教育者、校长和同行。根据教育部的指南、规范和标准，学校本位的教师发展项目主要是省级教育行政部门实施和管理。这种学校本位的教师发展项目模式有希望今后成为主要的常规模式，以加强教师的动机、技能和教学能力。

教师教育所面临的问题，是缺乏教师教育和培训的连贯政策和教师招聘的政策。政府的更替使得教师教育政策发生变化，决策过程缺乏透明，政府需要统一的政策和措施。

偏远地区缺乏教师的状况没有好转，教师招聘采取了一些措施：①让应试者从3个学校中选择一个，在该校服务3年。②分配师范学院和教育学院毕业生到偏远地区学校服务3年，然后可以要求调动到自己希望的学校。③给自愿去偏远学校的教师鼓励，包括职务晋升、增加工资和补贴、政府住房、孩子进入好学校的选择权，以及服务完成后调动到自己选择的地区。

对大量在职教师的培训任务任重道远，远程教师教育与培训，国家教育学院教育系和英语教育高等学院举行的教师教育与培训，开放大学的教师教育研究生文凭，3 所大学举办的的两年制半脱产教师教育研究生文凭，这些极大地促进了斯里兰卡教师培训的开展。现在的问题是教师教育和培训的质量，为保证质量而采取的措施包括：①招聘有资历和能力的教师教育者，提供知识和技能提升的培训机会，包括国内外机会。②3 年教师职前培训，新教师的 3 周入职培训。③提供更多资源，包括政府和外国援助的资金和技术资源。④课程大纲的修改，增加如社区教育、家长教育、价值观教育、美育、小学综合课程等。⑤采取新的教学法如小组讨论、项目、研讨、工作坊、模拟、微格课、活动、旅行、新技术、视听法。⑥实习期间的指导。⑦课程评估。现在，教师教育正从强调理论转向强调实践。

二、斯里兰卡小学教师教育的重点

斯里兰卡教师教育强调“全能教师”的培养，即具备认知、情感和心理这 3 个领域的能力。在教师培训和课程开发方面，对教师的最低资格要求是通过普通教育高级考试的三门学科。因此，需要有 12 年正式教育背景，但目前这样的人供过于求。新进教师需接受 2～3 个星期的短期培训，几年后，选拔到师范学院培训。

在大多数开设了中小学年级的学校，不同年级共享资源。小学年级师生比是 1∶36，全国平均数是 1∶23。教育部规定小学班级人数是 35～40。但在大量小型学校，一个老师教多个班级。大约 60%的中小学老师是女性，在小学，大约 70%是女老师，男女老师比例高于中学。对偏远地区学校的老师，教育部会优先给所在学校提供条件和设备，以满足老师住宿和其他需求。

教育部也改变了大学生不能教小学的政策，现在已经有数百名大学生接受了小学综合课程教学训练。今后有更多的大学生教小学，这使得更多有经验和专长的老师能够参与小学教学研究。

目前，培训小学教师的有 16 个培训学院。毕业生每年为

1 000 人。还有 13 000 名小学老师没有过接受培训。教育部实施的 2～3 年的职前培训项目将尽可能解决这一问题。地区中心还有周末和假期面授，由师范学院老师承担。

师范学院的教师教育课程是 2 年。课程包括：①专业课程，包括教育原理和教育心理学；②教育公共课，包括母语、宗教和健康、体育等必修课程；英语、美育、农业、第二语言、家政、数学、科学和社会学习等选修课。

教师教育和课程开发由课程设计专家和师范学院老师的密切合作进行。课程开发中心还发布新闻简报，每年 3 期，宣传教育新观点和交流教学经验。简报送到所有小学。课程开发中心也利用广播和报刊发布新观点。

在课程开发方面，1972 年开始对小学传统教学模式进行了内容和方法的改革，改革带来的更多灵活性和自由，让学生能够发现自己的学习环境，老师能够更好地利用资源满足学生需求。小学综合课程改革如下：①学习各种事物的关系和意义，而非孤立的事实；②批判性客观思维，而非被动接受；③灵活性和适应性，适应现代社会变化；④思维和行动的创造性，⑤自立，自尊；⑥充分利用现有资源；⑦社会福祉的责任，公民和社会义务；⑧尊重个体本身价值；⑨工作投入，努力追求卓越和质量；⑩爱国主义，尊重其他国家；⑪人际交往公平公正；⑫接受批评的能力；⑬尊重他人观点。

学校的灵活性和开放性意味着教师要改变角色，从具有支配地位的权威到学习的促进者，帮助学生的学习活动。学科界限得到整合，采用解决问题方式学习，还采用形成性测试和采取弥补方式。

改革后的课程组成包括：母语，数学，环境研究，科学，创新和建设性活动，美育和体育，宗教和第二语言（3 年级开始）。

改革要求教师把小学高年级的教学材料按照 11 个主题进行整合，这些主题是：a. 我们的房屋和居住者；b. 我们饮用的食物和水；

c. 我们穿的衣服；d. 我们的劳动工具；e. 我们的社区；f. 我们的环境；g. 我们的学校和周围环境；h. 帮助我们的人们；i. 我们的旅行和交流；j. 我们的地球和天空；k. 我们所看到和听到的一切。

语言和数学训练安排有额外活动，但整合方法也为其提供了有意义的实践。灵活性让老师从传统的30～40分钟的课堂解放出来，鼓励学生的独立学习和探索。改革效果良好，但存在的问题包括有的老师缺乏把教学材料按照11个主题整合的能力，另外，小学一年级与幼儿园的社交和探索课程重合。

三、教师职前教育的政策和实践

教师教育者过去不参与政策制定，仅是政策的执行者，现在则要参与政策制定了。因此，教师教育者的地位需要提高，要有更好的专业培训和教育。斯里兰卡教育界认为，教师教育者的专业化应考虑教师教育的四个阶段。第一阶段表示所有具备一定教学经验的人，如同伴相互教学、辅导、非正式课堂教学、体育和休闲指导等，他们都具备了教学的入门经验，教师职前教育应该利用他们的这些经验。第二阶段包括几个月到4年，这个阶段主要是教学实践或者实习。越来越多的是学校本位的培训，师范院校投入减少。第三阶段是入职考核期，可以是一年或者更长。在此阶段，学校和教育督学考核他们的实习成绩，该时期也叫试用期，考核合格获得教师资格，可以教授某一年龄段学生的某一门或者多门科目。第四阶段重要，目标是教师专业发展和整体教学质量。这阶段是终身教师教育理念的核心。

教师教育者的身份也发生变化。首先是关于教师的招聘、培训和职业发展，需要回答的问题是：教师教育者究竟是什么人？为什么需要他们，他们起什么作用？教师教育者的身份是什么，其能否促进教师素质？首先，参与培训、监控或者协调，以及学校负责某个项目的人都是教师教育者。其次，教育系统越来越复杂和多样化，需要经过长期系统训练和有经验的人，也就是需要教师教育者或者培训者。第三，20世纪60年代后，在发达或者工业化国家，教师教育者的作用从培训转向受训者的个人发展，即教育作用，受训者不仅要掌握课堂教学技能，还要了解教育涉及多学科的理论基础如教育哲学、教育心理学、教育社会学、课程理论，和学科知识如自然科学、数学、人文科学。教师教育者培养的是未来的教师。最后，教师教育模式改变为一个连续体，教师教育者概念包括在教师培训机构工作的专业人士、骨干教师、合作教师和辅导者。时间包括教师的试用期和在职期，督学和专家举办的培训。这样，需要有涉及教师教育者培训和专业发展的政策，需要有对教师教育不同期间的不同要求。

在20世纪60年代的工业化国家，教师培训者这一名称改变为教师教育者，因为其不仅包括培训，还包括教育。教育功能不仅是让见习教师有机会学习课堂技能和学科知识，还能深入学习一两个学科，了解学校教育的问题和与社会的关系，最终满足见习教师个人发展的需要。

在斯里兰卡，在开发小学教师教育和培训的教师教育者模式中，需要明确培训和教育都是教师教育者的职责。但两者的平衡由教育政策的优先考虑和经济因素决定。一个经常被忽略的问题是教师教育者也需要培训和专业发展。培训包括提高专业技能和知识，扩大工作经验，包括中小学实践经验。

斯里兰卡教师教育者培训模式有三阶段：第一阶段：教师教育者的招聘和选择。招聘考虑人选的潜力和以前的资格和经验。第二阶段：教师教育者培训，识别和择优选择具备专业能力的教师教育者的知识、技能和态度的范围。第三阶段：对教师教育者进行进一步的长期教育和职业领域的专业发展。包括进一步学习并且获得更高的学位，例如硕士或者博士学位、依托某个学校参与课程或者工作坊。

过去的教师教育者多来自现有老师，或者骨干教师和督学。许多国家重视学历，而非相关的教学经验。大量没有中小学教学经验的研究生被招聘做教师教育者，斯里兰卡需要考虑教师教育者应该具备的特征和能力。

教师教育和培养意味着是专业的持续发展，因此，教师教育者也需要持续提高。职前教师教育的教师教育者需要学习新知识和技能。这些教师教育者包括大学教师、高级教师、骨干教师、系部主任和督学。

对教师教育者的培训包括提供更多的专业化知识，丰富其经验，提高学历及能力。基础教育职前教师培训课程除了教育理论，重点是培训教师课堂教学的知识和能力，包括：①教学科目如数学、语言和科学；②教学研究如教学法、教学和课程；③教育研究如教育理论、儿童发展、心理学、社会学、哲学；④实习或者见习；⑤其他科目学习如社会研究、宗教、道德、文化、课外活动如体育、游戏、运动。有的初中职前教师培训还可以在上述要求外学习一个主科，如历史和生物。这是接受培训者个人发展课程的一部分，也是教育的一部分。一个教师教育者除在上面的某个课程方面有专长，还在其他方面有经验和资格，例如，一个科学教师教育者有资格和能力在上述①、②和部分③的课程授课。

斯里兰卡教育决策者需要了解新教师教育者需要哪些领域的培训。基础教育职前教师培训是在优秀教师指导下的在职或者实习形式，以及工作坊、特殊课程研讨等。培训领域包括：①学科知识；②教学技能；③指导和监控；④自我评估和反思；⑤测试；⑥社会技能和管理风格；⑦基本研究技能。重要的是，不仅要获得教学过程的经验，还要有学科内容教学过程的经验。每一个学科，无论是语言还是科学，都有独特的学科内容特征影响到教学。一个教师教育者或许具有学科知识，但是可能意识不到其学科内容对教学的影响，对学生理解学科内容的影响。教师教育者需要从认识论和教学法两方面分析其学科内容。

教学技能包括教学理论、课程设计、课程材料的计划、呈现和组织、教学资源的使用、促进有益的课堂氛围、学生与教师的评估和评价，也包括确定和跟踪目标、指导和监控、提供反馈，识别及观察和记录教师行为，帮助学生自我评估和反思。测试是对行为的衡量和判断，有不同程序：能力本位模式，档案记录，等级和数据方式。对象包括对课程的持续评估，等级制和传统定时考试。

教师社会角色的变化使社会技能越来越重要。包括关心学生、提供咨询、进行引导和倾听学生的需求等。

课堂管理的不同风格和加强学生纪律越来越复杂。大多数教师教育者缺乏这些技能的最新知识和培训，需要培训的领域包括决策、管理风格、咨询和领导力。

培训还包括研究能力训练，其包括基本的量化研究过程，还包括质性的“行动类型”研究，采用解释性和其他质性方法来收集、观察、比较和分析学校和课堂。要能够识别相关研究和方法，选择恰当工具。

基础教育教师的实习和在职培训包括：指导和监控，员工评估，教学技能，社会技能和管理风格，创新思维，研究方法。

需要对职前教师能力培训进行指导和监控，实习阶段进行的指导和监控要对有资格的教师起到激励作用。教师教育者要严格监控职前教师的进步，培训包括能够识别不同的教学表现并且准确记录，提供建设性反馈，给出预测性、诊断性和规定性方法。

教学技能培训要包含教育最新发展。社会技能和管理风格要有深度的培训，新教师面临的困难包括课堂管理，教学决策和领导力。教师教育者要传授自己的指导和监控经验。员工评估，创新思维和研究方法是教师培训的新领域，员工评估包括反思，并且影响到教师的晋升和薪水。教师教育者需要课堂教学创新和课堂教学问题研究的信息和机会，需要教学现场培训。

斯里兰卡教师教育中也存在一些问题，影响到教师的工作。首先，教育是计划性体制的职业，按照国家干部和省级干部组织。老师是流动性的，可以在不同地区的不同学校流动。理论上，教师流动是教育行政部门负责，按照学校需求配备的。但实际上，老师可以通过各种关系调动到自己希望去的学校。因此，都市中心学校的教师人满为患，而边远农村学校则缺老师。不过，随着教师数量增多使得这一问题得到缓和，农村也至少有老师进行教学。其次是教师的缺勤。和政府部门工作人员一样，教师可以缺勤。表 1-9 是 2007 年老师缺勤的时间长短。2007 年，老师缺勤超过 600 万天。各省的缺勤中，北部省是 23 天，中北部省是 33 天。缺勤多是在开学期间。如果一学年有 210 天，假设缺勤一半是在开学期间，就占了开学时间的 7%。如果全在开学期间，就占了开学时间的 14%。

表 1-9　2007 年各省教师缺勤分布

省	缺勤天数	教师数量(人)	每个教师缺勤天数
西部	1 239 022	41 891	30
中部	944 188	31 495	30
南部	927 963	29 106	32
西北部	775 435	26 787	29
北部	273 768	12 144	23
东部	484 907	17 116	28
中北部	409 219	12 465	33
乌瓦	506 302	16 442	31
萨伯勒格穆沃	650 116	21 751	30
斯里兰卡	**6 210 920**	**209 197**	**30**

Source：Calculated from the School Census，2007，Ministry of Education.

再有，政府对大学毕业生创造工作机会的政策干扰了教师聘用。20 世纪 50 年代和 60 年代，斯里兰卡实行的是政府干预的经济政策，经济缓慢增长，导致 1971 年出现受过教育但找不到工作的年轻人骚乱。后来，历届政府都用政府招聘来给受过教育的年轻人提供就业机会，许多受过教育的年轻人，特别是大学生，就走上了教师岗位，政府的10 000 所学校给出了位置，但这种教师招聘方式并不反映教育体制的真实需求。招聘也不与岗位的课程和学科匹配，有的课程老师多余，有的缺乏。

斯里兰卡教育界和相关人士都在讨论教师教育的改革，希望教师聘任转型到放权制。教师直接由学校聘任，这样做有多个好处：第一，教师对学校负责，有利于减少教师缺勤。第二，教师分配给学校，而不是进入可调动的教师资源库，杜绝了其他因素的干扰。第三，学校负责的教师聘任可以减少创造就业机会的方式带来的教师聘任干扰。另一个政策是考虑财政和其他激励措施，如边缘地区教师晋升优先，这是对其在艰苦地区工作的额外补贴。根据这些政策，学校负责的教师聘任制和对边缘地区教师的激励措施，可以完善教师聘任和教师配备。

第七章　斯里兰卡远程教育

一、斯里兰卡在线远程教育

信息和通信技术在斯里兰卡远程教育中发挥了重要作用，特别是在大学层面和发展农村教育层面。通过政府教育政策的支持和外部援助，斯里兰卡在大学层面开始了多个在线学习项目，如科伦坡大学的信息技术本科教育，斯里兰卡开放大学也大量使用远程教育方法和当地学习中心。

在农村开始的非正式远程教育和培训项目，是为了满足农村人口需求。斯里兰卡非政府组织 *Sarvodaya* 建立了 15 000 个农村远程教育中心，配备了电脑和网络，以发展农村培训项目和建立当地需求的知识网络。斯里兰卡参加了世界银行的全球远程教育网络（GDLN），发展农村学校项目。斯里兰卡在农村使用了廉价的电脑和网络技术，带有基本教育材料的大巴巡回全国，广播电视网络，以确保农村各个地区和中小学能够接收到信息。但这些工具没有得到足够重视，远程教育所需要的网络和恰当的远程教育教学法也还需要进行更多的研究和实践。

斯里兰卡 1947 年开始实施免费教育政策以来，其基础教育发展显著，但是，高等教育因为基础设施而成为斯里兰卡教育发展瓶颈。政府为此大量投资对远程教育信息和通信技术，远程教育能够克服空间障碍，取得大量成绩，被看作是最有效的高等教育路径，并且为偏远地区和农村的群体提供机会。此外，远程教育还能够最大化利用资源，促进教育平等，促进社会和经济发展。在理论上，远程教育原本是能够提供大规模的高质量的教育的工具，以低成本方式促进社会公正，远程教育适合发展中国家，但实际上并非如此。远程教育学生辍学率比传统教育高，教育质量差。

信息和通信技术因为费用低和效率高而越来越多地使用在远程教育上，如慕课，对学生的好处是时间地点的灵活性，社会经济弱势家庭孩子接受教育和获得资格证书的机会增多，克服文化和社会障碍及教育设施不足的困难。

但基于信息和通信技术的远程教育面临包括课程结构、课程设置、学生和教育机构环境在内的诸多挑战。许多通过远程教育和在线学习方式的高等教育质量差，流失学生多，参与度不广。在斯里兰卡，大学的远程学位教育低于教学标准，有的大学仅给出课程纲要和终结性考试，并且认为使用如光盘和网络等新技术手段就足够了。

斯里兰卡基础教育在南亚最好，包括成人识字率和普及初等教育，但接受高等教育的人口比例偏低。据 2000 年统计，在印度，15 岁以上人口中，成人识字率是 47%，4.7%的人口接受过中学以上教育。在斯里兰卡，成人识字率是 91%，但 30 岁及以上人口中仅 2.3%的人口接受过中学以上教育（不包括北方和东部省份，因内战使得比例更低）。在高等教育领域，减免学费的公办大学占有高等教育最大比例，每年仅招收 22 000 名学生，占中学毕业生的 3%，这种状况导致大学入学考试出现激烈竞争。20 世纪 80 年代以来，多次尝试大学扩招，但都没有成功。私立大学的教学质量不错，还提供英国、澳大利亚和美国大学课程，但学费又超过大多数人的家庭负担，所以许多学生高考失败后选择大学远程教育课程。80%的高考落榜生没有继续接受高等教育是因为经济原因。斯里兰卡政府承认，满足斯里兰卡经济发展的需求需要教育体制满足国家需求。目前的教育体制未能让人力资源充分发掘出来，政府的责任是为社会贫困阶层提供可接受的教育机会。

主管公办大学的斯里兰卡大学拨款委员会制定了保障不同地区考生进入大学机会的规定，大约 55%的指标是根据该地区人口与全国人口比例而定指标，不发达地区有特殊指标。这种选拔标准因对经济发达地区的学生有不公平而有所改变。高考落榜生可以进入斯里兰卡开放大学或者公办大学和私立机构举办的远程教育课程学习。

斯里兰卡开放大学和公办大学的远程教育向学生收费，但因为其费用比在校学习费用低，斯里兰卡政府将其作为扩大高等教育的方法。与公办大学全日制大学教育成本相比，远程教育单位成本，含直接和间接成本仅为传统大学成本的 20%，开放大学培养文理科毕业生费用最低。

为提高高等教育入学率，斯里兰卡在 20 世纪 90 年代后期把远程教育作为改善教育质量和降低成本的一个选择。规模最大的行动是由亚洲发展银行贷款资助的《远程教育现代化项目(2003—2010)》(DEMP)，其标志着斯里兰卡远程教育首次使用现代科技。该目标群体是 165 000 名在公立大学和 40 000 名在其他教育机构学习远程教育的学生。计划 5 年内把这一数量翻一番。长远目标是在 18 年期限中提供 140 万个高等教育机会。

《远程教育现代化项目(2003—2010)》包括多个子项目，其中之一是改善教学内容、质量和过程。另外，还建立了名为《国家在线远程教育服务》(The National Online Distance Education Service (NODES)的国家远程教育网，帮助没有网络的学生学习。该网络连接斯里兰卡开放大学和其他教育机构，学生利用网络中心上网学习。国家远程教育网下设 26 个网络中心，配置的资源相同，包括电脑、打印机、扫描仪等，供注册学生免费使用。

在远程教育现代化项目开始之前，斯里兰卡远程教育是基于书本的，很少有面对面辅导和讨论。斯里兰卡远程教育的在线教育要么是全部在线、要么是混合的学习方式，学习者通过全国 26 个网络中心上网学习。斯里兰卡还有其他网络学习中心，如斯里兰卡政府建立的“Nanasala”中心，和非政府组织建立的如 Sarvodaya 网络中心。因为计算机和网络覆盖面不普及，这些中心在远程教育起了关键作用。2009 年的数据表明，仅 11.4%的斯里兰卡家庭有计算机。而且，人们也缺乏计算机技能，在 5～69 岁年龄段的人群中，仅 20.3%的人具有计算机技能，因此，人们关注的问题是远程教育的在线学习能否让大面积学生受益。

远程教育的网络接入机会特别重要。如果设备和连接差，学生就不喜欢使用。网民和个人电脑使用者百分比是一个衡量标准。联合国统计司(2010)数据表明，网民数量在发展中和发达国家差异大。如英国的网民从 1995 年占人口比例 1.9%增加到 2008 年的 76.24%，而如尼日尔、布隆迪和埃塞俄比亚等才不到 1%。技术设施也是重要因素，如果网络是窄带连接，那么视频和图像教学材料无法传送。远程教育不仅涉及电脑、网络，还有材料、数字、人力和社会资源、内容和语言、读写能力和教育程度、社区和体制结构等。许多国家对没有电脑和网络的群体提供公共网络中心。图书馆和学校的计算机中心也能够为公众，特别是学生提供上网机会。但为保证机会公平，这些机构的上网有时间限制。网吧也可以上网，但环境对学习不适合，并且收费。对于学生来说，公共网络中心存在距离远近，电脑知识和语言等问题。家庭条件不好的同学需要去网络中心、图书馆、网吧或者朋友家上网，而且担心上网费用。大学的免费网络实际上是学校向《远程教育现代化项目(2003—2010)》支付了费用，然后在学费中收回。而在家庭上网的学生也需缴纳这笔费用。

远程教育现代化项目包括 3 部分：①远程教育伙伴项目，其目标是改善远程教育的内容、质量和分布。包括开发国家远程教育网络(NDEN)，连接斯里兰卡开放大学和其他公立和私人高等教育机构以分享资源。通过国家远程教育网络，让学生能够接触在线远程教育，而伙伴学校能够使用来开展远程教育。这一项目称作国家在线远程教育机构。②公立和私立伙伴项目，其强调公立和私立学校资源共享，包括学生津贴统一、信息共享、标准化认证系统、提供远程教育课程、与国外学校合作。③斯里兰卡开放大学能力建设项目，其目标是加强和更新设施，鼓励教师专业发展。

对斯里兰卡两所大学远程教育状况的调查表明，在人口分布和招生人数、计算机拥有比例、网络接口，家庭收入、网络中心、开支、语言能力、计算机能力、学习材料和支持度这样几个方面，结果是不一样的：

在人口分布和招生人数上，两所大学参加网络远程教育女生的比例分别是 39%和 26%。在斯里兰卡，女性接触 IT 行业的比例是 21%，这一结果令人鼓舞，在发达国家如英国，IT 行业的男女比例是 5∶1。在学生地域分布上，这两所大学中，一所大学有一半的学生，另外一所大学有 83%的学生来自西部省，即首都科伦坡和周边地区，而斯里兰卡的 IT 行业主要集中在科伦坡或者西部省地区。

在计算机拥有比例和网络接口上，两所大学分别是 85%和 68%，比斯里兰卡 2009 年的全国平均 11.4%高得多。两所大学分别是 91%和 45%的学生能够连接网络。

在家庭收入上，两所大学学生家庭月收入中位数分别是 34 376 卢比(191 英镑)和 22 709 卢比(126 英镑)。全国家庭月收入中位数是 23 746 卢比(135 英镑)。这也部分解释了为什么有的大学生拥有很高的资源比例，其他低收入家庭学生只能去公共网络，将大量时间花费在路途。

在网络中心方面，政府设立的网络中心给没有电脑和网络的学生提供方便，但其繁琐的行政管理程序和周末关门休息制度使一些中心使用率低，而有的中心则使用者过多，导致资源和学生时间浪费。

网络开支上，不同收入家庭的学生选择不同收费的课程。这也是为什么其中一所大学的学生多来自高收入家庭，另外一所大学的学生多来自低收入家庭。

在英语语言能力上，学生英语水平的差异反映了英语教学资源的城乡差异。

在计算机能力上，两所大学学生的计算机能力都不错，但还是有9％的学生没有使用过搜索引擎，5％的学生没有使用过 E-mail，2％的学生没有也不打算使用电脑。

学习材料和对学生的支持上，在线学习材料的问题包括有的教师不明白为什么自己的教学材料需要他人审核和修改，这表明大学教师对远程教育实践缺乏知识和了解。学生反映的问题需要等待数周才能够对他们提出的学习材料有错误，或者复制于错误来源问题给出反馈。

远程教育现代化项目于 2010 年结束，因为后来出现了经济上难以克服的基础设施问题。远程教育现代化项目高估了注册学生的数量，也高估了承担使用网络设施费用的能力。

斯里兰卡政府远程教育现代化项目的初衷是增加高等教育的入学机会，扩大社会下层家庭学生入学率。在初等和中等教育成功后，高等教育遇到的困难是缺乏资金来扩大学校设施，但又不能收取学费，于是政府开始实施基于信息和通信技术的远程教育模式。该计划有两个部分：①对新开设的基于信息和通信技术的远程教育的投入，以补充现有大学课堂教学模式；②对现有基于信息和通信技术的远程教育现代化的补充投入。

基于信息和通信技术的远程教育的成就是，知名大学的高质量项目可以通过向学生收费来发展。而对学生有两个好处。首先，能够在喜欢的地点和大学学习喜欢的科目。其次，全日制或者半脱产的灵活学习方式，让学生能够照顾家庭和保留工作。最成功的学生是那些居住在都市，能够接触网络，有钱付学费、购买电脑和宽带的学生。因为支付网络中心费用过高，一些大学停止了网络服务项目。这样，参加远程教育学习的学生不得不自己寻找电脑和网络资源。不过，这也意味着有网络资源的学生不用两次付费。

但基于信息和通信技术的远程教育的发展也有障碍，包括课程提供者没有充分考虑不利的环境因素，资源是最大问题，拥有电脑和能够接触网络的家庭主要在城市。2009 年，全国拥有计算机的家庭是 11.4%，而在西部省（首都科伦坡和周边地区）是 19%，没有网络的学生只能去网络中心或者是学校。国家远程教育网下设了 26 个网络中心，有的学生距离网络中心远，路上花费太多时间。而且宽带连接多在城市，26 个网络中心的使用人数不一致，造成有的中心拥挤，有的中心则人数很少。

对普通家庭，特别是农村家庭学生来说，他们面临的困难是：①互联网络质量差，网络连接速度慢，导致有时间限制的网络答题失效。也难以下载媒体文件。②家庭收入难以承担电脑和网络费用。③语言能力也是需要解决的问题。斯里兰卡普通教育是使用当地语言，如僧伽罗语和泰米尔语，最近开始了使用英语，但是高等教育许多学科是英语教学。学生语言转换困难，特别是农村学生难以适应英语教学。④网络学习中心制度呆板，多在周中开放，没有灵活上网机会，对在职学生造成不便。上网机会限制，程序烦琐，有的网络中心需要学生出示各种证明，让学生避而远之。⑤缺乏网络电脑资源，网络中心缺乏学生需要的电脑软件。特别是 IT 专业学生需要的资源。⑥缺乏学校服务支持，85%的学生因为不熟悉或者没有信心而不使用现代网络技术。2009 年，斯里兰卡具有电脑知识的人口比例是 20.3%，需要政策促进电脑知识和语言能力的普及与提高，而计算机能力与拥有计算机密切相关。远程教育的一个特征是与授课老师的分离。远程教育模式难以完全替代教师面对面的辅导作用，面授和自学需要结合才能够让远程教育取得真正效果。⑦老师缺乏对学生网络学习的支持和帮助,也缺乏相关知识和意识。⑧教材的质量和编排差,当地语言材料少。⑨缺乏图书馆设施服务。⑩远程教育需要学生学习自主性。但斯里兰卡学生习惯性依赖教师,尊重学术权威,这种基于文化的教和学风格对远程教育的发展是一个障碍,也造成学生学习困难。

针对上述问题,政府教育部门需要思考的是:①许可大学提高课程灵活性,给出清晰的质量监控标准。考试质量和要求应该与全日制学生一样,尽可能消除远程教育和全日制学生的区别,使用相同测试标准和课程名称。增加投资,帮助大学获得启动费用,最终依靠学费自立。提供政府奖学金,有助于减少全日制学生数量的压力。②规定远程教育学生享有网络图书馆和实体图书馆服务。③加强目前的斯里兰卡开放大学远程教育项目,扩大招生规模。目前具备了在农村地区开设课程的经验和机构,包括教学语言由最初的僧伽罗语或者泰米尔语逐步增加使用英语,使用了基于信息和通信技术和其他的混合方法,以适合电脑能力差的学生。在不同地方考虑网络设备和宽带的成本,可以考虑便宜的可移动设备学习,如视频显示器或者媒体显示器、手机等。升级视频材料,在任何时间地点可以用,任何时候都可以下载或者发送,或者在学生中传播。④促进课程的相容性,建立开放大学和其他远程教育项目通道的连接,特别是让那些英语和计算机差的学生完成开放大学的基础课程,然后转向其他项目。

总之,斯里兰卡政府加大了在线技术的投入,以提高教育质量和增加高等教育的机会。基于信息和通讯技术的远程教育能够通过向学生提供灵活课程,增加接受高等教育的机会,但因为缺乏基础设施和资源、缺乏英语能力和数字能力、教材质量低、对学生支持不够、接触计算机和网络的机会少和网络基础设施不足而受到限制。目前远程教育实施不充分,不能招收到足够的学生而实现自我良性循环。政府要研究如何解决学生的困难,增加投资,扩大学生来源。现实也表明，在线课程作为必修时间尚未成熟，斯里兰卡需要改善基础设施和人均收入，让更多人能够买得起电脑。国家建立的网络中心还有大量需要改进的地方。

二、在线远程教育中的开放教育资源

开放教育资源（Open Educational Resources，OER）在全世界教育界快速兴起，它是解决高等教育的入学机会和成本的有效手段。斯里兰卡也在开放教育资源的使用上开始了实践。

斯里兰卡对开放教育资源进行了宣传和能力建设，研究了开放教育资源在教学中和其他教学资源为什么不同和如何不同，并且关注创新的开放教育实践和基于开放教育资源的在线学习。斯里兰卡开放大学根据英联邦亚洲教育媒体中心（Commonwealth Educational Media Centre for Asia，CEMCA）开发的课程，实施了基于开放教育资源的在线学习（OEReL）的专业发展课程。课程的关键是采取整体方式对开放教育资源进行整合的能力建设，而不是零敲碎打的工作坊的方式。

该课程包括5个模块：开放教育资源的理念与实践；开放教育资源的搜寻与评估；注册与版权；基于开放教育资源的在线学习的设计和整合。5个模块是实践型的，对教师有直接帮助。课程设计包括了真实学习场景，同伴互助，合作学习和反思实践。该课程对教育者和他们在教学中使用开放教育资源的能力发展有重要促进作用和影响。

开放教育资源在教学中的有效使用需要系统的课程设计。教育者的责任是在教学中发现和整合恰当的开放教育资源。根据开放教育资源的4R框架：重复使用，修改，重复混合和重新发送，使用者不仅可以免费使用资源，还可以进行改进和编写新材料，通过开放教育资源进行创新教学活动。对放教育资源的关注从“接触”扩展到了“创新公开教育实践”（OEP），对开放教育资源的使用和创新有不同的开放程度，从“无法使用”到“重复使用”，再到“重复使用和创新”。

开放教育实践的结构创新。开放教育实践是在开放的学习环境中使用资源。它是一个合作的实践，涉及共享的知识创新。它的社会性在于个体具有实践开放教育的自由和通过共享实践而涉及他人。开放教育资源作为创新的应用对教育者能力提出新的要求，包括4个核心能力：个人视野，探究，掌控和合作。支持这一过程的包括经验，思考和支持。

构成开放教育资源在线学习的5个模块的设计思路是实践学习，包括个人和集体活动带来学习经验。评估包括个人任务，集体讨论和自我反思。资源有各种形式，包括文本和多媒体，课程对其进行了综合。

设计适合在线学习的在线学习环境，包括真实环境和解决问题环境。通过文本的非同步讨论会的集体在线学习方式得到广泛应用。整合开放教育资源是开放教育资源在线学习的关键，其思路是从接触和获取开放教育资源，到开发开放教育资源，即从关注资源到实践。对学习效果的评估包括能力的提高，促进因素，妨碍因素，学习效果。评估对象为大学教师。能力提高包括新知识，思维，观念，态度和技能等方面，特别是对开放教育资源各种关键概念和其关系的理解；在教学中识别，评估，应用，开发和整合开放教育资源的能力；开放教育资源在线学习课程的设计能力；应用这些新知识和技能的信心。

对促进因素与妨碍因素的评估包括学习结果，学习资源，学习活动，学习经历，评估目标和反馈。反馈及时，课程相关性，基于实践的教学法，学习和测试任务，同伴帮助的讨论，学习资源，学习日程安排，测试，反馈，灵活性，自我激励都促进学习，特别是对学习结果，活动和测试的衔接满意，教师最满意的是讨论。这些说明，经历、思考、支持都促进了能力建设。妨碍因素包括时间不够，有的模块学习资源不够。

开放式在线学习促进了专业发展，学习经历，思考，改变了视野，实践，动机，自信，集体学习，参与者从资源的接收者成为了开放教育实践者。

该课程的参与者对开放教育资源在线学习的知识，技能和态度的发展满意。对开放教育资源的搜寻、识别、评估和整合的知识和技能发展满意，还发展了开放教育资源在线学习课程设计，开发和实施的能力。

在斯里兰卡，大学的在线学习越来越普及，大学教师有必要深化对开放教育资源的认识。目前，斯里兰卡开放大学的这一课程培养了大批参与者，而斯里兰卡开放大学也成为了斯里兰卡开放教育资源在线学习这一领域的领跑者。

第八章　斯里兰卡教育改革的社会背景

一、概述

在英国殖民者统治时期，斯里兰卡存在使用英语的教会学校和使用当地语言的公办学校。面向精英群体使用英语的教会学校条件好，面向大众使用当地语的公办学校条件差。这种教育双元制存在了几十年，教育机会的公平一直是人们思考的问题。1960 年，斯里兰卡实现学校体制的统一，加强了教育机会的平等。

20 世纪 50 年代和 60 年代教育的大发展，使得入学人数大量增加，义务教育得到社会重视，给小学最后一年级的贫困孩子颁发奖学金，使其能够进入中学学习；公立和私立小学和初中课本免费；一些小学低年级午餐免费；为无法享受正式教育的孩子建立读写中心；学校实行分区和分群等，这些都促进了教育机会的平等，避免了因为经济原因而使得学校出现社会鸿沟。

小学课程改革的一个原因，是因为课程和教学法缺乏激励和难以引起学生兴趣，导致大量学生从小学辍学。改革的目标是以活动本位，强调环境学习和创新学习。教育部实施了教师培训、课程改革、教材编写、学习连贯性和学习评估一系列活动。而师范生进入小学教师队伍也是改革一部分。

教育成为斯里兰卡社会经济发展的助推器。1944 年开始的教育改革在过去几十年极大地促进了社会经济发展。独立后的斯里兰卡历届政府都支持免费教育，各级教育都得到发展。在 1960—

1965年间,班达拉奈克夫人领导的政府积极促进免费教育发展,这一期间建立的学校比任何其他5年都多,改善了大量学校,实行了免费教科书和课程改革。1970年的教育改革引进了英语教学,进一步改善了免费教育的设施和质量。科学和数学教育扩展到所有学校。经过几十年改革,今天的斯里兰卡进入了世界教育和卫生的前列。根据《2004年世界人类发展报告》,斯里兰卡在177个国家中居96位,斯里兰卡人类发展指数是0.74,高于印度、孟加拉、不丹、尼泊尔和巴基斯坦。

斯里兰卡人均收入进入了中等收入国家行列,2005年人均收入是1 000～1 100美元(Central Bank,2005),人口增长率稳定在1.2%,成人识字率是93%。2010年,超过75%的人口接受了中等教育,预期寿命是74年,是中低收入国家最高的。失业率也逐步下降,但在年轻人中,特别是18～25岁年龄段中,失业率高达25%,这是教育改革的目标和需要解决的问题,需要在全球经济背景下提高毕业生的就业能力。见表1-10。

教育改革使得入学人数不断增加,但从1995年起,学校数量下降,下降原因是人口增长率下降。学生人数减少,一些小型学校与附近大型学校合并,学生有机会去更好更大的学校。不过,男孩倾向于就业而不是完成规定的学业,这也是18～25岁年龄段的学生人数减少的原因。

基础教育是社会发展的核心,也是消除贫困的手段之一。可持续的基础教育能够长期促进生产力改善,是消除代际贫困、促进人口转型、健康保健、女性权益和消除不平等的关键。斯里兰卡有良好的基础教育传统。独立后,历届政府一直致力于基础教育的投资和改善。特别是1970年代的不稳定和年轻人骚乱后,社会各群体都认识到提升教育层次是社会稳定和就业的关键。现在,斯里兰卡基础教育入学率高,90%以上的孩子完成了10年教育。

表 1-10　社会经济指数

指数	1940	1960	1980	2003/2004
人口(百万)	6.2	9.8	14.7	19.2
成人识字率(%)	40	72	88	93
预期寿命	42	61	69	74
婴儿死亡率(1 000 人)	141	68	34	17
出生率(1 000 人)	38.4	36.6	28.4	18
死亡率(1 000 人)	20.3	8.6	6.2	6
人口增长率(%)	3.2	2.8	2.1	1.3
接受了教育的人口比例 (%)	68	26	15	8
接受了中等教育的人口比例(%)	11	27	42	62
0～18 岁年龄段人口比例(%)	60	52	45	34
农业劳动力比例(%)	55	53	51	33
劳动力失业比例(%)		16.6	24	9
人均收入(美元)		187(1970)	540	997

不过,斯里兰卡基础教育改革的背景是复杂的社会、政治和经济因素,独立后到 1970 年的教育政策是从国家层面改革,建立全国统一教育体制以替代殖民地时期的教育体制。20 世纪 70 年代的改变因为年轻人骚乱,更多是政治干预。1997 年的改革是全面的,包括普及基础教育,改善学习效果。改革也面临很多困难,包括缺乏有力领导、缺乏规划、课程负担重、缺乏试点、政治干预影响大。

二、历史的回顾

1948 年独立以来的 60 年里,公立学校和成人识字率发展迅速,公立学校数量从 1950 年的 3 188 所增加到 2008 年的 9 662 所;公立学校学生从数量 1950 年的 1 349 345 人增加到 2008 年的 3 929 234 人;公立学校教师数量从 1950 年的 38 086 人增加到 2008 年的 212 683

人;公立学校生师比从 1950 年的 1∶35 减少到 2008 年的 1∶18;学校生均人数为 406 人,成人识字率为 93%。

斯里兰卡奉行“全民教育”(Education for All,EFA)理念,在 1940 年代的免费教育提案中就提出了小学到大学的免费教育。从 20 世纪 80 年代起,国家提供免费教科书、校服、午餐和交通,使得斯里兰卡基础教育成为发展中国家发展最好的国家之一。国立学校由教育部主管,省级学校由省教育厅主管。学校还根据教学语言区分为僧伽罗语或者泰米尔语学校。斯里兰卡基础教育覆盖 1 到 11 年级。

三、1948 年独立前教育改革的社会政治背景

殖民时期,斯里兰卡称为锡兰。自从 1931 年的普选法颁布后,一直有三股力量驱动教育改革:①政治独立;②独立后的民族主义;③20 世纪 70 年代开始的政治反对派和希望国家停止动荡实现民族和谐的愿望。

政治独立和变革主要是教育精英发起的,这些教育精英包括接受过高质量的英语学校教育,并且在专业领域和种植园工作的群体,或者接受过当地语言学校教育,如僧伽罗语或者泰米尔语,以及接受过英国教育的左翼群体。

各个政治群体提出的教育和社会福利政策目标是促进面向民众的教育机会平等,1931 年的普选、1948 年的议会民主都加大了对选民需求的关注。各届政府都为了实现其政治和社会目标而重视教育政策。尽管所有群体支持教育改革,但方式和焦点不一样。从 1931 年开始,教育改革和政策包含改变或者保持殖民地教育政策这两种截然不同的观点。这两种观点都支持扩大大众教育,但分歧在对学校教育语言的选择、考试选拔制度、各类学校的管理、学费和对待私立学校的态度上。

在斯里兰卡,人们至今还怀念 C·W·W·坎南加拉博士和他在 80 多年前发起的教育改革。坎南加拉博士是斯里兰卡首位教育部长,

从 1937—1946 年任教育部执行委员会主席，他被称作“斯里兰卡免费教育之父”。坎南加拉博士进入政治舞台时，斯里兰卡刚从英国殖民统治者手中争取到成年人普选权。在 1948 年独立前 10 年，是自治的转折期。根据 1931 年制定的《宪法》(或称《多诺莫尔宪法》)，46 位斯里兰卡人当选国务委员，其中有 7 个出任部长，包括教育部。每一个部有执行委员会，部长任主席。新成立的教育部执行委员会主席要求前教育委员会(the Board of Education)放弃政策制定的权利而仅作为一个咨询机构。但转折并不顺利。教育执行委员会起草的提案受到前教育委员会反对，包括反对在英语学校实施僧伽罗语教育。7 年僵持后，提案最终在 1938 年交到了国务院，又经过长期辩论，于 1939 年通过了《31 号教育条例》。

坎南加拉博士倡导的改革内容广泛，包括：免费教育；建立中学、高中和实践学校这 3 类学校；小学母语教育，初中双语或者英语教育，高中和大学英语教育；建立中心学校，提供住宿和奖学金，扩大高中入学机会；引进宗教教育；推进成人教育以扫除文盲；建立教师月收入机制；课程和考试的本土化；实行大学自治。

根据 1939 年的《贫困法条款》开始了面向贫困学生的“供餐项目”。免费教育政策使得所有适龄孩子能够入学。扫除文盲的成人教育促使大批成人夜校建立。坎南加拉博士提出的 3 类学校是，为升入大学的中学教育；进入技术学院的高中，为升入农学院的实践学校。尽管有 243 所学校对实践学校进行了试验，并且试验比以前进展顺利，但试点突然终止。如果试点能够继续，斯里兰卡独立后面临的失业危机就会得到更好的处理。斯里兰卡教育改革有其社会经济背景。坎南加拉博士支持教育改革，支持母语教学，支持 80％的学生进入实践学校，5％的学生进入中学，15％的学生进入高中，他的观点与社会经济背景有关。坎南加拉博士的目标是通过教育改革来促进社会变化，而贫困人口无法承担收费教育。1937 年，成人识字率仅为 39％，女性仅12%。中学教育程度的人口不到8%。卫生状况糟糕，疟疾导致的死亡率是3.6%，人口出生率高达3.8%。婴儿死亡率是14.1%，预期寿命是42岁。超过50%的人口是农民。失业率高、教育和卫生保障低。斯里兰卡的教育改革就在第二次世界大战期间开始了。

要实现面向所有人的教育，唯一的选择是免费教育，以及以本土语言作为教学语言，因为仅3%的人能够使用英语，即使能够用本土语言教学的教师也不多。教育改革的目标是让80%的学生进入实践学校，因为失业率太高，唯一可能就业的领域是农业。

1944年，在获得政府批准后，教育改革措施开始，但改革提出的实践学校没有得到实施。作为第一位教育部长，坎南加拉博士开始了真正的改革，提供并且扩大免费教育。斯里兰卡在人力资源上的成就，就是因为当时的奋斗和教育改革而获得的。1944年的教育改革成就包括学校数量、学生数量、教师数量和完成小学和中学课程的人数大幅增加。从1944年到1948年的4年间，新建学校400所，学生人数达到120万。

1990年的泰国乔木提恩全民教育会议（the Jomtien Conference on Education for All）开始思考全民教育，但因为坎南加拉博士的前瞻和领导，斯里兰卡在1990年已经完成了这项任务。根据1990年的人类发展指数，斯里兰卡得分是0.65，远远高于南亚其他国家，如孟加拉国的0.185，印度的0.29，巴基斯坦的0.305。坎南加拉博士倡导的教育改革对促进斯里兰卡的社会经济发展起了很大作用。

坎南加拉任主席的教育特别委员会起草了国家教育体制计划和教育政策。他当时面临5个重要问题：对教会学校的拨款和管理；学校教学语言的选择，经过特别委员会和国务院广泛讨论，最终在1948年决定僧伽罗语或者泰米尔语作为国立小学教学语言，逐步将英语作为中学语言；建立农村中心学校网络，满足贫困学生教育需求；所有英语学校，政府中小学和师范学院免收学费。这一改革给贫困学生接触英语打开了大门。后来随着母语教育扩展到中学,英语作为中学教学语言的政策也就停止了。

这一教育改革过程曲折漫长。坎南加拉领导的执行委员会用了3年才将建议递交教育执行委员会和部长会议讨论,然后部长会议1943年将决议递交国务院,国务院就此进行了为期15天的辩论,一年后,经过修改的决议于1945年6月通过。

四、1948年独立后教育改革的社会政治背景

1948年独立后,各届政府继续围绕教育政策中教育机会、语言、宗教、经费和学生选拔等议题辩论。不同政党就语言和民族问题的持续辩论对教育产生了重要影响。

第一届政府是塞纳纳亚克领导的统一国民党右翼政府。该政府提出教育改革白皮书,建议将11岁作为中考的年龄起点,但遭到议会否决,议会坚持从14岁起才实施根据能力的中学考试选拔考试。独立前,政府特别委员会就曾经建议将僧伽罗语和泰米尔语作为小学唯一的教学语言,中学部分采用英语,高中全部采用英语作为教学语言。但因为20世纪50年代初的政治原因,民众对中学教育的需求,使得僧伽罗语和泰米尔语在公立学校高中越来越多地作为了教学语言使用。1953年,僧伽罗语和泰米尔语成为中学教学语言,1960年,成为大学文科教学语言。

1956年,斯里兰卡自由党和各个左翼政党在S·W·R·D·班达拉奈克领导下赢得选举,组成了左翼联合政府。政府关注农村、农村教师、传统医学阿育吠陀医学医生、佛教僧侣和农业工人。前政府实施的根据在14岁进行的中学选拔考试方法被抛弃。教会举办的特权学校暂时没有改变,但在1960年选举中会被改变。尽管基督教教派反对,议会在1960年和1961年颁布的两个法案还是决定这类学校国有化,从而实现了教育体制的统一,在当时的9 000多所学校中仅有

63 所继续保持是私立学校。从 1961 年起，禁止建立新的私立学校，这一法律规定一直保留到今天。当地语言取代英语作为学校教学语言，仅穆斯林学校和中产阶层孩子使用英语。

为了提供与国家经济需求相适应的不同课程，1961 年，政府国家教育委员会报告建议设立四种类型的学校。根据教育平等理念，四种类型的学校地位相当，入学不是根据考试成绩选拔。1964 年，政府白皮书建议四种类型的学校合并为四个方向的一种学校。但执政党在 1965 年选举失败，白皮书的建议没有能够实施。

塞纳纳亚克领导的国家阵线再次赢得选举，新政府出台的白皮书支持四种类型的学校的建议，但赞成入学考试。一年后，该提案被议会否决，因为它限制了下层子女进入好中学的机会。

不同政党轮流执政伴随的是教育政策的摇摆。政府教育政策考虑的是与政治、经济和社会的关系，焦点是教育机会和各个层次学校的入学标准，包括英语和母语的语言标准、入学能力标准究竟是按照选拔制的高标准还是不选拔的低标准，以及进入教派学校和私立学校的付费能力和意愿。此时，种族问题还没有成为教育机会平等的主要标准，泰米尔族和僧伽罗族孩子可以选择进入免费或者收费学校并且接受母语教育。不同社会群体的入学差异体现在居住区不同、城乡不同、财富和教学语言不同。

在 20 世纪 60 年代后期，因为 1956 年在公共领域实施的语言政策，不同种族的入学平等问题显露出来，特别是大学的机会平等问题尤其突出。班达拉奈克政府在 1956 年颁布了《官方语言法》，也叫“僧伽罗语唯一法”，用僧伽罗语代替英语成为唯一的官方语言。僧伽罗语而非泰米尔语成为进入政府工作的标准。这一政策导致泰米尔语群体的不满，也背离了 1944 年教育改革的目标，即让僧伽罗语和泰米尔语成为学校教学语言和官方语言。

《官方语言法》反映并且强化了信仰佛教的僧伽罗族群体的地位

和民族主义情绪，其也是对在殖民地时期僧伽罗族弱势地位的反弹。在 1960 年选举中，僧伽罗语的两个主要政党都持有反泰米尔语立场，赞成实施 1956 年的《僧伽罗语唯一法》，遣返在茶园和橡胶园工作的泰米尔族工人。

斯里兰卡的社会转型曾经被认为是“稳定，和平和秩序的奇迹”(de Silva，1981：489)，但这种转型是脆弱的。大多数僧伽罗族人的僧伽罗民族主义也受到泰米尔族的反对。同样，信奉基督教的群体也反对僧伽罗族将民族主义等同佛教。事实上，僧伽罗族等同佛教的民族主义成为 1956 年的主要政治力量。语言成为各种民族主义的焦点，成为进入政府部门的白领工作的标准。在 1960 年的选举中，作为反对党的统一国民党同样认为民族身份认同就是僧伽罗族等同佛教的身份认同。

从 1948 年独立到 20 世纪 60 年代初期，政治影响仅限在政策辩论中。但随着 60 年代中期统一国民党再次执政，政治越来越大地影响到教育政策。

五、20 世纪 70 年代的教育改革

20 世纪 70 年代，斯里兰卡教育的过快扩展带来负面结果。从 30 年代起，斯里兰卡的教育和健康与社会福利的发展使得死亡率下降，婴儿存活率增加，人口增长加快。在 1946—1963 年期间，人口年增长率是 2.8%，促使学校招生、学校扩张和毕业生大大增加。在 1950—1960 年期间，学校招生数量增加了 60%，但社会经济发展难以接纳如此多的毕业生，导致失业人数增加。毕业生人数的增加和有限的就业岗位的矛盾在 60 年代积累，失业率从 1963 年的 7.6%增加到 1975 年的 19.8%。仅在 1970 年，15～24 岁年龄段就有大约 80%的人失业。

1970 年 5 月，斯里兰卡自由党和共产党组成的联合政府上台。政府承诺消除教育机会的不公平，解决失业问题。联合政府还计划减少

对外国的经济依赖，加强国家在经济、政治和文化领域的自治。

1970 年下半年，政府建立了教育评估委员会，负责学校和教育体制改革，1971 年，计划和就业部的报告认为，教育太注重和依赖书面知识，偏重考试和文凭，忽略了培养具备经济发展所需要的技能人才。学校教育脱离社会，导致年轻人追求白领工作，学校课程需要添加职业教育内容。教育评估委员会建议，由国家考试一般证书和国家考试高级证书代替普通教育一般考试和高级考试，其分别对应 9 年级和 11 年级而不是以前的 10 年级和 12 年级。尽管普通教育一般考试和高级考试是斯里兰卡教育部设计和实施的，但其名称与历史渊源与英国相关。教育评估委员会的这一建议受到人们反对，被认为会打断孩子的学习。

1971 年 4 月，斯里兰卡人民解放阵线(JVP)领导的年轻人发生骚乱，并且蔓延全国，导致多地政府功能瘫痪，这使得教育体制改革的需求更加迫切。斯里兰卡人民解放阵线对现有教育制度的批评更多的是针对接受了英语教育的精英们对好学校和好工作机会的垄断，其次是关注农村孩子的教育机会。骚乱让那些不久前批评政府教育改革的人们改变了观点，他们开始相信教育改革势在必行。在恢复社会秩序后，教育评估委员会于 6 月开始工作，提出了“教育体制重组”建议，要点是放弃殖民教育体制和教学内容。

教育专家和行政部门针对中学的改革是设计教学内容与社会需求更相关的课程，让大多数学生具有面向未来的技能。中学普通教育一般考试和高级考试与英国相似的考试脱钩。初中开设了《职业准备》新课程，课程反映了当地经济状况和需求，让年轻人学习面向未来的生存技能。科学和社会学习课程面向全部学生，而不是那些少数只选择物理、化学、历史、地理和公民教育等单一课程的学生。数学课也面向全体，代替了算术、商业算术和基础数学。从 1972 年开始的小学教育改革重点是以孩子为中心和活动本位。

六、1972—1978 年的宪法修订

1972 年的宪法修订把锡兰改称为斯里兰卡共和国。总统代替了代表女王的总督，总统是不属于任何党派的荣誉职位，行政权力属于当选总理和议会。这种宪法的变化涉及未来政治对教育的影响、政策制定的机制和政策实施的环境。

1970 年，班达拉奈克夫人领导的斯里兰卡自由党赢得选举并且出任新政府首脑，前大学地理教师普雷马达萨被任命为教育部长，这是政府首次任命非职业官员作为教育部首席官员。在教师招聘和选拔中，教育资格固然重要，但政治影响也同样不可小视。

1978 年的宪法改革比 1972 年的改革涉及面更广，进一步增加了政治家对教育政策的影响。1972 年的宪法改革产生了不属于任何党派而是荣誉职位的总统，1978 年的宪法改革则产生了作为行政首脑的总统，其权力相似于法国总统，但权力更大。总统下面是英国式的议会、总理、部长和议员。因为总统选举和议会选举很少同时进行，在理论上会导致代表不同政党的总统和总理共存。根据 1978 年宪法，总统不受总理和部长建议约束，他主持内阁，决定部长数量和功能。1978 年还引进了按照人口比例推选代表的方法，其增加了少数党的权利，而多数党必须获得他们的支持才能够组阁。例如，少数党锡兰工人会议党就在 20 世纪 80 年代和 90 年代推出了茶园和橡胶园教育改革。而 20 世纪 80 年代和 2000 年的政策改革就受到少数党和骚乱的干扰。

1972 年的改革进行了不到 5 年就终止了。中学的《职业准备》课程和替代普通教育一般考试和高级考试的方案不受社会和家长欢迎。1976—1977 年，对其内容和实施方式的批评日趋激烈。反对中学《职业准备》课程的群体多来自农村的学生家长和知识分子，他们认为这种课程强化了阶层固化和种姓差异，剥夺了农村孩子向上流动的出

路。反对考试替代方案的群体认为普通教育考试与其替代方式之间缺乏联系，没有与国际标准的可比较性，他们还反对必须通过《职业准备》课程才能进入高中的要求。

在1977年的普选中，偏右的统一国民党赢得选举，他们宣称要抛弃这些矛盾的政策，新任教育部长同意考试维持与国际标准可比较性的方式。家长和教育界人士的激烈批评上届政府的改革，认为改革方案没有充分考虑到以下因素：①课程设置和教材的适应性；②现有教师数量能否满足要求；③考试的替代方案缺乏国际标准。

于是，普通教育一般考试和高级考试重新恢复，1972—1977年的许多改革课程被一门公共课替代，该课程一直开设到11年级。有争论的《职业准备》课程从必修课改为非必修课程，也不再是考试科目。最终该课程被技术课程和生活技能课程取而代之。在小学，1972—1977年改革的大多数课程保留下来，但入学年龄降低为5岁，从3年级起学习英语课程。

七、1981年的教育白皮书

1981年，政府在白皮书中提出学校间资源分享体制的建议，即建立学校"群"(clusters)，该群包括一个核心学校和核心校长，负责通过资源分享来支持整个学校群的教学运行。教育部随之在很多地区建立了学校群，但到1984年，学校群试点表明这种群体制难以在全国推广，因为人力和后勤问题难以解决。

1981年的白皮书中有争议的一项建议是评估测试，特别是对教师在普通教育考试中的工作进行测试。从1987年开始，该测试仅使用了一年便停止了。反对的群体包括：老师，因为对其缺乏准备；家长，因为不相信老师的判断；斯里兰卡人民解放阵线，因为认为其歧视农村孩子；私立辅导机构，因为其影响获取利润；大学老师，因为其缺乏标准。普通教育包含实践技能考试在内的科学部分高级考试也被停止，因为实施技能测试的各种困难和对老师的不相信。

20 世纪 80 年代初教育改革的一个成果是在 1986 年通过议会立法建立了国家教育学院（NIE）。国家教育学院承担了教育部的一些功能，包括课程开发、教师教育、教育官员培训、评估和研究。

八、1987 年的教育放权

1987 年的宪法修订规定对省级政府实施行政放权。放权覆盖了法律和规章、土地和土地定居及教育问题。大量教育规划和实施的权力包括给政府学校提供设备、起草规划、对政府学校校长的监控、开发和实施年度计划下放给省级教育部门。斯里兰卡大多数学校属于省管，其资金来源是财政部通过财政委员会向省级部门拨款，省级学校不再依赖中央政府拨款。中央和省级教育部门在规划和实施中责任不同。省级教育部门人员增加，权力加大。省级教育部门下面是地区教育办公室，再下面是分区教育办公室。分区办公室负责教师管理。省级层面的教育部门负责中小学的规划和实施。

九、20 世纪 90 年代教育改革的利益相关者

20 世纪 90 年代初期，教育政策制定与涉及教育的选民数量密切相关。全国中小学招生数量为 400 万人，远超父辈的期望，政府聘用的老师为 200 000 人，各政党都意识到了教育对民众的巨大吸引力和作为选举武器的力量。在 20 世纪 90 年代，普雷马达萨总统批准了大规模招聘计划，大约 35 000 名通过普通教育高级考试的人成为教师。2004 年政府变更后，有 40 000 名毕业生获得政府工作。统一人民自由联盟（UPFA）许诺未就业的毕业生在选举 3 个月后获得工作。该联盟的成员斯里兰卡人民解放阵线把这种承诺推进到极致。政府与国际捐赠机构达成协议来保持政府工作机会的扩大，特别是教师人数的增加，而总统马拉通嘉也服从联盟成员之一的斯里兰卡人民解放阵

线的压力。因此,教育部也不得不接受了 17 000 名毕业生。

在 1972 年的改革中,不同社会群体对课程有不同影响,政府的更迭意味着课程体系的变化,包括各门课程和教学语言。

家长关心的是孩子的出路。教育改革越是接近教育体制能够决定年轻人的未来时,参与的群体就多。例如,20 世纪 70 年代,能够决定学生未来是升学还是进入劳动力市场的考试改革就受到密切关注,并且遭到中产阶级家长的反对。例如,改革曾经提出改变公立学校一年级入学标准和 5 年级奖学金考试,但这两个入学年级能够影响学生未来,就遭到中产阶级家长和政治家反对。相反,对小学教学内容和学习方法的细节就没有引起多少社会的关注。家长、特别是中产阶级家长,对小学教育的关注是能够进入公立学校或者好学校学习。

十、1997 年教育改革的起源和政策机制

推动 1997 年教育改革的原因,与 1970 年代一样,也与青少年的不满有关。从 1987—1989 年,青少年的不满主要在两个方面。从 20 世纪 70 年代中期起,在斯里兰卡北方和东方的泰米尔语族居住区对政府的不满在 1983 年演变为政府军和泰米尔猛虎组织的军事冲突。在 80 年代后期,在南方的僧伽罗语群体中又出现对政府不满的另一个群体。这些群体是受过教育的农村年轻人和领导了 70 年代的骚乱的斯里兰卡人民解放阵线的支持者。尽管 1977 年政府更迭,新一届政府的经济政策使得 80 年代经济得到迅速发展,但受过教育却失业的僧伽罗语群体的年轻人反对教育和经济机会的不平等。这次骚乱比 70 年代的骚乱持续时间更长并且更暴力。在骚乱平息后,政府成立了总统年轻人事务委员会(Presidential Commission on Youth),该委员会的调查认为骚乱的原因主要是教育的问题。时任总统普雷马达萨的总统年轻人事务委员会认为,政府的更迭导致了教育政策的不连贯和变化,希望教育政策根据环境改变而作必要变化,由全国多数

民众决定，而非政党影响。该委员会还建议由新的机构：国家教育委员会（NEC）负责制定教育政策。

国家教育委员会于1991年3月建立，其目的是给总统提出包括国家教育政策的内容和措施的建议。在这之前，教育部长具有制定教育政策的权力。提案得到当时的教育部和高教部长拉利特·阿索拉斯穆达里支持，也得到反对党支持从而在议会获得通过。该机构的成立意味着“其负责教育政策制定，并且向总统推荐，以维系教育政策的连续性和确保教育体制能够对社会变化做出反应”（国家教育委员会法，8.1条），该法案也使得执政党和政府不能随心所欲解释教育政策了。

国家教育委员会是不受政治影响的独立政策制定机构，其成员任期为5年，直接向总统报告，总统决定实施与否。委员会的成员资格和其功能得到包括执政党和反对党的支持。成员名单注意了各方面的平衡，包括教育界人士、各个民族代表和城乡代表。总统年轻人事务委员会和新成立的国家教育委员会的立场也得到平衡，因为国家年轻人事务委员会主席也被任命为国家教育委员会的负责人。

国家教育委员会成立后，1992年5月给出第一份调查报告，提出了国家教育的9个目标，给出了存在的问题和优先解决方法。报告强调提供“从儿童到老年的教育机会”和提供“基础教育和各种技能的培养，让个体能够在文化上、社会上、政治和经济上作出贡献”。考虑到当时的社会动荡背景，其一个主要目标是促进“民族凝聚力，民族团结和国家统一”。实现这些目标的方法是通过教育来促进和培养一系列普遍的和特殊的能力。

1993年，国家教育委员会给出一份《迈向国家教育政策》的文件。该文件提出了教育的6个目标，实现上述目标的教育体制，需要改革的方面。国家教育委员会还宣布，“一个包含教育所有方面的规定的新教育法案即将出台，以满足时代需求”。第一个目标是“教育民主化,确保全民和平等的教育机会”。国家教育委员会政策的制定者包括行政官员和教育专家,他们负责政策话语和文本。参与的还有大学不同学科的教授,熟悉中小学教育的专家。国家教育委员会通过各种机制倾听大众观点,但政策决策过程还是精英的、自上而下的和权威的。普雷马达萨总统在1992年和1993年期间当政时掌控教育和高等教育,他在1992年曾经宣布每个孩子发两套免费校服,要求在1993年执行。但斯里兰卡当时有420万孩子,考虑到耗费巨大,后来只好改为发一套。

1994年,库马拉通嘉总统执政,最先考虑到的是制定新的国家教育政策。但政府的变更没有影响国家教育委员会的作用,其得以保留下来继续发挥其作用。

库马拉通嘉总统与教育部长密切合作,希望国家教育委员会继续给出教育改革的建议。当时,涉及教育改革政策的包括几个机构,但国家教育委员会有明确的政策制定授权。在政策制定和实施中,因为建立了国家教育委员会,也因为1987年对宪法的修正,大量的计划、财务和实施任务由省级部门承担,教育部的权力有所减弱。在放权早期,省级教育部门要求中央政府给出计划和政策的指南,省级教育部门负责人既要对国家教育部和部长负责,也要对省级教育部长负责。

建立于1986年的国家教育学院负责课程开发和教师教育,但其功能与其他机构有所重叠。例如,负责教育研究的机构包括国家教育学院、国家教育委员会、国家教育研究和评估中心以及教育部。以前负责课程的是国家教育学院,而现在教育部和考试处也参与进来,而国家教育委员会对课程的变化有决定权。这种情况在国家层面和省级层面的各个部和机构之间广泛存在,影响到管理、政策和计划的效率。

总统对现有机构的功能和效率颇为不满。1995年9月,国家教育委员会发布名为《国家教育政策行动战略》的文件(AOSTNEP)。该战略包括5个方面：扩大教育机会；改善教育质量；改善教学；改善职业技术教育；改善教育管理和资源分配。但该文件没有提到促进教育全面面向社会需求的教育政策，没有触及更关键和敏感的问题，如学校教育语言、私立领域的作用、教师招聘和分配、学校升级的程序，其作用大打折扣。

十一、总统普通教育特别团队

1996年12月，为了加速政策制定过程，库马拉通嘉总统任命了总统普通教育特别团队，在高等教育、技术和职业教育都建立了特别团队。通过对各个特别团队的任命，总统加强了对教育进程的掌控权力。

总统普通教育特别团队包括1个总务委员会和12个技术委员会，其职责是制定教育改革行动计划。为了支持该团队，总统宣布1997年为“教育改革年”。团队负责人是教育部长和两位副部长，成员包括重要部门的高官，如部长、国家教育委员会主管、国家教育学院院长。但《国家教育政策行动战略》文本让总统处境颇为尴尬，因为该文本没有给她提供完整的政策框架以构成全国统一意见的基础，也没有给出达成一致意见的策略。她一上台就宣布进行教育改革，以满足斯里兰卡应对21世纪的挑战，她关注的是能够立即实施的行动计划，并且让团队在3个月内提出方案。

团队的总务委员会仅仅开了两次会，第一次是任命技术委员会成员，第二次是研究报告起草。12个技术委员会包括各个领域专家。在小学教育领域，负责人是参与了1972年改革的卡玛拉·派瑞斯女士，她领导80人的小学和学前教育技术委员会。她所挑选的成员包括国家教育学院的教育专家、省级课程专家和小学教师。各个技术委员会进行咨询的方法不同。小学技术委员会是与家长、教师和在职培训师交流。技术委员会工作程序是专业的和非政治的，通过主席向总统报告，总统的作用是最终的和最主要的。

教育部长的作用在其次。他在团队中和在其他关于1997年改革的会议中的作用表明，教育部长是如何失去作为政策制定者的权力的。一方面，国家教育委员会在1991年被授权制定政策；另一方面，省级教育部门在1988年起开始负责管理教育日常事务，教育部长的作用是负责体制的运行而非改革。教育部长也承认，从1992年到1997年任职期间，他的任务就是维持体制运行。他需要开会、写报告、处理文件、策划项目和涉外问题，很难有时间思考改革。

国家教育委员会形容总统的作用是“最高层面的政治意愿和决心”。总统使用了她的权力推行改革，组成特别团队，绕过不服从命令的机构。库马拉通嘉总统希望所有孩子都能有机会进入高质量学校学习。其政治意愿和决心不仅贯穿在改革方案中，还包括改革的行动过程中。在改革过程中，总统的教育顾问兼国家教育委员会副主管起了关键作用：组织技术委员会，确保国家教育委员会的参与，告知总统情况的进展。该顾问认为，尽管斯里兰卡成人识字率的国际排名不错，但质量需要提高，还有很多10～11岁的孩子是文盲。总统的关注和督促推进了改革的步伐。她参加并且主持教育特别团队会议，经常与省长们交谈，督促改革进程。

毫无疑问，总统对教育改革的亲自参与加快了改革的步伐。《义务教育规定》在延误了多年后终于在议会通过，并且在1998年1月1日实施，规定要求5～14岁的孩子接受义务教育。小学教育改革也开始试点。从1991年国家教育委员会建立到1998年，至少出台了6个政策文本和12个技术委员会教育改革报告，包括1992年的《国家教育委员会首次报告》，1993年的《迈向国家教育政策》，1995年的《国家教育政策行动战略》，1996年的《国家教育政策：普通教育行动框架》，1997年的《教育改革》和1998年的《普通教育改革》。但只有第一个文本《国家教育委员会首次报告》递交给了议会讨论，但仅是作为讨论文本，而不是要颁布的政策。有的政策文本长时间都是处于草稿状态，而且没有在相关机构和人士中传阅，即使传阅的文本也质量不高，在教育部文件中难以找到对改革目标的清晰描述。

在1997年的教育改革中，出现多个不同观点。第一个是关于中小学教育的作用的问题：中小学教育究竟是起到选拔少数人进入高等教育的作用，还是作为面向大多数人的教育。总统特别团队有人认为，大学对中小学教育影响过度，大学影响到中学课程内容，特别是部分大学课程内容下延到中学高级班，并且逐渐影响到下面年级。5年级考试也因为相同影响，许多8岁的孩子就开始参加额外付费的辅导班学习。

第二个是关于学校教育语言问题的分歧。斯里兰卡教育因为不同教学语言而出现差异，独立后的政策将英语从少数人的教学语言改变为所有人学习的科目，从而弱化了其分裂社会的作用。但是，僧伽罗语和泰米尔语作为教学语言也会造成教育体制中的民族隔阂，在某种语言占主导地位的地区，情况更是如此。在城市的多种族地区，隔阂也是显而易见，哪怕是多种族的学校，也存在不同群体的隔阂。总统教育特别团队希望解决语言问题，总统则倾向于加强英语作为第二语言或者教学语言的作用，但基于民族主义情绪和对英语作为殖民地语言反感而反对的意见也不少。

第三个争论是私立领域。总统和顾问倾向于教育向私立领域开放，但特别团队其他成员反对，并且得到大量政治派别支持，最后，倾向教育向私立领域开放的建议无疾而终。所以，1997年的政策文本不再提及该项。

第四个争论是中央层面和省级层面政府机构的权力、作用和功能。教育改革的实施向省级层面放权导致许多功能的重叠。

斯里兰卡最大教师工会 Lanka Guru Sangamaya 有50多年历史和50 000名教师成员。该工会认为，对于80年代以来出现的教育危机，1997 年的改革是维持现状而不是解决问题。许多问题在 1997 年以后持续：如农村学校缺乏有资质的教师，资源分配的不平等和分化，缺乏专业训练、效率和腐败。教育改革政策没有清晰地、连贯地和有效地去解决这些问题。工会最关心的问题是教师任命、调动和晋升和学校招生的问题，这些方面受到某些人为因素的“过度影响”。

十二、1997 年的教育改革框架和实施

1997 年的普通教育改革政策文本提出了 19 项改革措施。国家教育委员会在 2003 年对改革分为了 3 大类。第一类涉及扩大教育机会：义务教育、机会平等、学校重组、早期儿童教育和发展，特别是残疾儿童和非正式教育。第二类改革是中小学课程。第三类是教师教育和管理。

扩大教育机会包括：①制定义务教育规定；②教育机会分配平等，恢复 20 世纪 40 年代的中心学校传统，确保每一个地区有高质量中等教育设施；③学校重组包括初等教育阶段（1～8 年级或者 1～9 年级）和高等阶段（9 或者 10～13 年级）；④早期儿童教育和发展包括对没有进入学前班或者幼儿园的孩子开发基于家庭的活动，扩大学前班或者幼儿园规模，在大学建立儿童研究中心；⑤开发帮助残疾儿童的项目；⑥非正式教育，给辍学儿童提供教育机会。

中小学课程改革包括：①小学教育推行儿童为中心的教学法；跨越学科的综合性课程：语言，数学，宗教和环境相关的活动；1～2 年级英语口语交际教学，3 年级起英语书面语教学；3 个阶段的课程组织（1～2 年级），（3～4 年级），（5 年级）；3 个教学过程：指导性游戏、活动和书面练习，1～2 年级游戏为主，5 年级书面练习为主；入学能力鉴定，老师根据个体需求制定指导计划；对每一阶段基本学习能力的识别在每一阶段末进行测试；基于课堂的评估，基于学校的管理和持续监控与监督。②初中教育推行科学和社会学习课程改革；生活能力替

代生活技能；建立活动室，强调实际的技术技能；学习第二民族语言；加强英语教学。③高中教育，从9～11年级参加普通教育一般考试修改为10～11年级参加普通教育一般考试；保留8个必修科目，科学课程添加技术课程，美育课程添加文学课程；添加7门选修课程，选修两门；12～13年级的普通教育高级考试科目从4门减少为3门；大学入学书面考试；生物课替代植物课和动物课；数学和高等数学综合科替代纯数学和应用数学；农业课和科学课程添加实践部分，其他科目添加项目或者作业，学校进行测试；英语作为12～13年级必修课。根据农业、工业和信息科学的技术方向分流；必修课人数达到80%；添加新设施。

教师教育和管理改革涉及修改教师教育课程设置，适应普通教育课程改革；教师评估体制；加强学校管理和修改1992年法案，建立学校发展委员会，重建根据1987年宪法13修正案的放权导致的行政框架和责任划分的混淆。

1997年改革框架全面宏大，尽管没有涉及教学语言和私立领域等人们关注的问题，其面临大量实施问题，需要大量准备工作。

政策制定和颁布后的实施涉及众多部门。教育部、国家教育委员会和国家教育学院的文件对改革给出了解释。但文件多是僧伽罗语，少数使用了泰米尔语和英语，印刷数量也不多。改革文件的解释语言不够简单明了，也较少谈到对教师、学生和家长的益处。20世纪90年代前半期改革成绩不明显，在后半期总统对教育改革实施施加了巨大压力。总统教育特别团队和12个技术委员会给政策制定过程和建立行动方案带来活力。教育部建立了一个教育改革特别实施小组领导政策实施。该组长由前教育部长担任。教育部忙于处理日常事务，难以领导改革的实施，教育改革特别实施小组有利于推动改革。

教育改革特别实施小组组长的第一个挑战是说服总统开始进行试点改革。他与总统特别团队儿童早期教育技术委员会主席一道，要求对小学教育全面改革进行试点。他过去的经历让他清楚，没有试点而在全国立即全面实施改革有可能会带来难以弥补的错误。在他的坚持下，没有在全国范围立即展开改革。

他的另一个挑战是经费。总统特别团队技术委员会设计了详细行动计划，但没有包括经费预算计划。小学教育改革目标和活动非常全面，但是，包括重新设计符合教改活动的教室、桌椅设备和饮用水等却没有经费支持。他在有项目结余经费的学区进行了为期一年的试点，试点实施细节由国家教育学院小学教育主管负责。

教育改革特别实施小组组长认为，改革项目实施的技术细节和实施措施非常得力，但改革在政治经济方面、公众对改革的接受程度和推进改革的管理机制方面拖了后腿。他的担忧还包括供全国讨论的改革文本进度迟缓，中学教育的某些方面，如教学语言和课程会有大量不同意见，改革长期经费也没有落实。

为了预测实施将面临的挑战，改革特别实施小组对改革项目进行了早期评估。该评估认为，斯里兰卡教育改革项目是目前影响最深远的项目。改革涉及各个方面：从中央层面的教育和高等教育部和国家教育学院，到联系基层学校的各种委员会；从1～2年级课程到中学高年级的高级考试大纲等。

全面教育改革会受到时代的各种限制，包括人力、物力资源的约束。在小学教育改革中，本来应该在试点后总结经验，然后推广。但大多数项目都没有进行试点，负责实施的人缺乏经验，改革还缺乏经费计划和人力资源计划。即使有了计划和财政支持，还缺乏有经验的实施者，包括中央层面的设计者到课堂层面的教师。后来，教育改革特别实施小组组长辞职了，改革本身的复杂性和筹集小学教育改革试点项目经费的困难，让他感觉试点难以为继。

教育改革在获得资源上面临的困境表明政策如果没有实施计划和资源就毫无意义。在斯里兰卡，资源分配因为向省级放权而复杂化。1988年起，因为宪法13条修正案，教育资源和实施是由省级部门责任。所有的计划是总统特别团队的技术委员会完成,但计划集中在活动而非资源上。因此,在小学教育层面,由教育部牵头,联合省级教育部门及英国教育部和国际发展部进行了计划的设计,其包括详细的活动和财政计划,并且根据总统特别团队的建议,计划从 2000 年开始持续 5 年。用僧伽罗语、泰米尔语和英语一共开发了 8 个省级计划和一个国家级计划。但总统特别团队建议的其他项目还没有详细的活动计划和财政计划。

2002 年,国家教育委员会对 1997 年改革的实施进行了大规模外部评估,包括现状分析、改革实施的有效性评估和公共咨询,评估是根据 23 份专家的研究意见给出的。所有研究附有 300 份来自大众和机构组织的书面和口头报告。研究最后由国家教育委员会综合在 2003 年《斯里兰卡普通教育国家政策框架建议》的文件中了。该文件强调基础教育改革的基本问题是:①扩大教育机会;②课程更新,质量和相关性。

扩大教育机会的两个建议在 1997 年改革之前就开始实施,都包含在 1993 年《迈向国家教育政策》的建议中。第一个是义务教育立法。第二个是农村建立中小学的优质学习中心,后者从 1989 年起就出现在总统年轻人事务委员会的改革建议中。

1939 年的《31 号教育条例》提供了义务教育的法律依据,但其从来没有真正得到实施。义务教育建议在国家教育委员会内部反复讨论,最终在议会通过。法律规定“给所有儿童提供教育的国家政策”在 1998 年 1 月生效。该法规要求建立两个地方委员会:义务教育入学委员会和义务教育入学监督委员会。根据村委会提供的未入学孩子名单,入学委员会有权“进行询问,要求家长履行义务教育责任,送孩子上学,根据特殊情况免责,3 个月后进行检查,向义务教育入学监督委员会报告为入学孩子名单”。外部评估认为,在 1999 年建立的大量委员会没有定期工作,到 2000 年大多数委员会停止了工作。

总统年轻人事务委员会在 1989 年的报告中曾经建议,改善农村中小学设施设备，减少教育不公平；建立中心学校，让农村孩子进入高质量的中学学习。1990年代初，开始实施改革项目：分区学校改善项目（ISD）。该项目资金充裕，目标是改善297所初中和62所高中，希望他们成为优质的中心学校，给偏远农村孩子提供优质教育。1994年政府的变更打断了实施过程。新的人民联盟政府开始了自己的项目：分区学校发展项目（DSD），但目标是相同的。该项目从1995年开始，选择了347所学校。该项目进展很慢，直到1997年普通教育改革后，原订的347所学校才选出134个。1999年中期，教育部建立包括省级官员的特别部门加强实施，到2001年，该项目实际上是失败了。国家教育委员会认为，这个从1997年到2001年的项目没有能够建立一个优质中心学校，政策的初衷是支持弱势学校，但他们缺乏与好学校竞争的实力。

外部评估认为，项目失败的原因在于基础设施、人力资源、社会因素、计划和管理因素。缺乏包括教育部、省级、分区和学校层面恰当的监督和监控体制。缺乏教师，特别是优秀教师。一些家长认为，这类学校是接受贫困学生的地方，而不是能够提供优质教育的优质学校。

学校重组的目的是要简化体制，有的学校有包括1～13年级班级，有的只有6～13年级班级，还有的只有1～5年级和1～8年级班级。有的学校是第一类A和B学校，有的学校是第一类C级学校。政策文本建议学校分初级学校（1～8年级）和高级学校（9～13年级），这样，让学生愿意留在原有学校学习，而不是在6年级时转到另外一个学校。而且8年学习期限更能够培养不同年龄群体的学校文化。

1996年，教育部要求在省级开始学校重组工作，以形成学校网络的合理布局和减少资源浪费，但这样会涉及一些学校的关闭。多年来，斯里兰卡学校体制的一个特征是位于人口稀少的农村地区有大量小型学校。1997年，有26.3%的学校仅有100个学生。

1997年初，总统教育特别团队建议，学制从1～8年级和9～13年级改为 1～9 年级和 10～13 年级。国家教育委员会和教育部给地区教育主管和计划主管指示，准备实施重组工作。1997 年 3 月再次指示，如果学校重组带来孩子入学困难，省级部门应该采取合理恰当的方式加以解决。

1997—1998 年期间，重组实施受到社区和当地政治家的抵制，因为关闭学校会导致很多孩子失学。1999 年的评估认为，重组计划需要考虑修改学校选择标准，涉及与学校相关的民族、宗教、文化和历史背景以及费用，代价太大。评估指出，该项目的问题是不切实际，可能引起的问题包括出现大量的辍学者，社区的广泛反对和在科伦坡郊区试点的失败。

国家教育委员会对 7 个省关闭的 351 所学校进行了独立研究，并且给出报告说，关闭学校导致巨大浪费：一半的学校建筑物没有使用在教育上，有的则坍塌了，有的则被非法使用。仅 2/3 的学校在 2 公里范围内还有其他学校存在，即 1/3 的学校不应该关闭，结果导致最贫困的群体受到伤害。国家教育委员会报告说，这种对小型学校毫无区别的关闭侵害了弱势群体接受教育的权利，是对教育资源的巨大浪费，也违反了全民教育政策，国家教育委员会要求教育部暂停关闭学校，直到把每所学校的情况搞清楚。

2003 年 3 月停止了学校关闭。在国家教育委员会 1995 年提出学校重组建议 13 年后的 2008 年，教育体制的结构基本没变。招生仅 100 人的小型学校的比例继续增加，从 1993 年的 23.3％增加到 2007 年的 30.2％，小型学校占斯里兰卡学校总数的 1/3。

在儿童早期教育和发展方面，1997 年的普通教育改革区分了早期儿童教育和学前教育，但讨论多是关注学前教育的机会。1997 年的总统教育特别团队建议鼓励省级和地方部门开办学前教育，向学前教育机构提供法律保障，设计课程指南，在大学建立儿童发展系科和儿童研究中心。国家教育委员会的评估认为，儿童早期教育和发展多是非政府机构、私人企业、儿童秘书处、国家教育学院和三所大学进行的。3～5 岁孩子入学率增加，从 1994 年的 40％增加到 2001 年的 60％。提供学前教育或者日托的机构从 70 年代的 2 000 所增加到 2001 年的 11 000 所，但一半的机构没有到政府相关部门登记。国家教育委员会认为，学前教育机构的问题是课程设置注重书面知识学习、缺乏灵活性、竞争因素太多、体育设施缺乏、领导和教师培训不足、收入低。这些机构需要改善教育质量。

在特殊教育和残疾儿童方面，国家教育政策提出了涉及目前教育需求的立法，包括残疾和天才儿童的教育，以及有特殊需求儿童的教育，1995 年的《国家教育政策的行动本位战略》没有提及残疾儿童的教育。普通教育改革政策文本的设计者提出了两个方法，以满足“身体，思想和社会交往障碍带来的残疾”孩子的需求，一个是组建特殊学校和机构，让孩子进入主流教育机构；另一个是用特殊假期项目来满足天才孩子的需求。

国家教育委员会发现，义务教育条款和小学教育中孩子为中心和活动本位的教学法能够满足孩子需求。社会福利部制定了《国家残疾人政策》，该政策描述了政府在中小学，非正式机构和高等教育中的活动框架，国家教育委员会(2003)认为，存在的问题是许多失能孩子没有入学，女孩更是如此，许多入学的失能孩子也辍学了。大多数教师没有接受过特殊教育的训练，对残疾孩子的学习需求的研究也很少。

关于课程更新、质量和关联性，有两个值得关注的课程改革。第一个是小学教育改革，第二个是初中教育改革。

1993 年，国家教育政策指出，小学教育的关键是教学活动的方法和整合系统，特别强调身心的规诫，适应和平衡成长。小学课程设计围绕 5 个基本能力展开：交际、环境、道德和宗教、玩耍和闲暇利用，以及“学会学习”。1995 年的《国家教育政策的行动本位战略》进一步指出，教育就是玩耍，活动和设备完善的课堂学习的整合。1997 年的普通教育改革文件进一步给出了小学教育11点行动计划：①孩子为中心的教育；②基于母语、宗教、数学和环境的整合课程设置；③一年级的英语口语教学，三年级开始正式英语教育；④小学教育分3个关键期：1～2年级，3～4年级和5年级，每个关键期有综合性的指导性游戏，活动和书面练习；⑤入学能力鉴定；⑥大纲修改，教材编写，练习册和补充读物；⑦与新大纲和教学法一致的职前和在职培训；⑧基于课堂的测试；⑨基础设施，设备和学校环境；⑩基于学校的管理；⑪改革实施的监控和监督。

在加姆珀哈地区试点的533所学校很快实施了小学教育改革，选择该地区是因为其有联合国教科文组织赞助的小学教育项目。对加姆珀哈地区的小学教育改革试点在2000年进行了早期评估，使用了工作评价、过程评价和效果评价模式。评估认为，试点对课程材料的设计、课堂设施和教学监控做了很大努力，但教师希望在整合教师教学指南，教材和练习册上多做努力，并且由在职专家和教师教育者展示教师如何实施新的教学法。尽管只有20％的老师知道如何处理新课程，但学习效果越来越好。国家教育委员会在2003年认为，小学教育改革设计完好，实施有序，所有参加者，包括学生、教师、政府官员和家长，都给出积极反应。

不过，对于中央层面强力驱动的改革，一些老师和学生感觉自己的创新能力被压抑，天才学生的需求被忽略，课堂设备的改善忽略了电和饮用水的需求。国家教育研究和评估中心报告发现，许多教室还是仅有课桌、黑板、书本，存在教师中心的方法。而且资源不均，班级人数多，耗时的作业。不同学校在设施、教学和学习效果上表现出差异，反映了社会经济差异。如果没有积极的区别对待政策，改革不但不能缩小差距，还极有可能会扩大差距。

在加姆珀哈地区的小学教育改革试点总结中，改革的参与者谈到了促进和妨碍改革的因素。小学教育改革在小学教育能够和应该如何教育孩子的观念中形成了积极影响。总统特别团队技术委员会负责人倡导孩子为中心、活动为本位的学习，也受到技术委员会其他成员主持。家长对改革的支持也很重要，尽管家长对活动本位的观念有支持和怀疑两种态度，但大多数家长对教育的支持来自斯里兰卡重视教育的悠久传统。教师普遍支持小学教育改革，积极参加在职培训和课程材料开发。但许多教师没有把理念转换为改革设想的实践。在建立有效监控体制方面存在困难，仅有课程和体制得到监控，管理部分没有得到真正的监控。媒体对小学教育改革进行了大量报道，支持小学教育改革，还向 1 年级的家长散发了关于改革的宣传资料。

但改革也面临一系列妨碍因素，包括 5 年级的学业考试，该考试成绩决定能否进入到公办优质学校的 6 年级和决定能否获得奖学金。因为该考试而出现的大量校内校外辅导班损害了改革所倡导的教学法，将师生的注意力限制在与考试有关的知识点上。不过，除非进入公办优质学校的 6 年级是按照地区划片，否则公办优质学校还是会继续使用这一考试或者相似考试进行选拔。教师认为，该考试和教育改革目标是矛盾的。孩子 6 点就上学，反复练习过去考试的题型，但却没有时间学习课程改革的 5 个关键能力：交际，玩耍，道德等。激励机制也影响改革的实施，特别是影响改革的长期实施。

国家教育学院的内部结构重组对小学教育系教师的士气和团队精神造成了负面影响。在结构重组中，系改为学院，小学教育系的团队成员按照学科分配到不同的学院，如负责小学数学的研究人员进入数学学院，负责小学语言的研究人员进入语言学院。这种组织有利于国家教育学院负责的中学学科区分，但不利于小学阶段的整合课程方法，影响到小学教育的结构特征，也影响到负责小学教育研究人员的积极性。还要考虑调动学校教师的积极性，特别是一些老教师的积极性。他们感到失望的是工资没有增加、学校设备差、调动到好学校的机会少，特别是从农村学校调到城市学校，都是影响教师课堂教学积极性的负面因素。有123所学校只有一个老师,这些老师资质不够,还要教1～5年级的5个班班。有320所学校仅两个教师。有1 553所学校的学生不到50人。这些也是亟待解决的问题。

在国家教育政策有关初中教育改革的内容中,6～8年级是结构重组后的初中阶段,该阶段的课程设置将围绕小学阶段提出的基本能力,改革建议,6～8年级有10门课程供孩子选择,其中母语、数学、宗教、人生技能是必修课。在8年级末对所修课程测试。技术和实践技能课程安排在下午,由当地社区的客座老师通过一系列职业课程进行教学,如木工、电工、农业技能等。农村地区学校还建立学校农场,对没有参加普通教育一般考试的学生提供指南和咨询。鼓励学校举办展览和庆典活动,帮助孩子融入社区。今天的孩子出现的孤独和变化需要通过社区和集体活动加以矫正,他们不仅能够得到乐趣,还能参与社区生活。

国家教育政策的行动本位战略还给初中课程设置提出其他建议,包括继续强调基本能力。课程内容按学科编排,以便在资源使用和管理上更加严格和方便,确保整合学习。要求学生学习第二民族语言,泰米尔语为母语者学僧伽罗语,僧伽罗语为母语者学泰米尔语。生活技能包含在技术和实践技能教育中。进行学校本位的实践技能测试,并且给出合格证书,其他科目教学进行书面考试。初中教师至少教两门课程。

在1997年的普通教育改革文本中,初级学校重新设计为1～9年级,而非1～8年级。6年级是转折年:小学整合课程和初中学科本位的课程的衔接。对1995年和1997年政策文本的分析表明,大多数内容保持原样,只有少许变化。1997年的改革建议课程包括9个科目而非10个。科目“生活技能”改名为“生活能力”,“科学”改为“科学与技术”。文本建议“鼓励在活动和游戏中使用非母语的民族语言”。初级学校要建立活动室,在社会学习和其他课程中,要进行和平、民族和谐、民主、人权、性别平等和环境保护的意识教育。

在初中教育改革实施5年后，国家教育委员会的评估认为，初中教育存在的问题包括：改革的概念和实施方向和衔接不清晰，很多方法没有进行试点，也没有提供学校反馈。初中课程改革没有重点，也没有技术委员会进行检查监控，仅靠国家教育学院实施，改革结果令人失望。

国家教育委员会所发现的问题包括：初中阶段年级的随意变化，从以前的6～8年级改变为6～9年级，导致9年级从高中阶段降级到初中，6年级成为小升初的转折年级，但没有对课程和内容进行相应的重新组织。国家教育委员会评估认为，需要改进的地方包括课程中的新科目、教师对实施的准备、资源的缺乏和教学过程。评估还认为，初中课程负担大，教学是教师为中心，教学手段陈旧，很少实施与改革倡导有关的活动。在教材和教师用书中，也很少融入和平、民族和谐、民主、人权、性别平等和环境保护的意识。国家教育委员会和总统特别团队的人员构成，使得他们也缺乏对初中改革的具体领导。1996年的小学教育改革是由早期儿童教育技术委员会负责，但中学教育改革没有指定负责的技术委员会。

十三、影响教育改革的各种因素分析

许多因素影响到教育改革政策的制定和实施，首先是斯里兰卡教育体制。教育行政体制对改革的促进和支持，其领导力是关键。在斯里兰卡，教育部长和高级官员负责教育日常运行，其背景、各种能力和责任心不同，而教育体制也发生着变化，教育部在1972年教育改革和1997年教育改革实施中的作用就不相同，70年代的教育部负责改革政策的制定和实施，而90年代的教育部不再负责改革政策的制定，大量改革实施权力也下放到省级政府，这种体制变化影响到高级官员的领导作用。

其次是政治因素的影响。在斯里兰卡，政治因素对教育改革和实践有强大影响，涉及校长和教师招聘、分配与晋升，好学校招生条件的制定等。不同政党政策对改革的态度至关重要，例如，成立国家教育委员会就得到所有党派支持，即使政府在1997年换届，国家教育委员会主管也继续留任，延续前任政府的改革政策，保证了改革的延续。总统对改革的直接干预和推动也极大地促进了早期的改革实施过程。但不同党派执政会在改革中推行自己的政治意愿。

政府首脑直接参与改革能够促进改革进程，但也会成为反对派攻击对象。总统在改革中的作用也会成为问题，如果当多数党执政后又失去多数，如2000年的选举结果，或者当总统和总理分别来自不同党派，如在2001—2005年期间，就会在许多政策上产生分歧。

再有，对政治家和教育家而言，改革成功的含义是不一样的。政治家在不同部门和不同岗位之间调动，教育家根据改革目标和取得的效果来衡量成败。政治家认为，他们负责启动和提倡改革就足够了，政治家任期短暂，不太关注政策的结果，但实施改革的教育家知道改革目标的制定、实施和可持续需要投入的时间和努力。斯里兰卡议会议员任期是6年，部长任期短得多。从1994年到2010年，一共有5次大选（1994年，2000年，2001年，2004年和2010年），4次总统选举（1994年，1999年，2005年和2010年），出现了8位教育部长，政治环境缺乏持续性和稳定性。

政府的更迭导致教育行政机构的变化，影响到政府部门工作质量和政策持续性和有序变化。部长人选的变化也带来政策的变化，从而影响改革进程。例如，统一国民党获得2001年选举，1997年的改革得以持续，但对实施的热情减少。小学改革课程在最后一年停止，因为新课标和大纲没有准备好。2005年12月选举了新总统，教育部长变更。教育部原准备实施一个为期5年的教育发展框架和项目，结果实施晚了一年。信息技术课程的设置也因此在专家聘用上延迟。

斯里兰卡教育改革还受到国际因素影响，包括对经费、教育政策和教育实践的影响。

传统上，斯里兰卡教育体制主要是国内财政支持。1970年到1980年初，国际社会开始提供有限资助。在1980年和1990年间，瑞典国际发展合作署（SIDA）对基础教育入学机会和提高教学质量，特别是农村和种植园地区学校提供了持续的支持。联合国儿童基金会（UNICEF）多年来支持小型学校项目。亚洲开发银行（ADB）从1984年开始涉及教育。世界银行1989年开始涉及教育，支持省级层面的基础设施，计划和管理，以及专业能力发展。

世界银行很快成为主要参与者，尽管是提供贷款而非赠款。到1993年，世界银行提供的教育经费支持比其他所有捐赠者的总和都多，包括瑞典国际发展合作署、联合国儿童基金会、联合国人口基金会、亚洲开发银行、联合国教科文组织和德国。1985年，外国援助经费的8%用于教育，政府开支大约10%用于教育。1994年的百分比相同，但经费数量增加很多。教育经费的年度总量从1982年的200万美元增加到1995年的3 300万美元。

在1980年间和1990年初，亚洲开发银行和世界银行的援助影响到斯里兰卡教育政策。世界银行对1997年教育改革的影响巨大，包括与总统教育特别团队与政府教育政策的联系。例如1997年教育改革的一个计划是重新将中小学组织为初级学校和中级学校，因为可能会涉及关闭学校，世界银行就表示不愿支持。世界银行有时还对政府决策直接施加影响，如在建立更多教师岗位和教师分配的问题上，世界银行就要求教育部实施与学校需求一致的教师配备政策。在政府和世界银行签订教师教育和教师分配项目贷款之前，教育部就开始了实施规定教师在不同学校执教年限的教师教育政策，和各省的经费分配与干部任免政策，但世界银行认为这些政策与学校需求不一致而反对。前教育部部长助理就谈到教育部和世界银行之间的矛盾，2000

年，政府决定不再招聘更多老师，但因为选举在即，政府出于政治原因又决定招聘 10 000 名老师，世界银行对此也表示反对。但最终斯里兰卡政府不顾其反对而实施了教师招聘，在这个意义上，世界银行的影响也是有限的。

与 1997 年改革目标一致的外国资金通过一系列项目进入斯里兰卡，这些项目早在 80 年代就开始了，例如瑞典国际发展合作署（SIDA）支持的贫困地区的小学教育。1992 年，对这些项目的研究数据进入了国家教育委员会的规划，其对贫困地区薄弱学校的建议也参考了这些数据。德国和日本提供了资金支持建立新的教师教育学院。斯里兰卡政府与英国、德国和瑞典签订了一系列政府双边协议，支持小学教育改革。英国国际发展署（DFID）开发的项目是支持英语、数学和教育规划，这些项目直接支持了 1997 年的教育改革。英语和数学项目是在国家教育学院进行的，通过开发大纲、教师指南和支持教师教育将课程开发的课程目标转换为行动。规划项目是在教育部进行的，目标是开发小学教育 5 年计划，包括国家、省级和地区层面。该项目在几方面补充了总统特别团队技术委员会的工作：开发了年度计划和 5 年计划，特别是财政计划和活动计划，培训了中央和省级部门计划人员参与规划制定。

对斯里兰卡教育改革的国际影响还包括与国际教育专业网络的联系，对国外教育观念和实践的借鉴。独立后，斯里兰卡曾经接受过英语教育的人们保持了与英国的文化联系和认同。曾经建议的中等教育三轨体制、中学入学选拔、人力理论、各种课程概念，都是来自外部。1972 年小学教育改革就受到英国的影响，包括间接影响，一位到英国小学学习了以儿童中心和活动为本位的课堂教学斯里兰卡教育界人士赞同并且引进了相似的教学法，进行相应的课程开发，并且选择性借用。

在独立后到 20 世纪 80 年代期间，教育行政官员频繁参加国际会议，其结果是引进了许多外国观念，包括教育术语。如政府在1977年更迭时，中学重要的选拔考试回归到原来的名称：普通教育一般考试和高级考试，即使内容和结构有所变化。而大多数私立学校的学生瞄准的是英国伦敦和剑桥大学考试委员会的考试。

1997年小学教育课程重新组织后使用的术语“关键阶段”(key stages)就是来自英国1988年的改革，即使该术语所表述的概念不完全相似。因此，国外影响首先是在教育观念和实践，不过，斯里兰卡教育并非全部照搬了西方和英国模式。有许多斯里兰卡教育家和政治家对外国的观念、实践和意识形态保持了警觉和批判态度。

外国影响还来自教育话语，联合国教科文组织发起了面向所有人的教育(EFA)，千禧年发展目标(MDG)的第二个目标是普及小学教育。许多斯里兰卡教育家认为，面向所有人的教育目标和普及小学教育的千禧年发展目标都没有对斯里兰卡教育政策产生直接影响。相反，斯里兰卡教育发展的经验对国际社会和话语做出了贡献，值得国际社会借鉴。尽管经济增长缓慢，但斯里兰卡普通教育的发展，对机会平等和社会公正的政治主张都受到高度评价。当然，面向所有人的教育概念对斯里兰卡义务教育立法过程产生了积极影响，特别是对提高小学教育的质量，也扩大了政策制定者的视野。不过，斯里兰卡经验对其他国家教育的影响和贡献，还没有真正得到国际社会重视。

1997年普通教育改革实施的结果各异。第一批改革的目标是促进教育机会公平，第二批的目标是改善和提高学习过程和效果的质量。在义务教育部分，引进了法律规则，但相关的入学和监督委员会工作成绩不佳。在中学教育阶段，在农村地区建立好学校的计划没有成功。学校重组中关闭小型学校后的效果也不好。教育部逐步转变了思路，学校重组改革开始减缓，大型学校和小型学校的比例继续增加。提高小学教学质量的改革获得成功，但初中的改革停滞不前。尽管得到国外机构捐助、教育部的行政支持和国家教育学院的技术支持，但缺乏高层政治的支持，改革缺乏目标，没有建立支持初中教育改革的技术委员会，课程改革目标太宽泛，而且没有进行试点。

改革涉及政治、技术、行政和财政的层面。总统和教育部长领导的技术特别团队，教育部的各个行政管理机构促进了改革。国家和省级教育管理机构作为协调机构，帮助技术特别团队所制定的计划目标与实施计划的教师实践进行衔接。但政策实施第一个 4 年中，教育部有 4 个部长助理，导致政策的实施缺乏连续性。最后，政治家、教师、官员、家长和社区的政治因素成为教育领域的重要参与者。改革得到上层政治家和官员的支持，但省级层面没有参与政策的形成过程，因此，缺乏所属感和驱动力。

小学和初中教育改革目标是改善和提高学习过程，小学教育改革获得成功，其在行动计划的形成、试点地区选择和全国实施都得到高层参与，得到国家教育学院的技术支持。省级政府参与了详细的行动计划和预算计划，并且得到国际社会的经费和技术支持。改革还得到媒体的宣传和活动，提高了教师的参与意识和行动。当然，改革也不乏反对者。5 年级的升学考试影响到目前的小学高年级课程。教师需求也不同，学校资源不平等也妨碍课程和教学法改革的实施。

十四、教育改革的政策环境

从 1931 年到 1990 年，教育政策的制定和实施与社会环境密切联系。在早期，分歧主要在支持和反对殖民地政策或者民族政策上。不同执政党政治上出现持续左右摇摆，右翼在 1990 年和 1994 年掌权，左翼在 1994 年和 2001 年掌权，2001 年后期和 2004 年是左右翼共存，左翼从 2004 年掌权。在 1994 年的政权变更中，政策的形成机制没有改变，在 1996—1999 年期间，当时的总统开始关注这一问题，政策形成机制得到快速发展。当政府在 2001 年更迭后，改革的实施得以继续，但政治高层的支持减少。

早期的改革目标是强调国家对殖民地教育体制的改革，建立一个统一的教育体制。在后期，教育政策的目标是满足年轻人的需求，特别是20世纪70年代初期。1997年改革的动因同样是因为僧伽罗族年轻人在1980年代后期的骚乱。

政策制定的机制曾经是以公众和议会辩论为基础的，后来改变为先实施再公开，从90年代起又发生变化。1991年，国家教育委员会成立，其功能是政策制定和向总统提供建议。国家教育委员会是一个独立机构，成员来自各个政治派别。90年代中期，一些机构代替了它的一些功能。1996年，总统特别团队成立，以加速改革政策制定和规划。2001年，国家教育委员会开始了对1997年改革的全面评估，2003年出版了《斯里兰卡普通教育国家政策框架建议》。该文本提出了100多个建议，体现了国家教育委员会普通教育常务委员会三年辛苦工作的结果。国家教育委员会本来想把文本递交议会讨论，但因2001年政府的变更而没有实现，政府变更的结果是总统来自执政党、总理来自反对党。尽管总统领导了1997年的教育改革，但政府变更削弱了她的领导力，产生了新的政治协商框架，政治意图出现分裂，影响到改革实施的持续。与1991年的机制不同的是，2004年国家教育委员会所有成员辞职，成员全部换了新人。即使在2004年以后，尽管总统和议会仍然保持相同的政治立场，但总统对改革的支持也因为少数党斯里兰卡人民解放阵线的权力而受到阻碍，该党在2004年选举中获得39个席位。斯里兰卡人民解放阵线是统一人民自由联盟(UPFA)的重要成员，其支持对联合政府非常重要。统一人民自由联盟也反对加强英语教学的改革，反对英语作为教学语言的改革，也反对私人领域进入教育。

2008年，教育部长任命了一个特别委员会，负责更新1939年的《教育条例》及其修订案，起草新的教育法。不同寻常的是，议会在90年代受命制定教育政策的机构国家教育委员会却没有受邀参与这项工作。政策形成的正式机制是国家教育委员会负责，但同时还存在各种委员会的非正式机制。

从70年代起，政治越来越多参与教育日常事务，教师和官员的任命、调动和晋升。这种干预从90年代一直持续到现在，包括放权后省级政府层面的政治影响。国家教育委员会在国家政策建议中强烈要求取消政治对教育领域的干预。该建议认为，如果不从教育体制中消除政治干预，任何改革都难以获得成功，包括结构改革和组织改革。但国家教育委员会的建议根本就进入不了议会的讨论议程。人们希望在教育问题上两党达成一致目标，超越党派政治。而且教育改革至少需要10年才能够初见成效，需要所有政党合作成立一个机构，负责教育改革的实施。这样才有利于教育发展。

国家教育委员会2003年的报告和评估也影响到教育部制定的《2006—2010年教育领域发展框架和措施》。由国家教育部牵头，在与各省教育行政部门磋商的基础上，与财政和计划部、财政委员会一道出台了《2006—2010年教育领域发展框架和措施》，以促进普通教育发展。《2006—2010年教育领域发展框架和措施》文件通过了广泛的咨询，对象包括决策者、技术人员和行政官员、大学学者、研究人员、中小学校长、教师和家长。因此，该文件的制定是通过一系列在学校、省和国家层面的工作，结合公众咨询完成的，世界银行对文本开发过程中的政策对话和计划过程给予了支持。《教育领域发展框架和措施》被称作是“所有层面的合作，包括自下而上和自上而下的方法”。

《2006—2010年教育领域发展框架和措施》的长期目标包括4个主题，与90年代由国家教育委员会和总统特别团队给出的政策目标是一致的：第一个主题：促进基础教育（1～9年级）和中等教育（10～13年级）的入学机会平等。第二个主题：改善教育质量。第三个主题：加强教育体制的经济效率和资源分配平等。第四个主题：加强教育管理和服务。每一个主题再分为问题和目标，以及实现目标的策略。第一主题提出了37个策略，第二个主题有48个策略，第三个主题有8个策略，第四个主题有15个策略。项目的实施由省级层面负责，世界银行提供支持。该文件还强调监控和评估，每一个主题有多个结果框架，其按照时间顺序的产出和结果目标安排，在斯里兰卡的 9 个省实施。

第一个主题：促进基础教育和中等教育的入学机会平等。该主题的两个关键目标是确保所有 6～14 岁儿童完成义务教育（1～9 年级），所有 15～18 岁儿童有进入中等教育的机会（10～13 年级）。第一个目标覆盖了小学和初中阶段。第一个主题适合斯里兰卡国情，因为其完成了小学教育的普及，挑战是初中的入学机会平等，实现初中教育的普及。传统上，斯里兰卡政府是根据需求侧措施来促进学校招生和入学的，包括政府公办学校免学费，1～11 年级免费教科书、免费校服、交通补贴和奖学金，以支持贫困家庭孩子入学。《2006—2010 年教育领域发展框架和措施》文件提出的两个新举措是贫困地区小学免费餐和开展促进孩子健康和营养的项目。小学免费校餐项目在 7 个省进展很好，受战乱影响的北方省和东部省进展较差。覆盖学校比例最好的是中部省，覆盖学生人数最多的是南部省，其次是西部省。

表 1-11　2008 年小学免费校餐项目各省进展

省	项目覆盖的学校数量（所）	项目覆盖的学生人数（人）	金额（卢比）	学校总数（所）
西部	821	85 403	109 353 827	1 353
中部	1 049	80 450	199 587 210	1 467
南部	815	93 945	223 604 219	1 093
西北部	828	76 632	200 701 172	1 221
北部	33	3 946	13 180 694	892
东部	384	47 850	136 404 514	971
中北部	553	63 825	165 353 790	782
乌瓦	704	67 094	169 597 116	831
萨伯勒格穆沃	837	56 600	132 038 537	1 104
斯里兰卡	6 024	575 745	1 430 821 079	9 714

Source：Ministry of Education，School Health and Nutrition Unit.

从 2009 年开始，该项目扩展到北部和东部省的学校。

第二个新举措是健康和营养项目，强化学校健康与营养教育活动的效果，其目标是：a. 加强所有层面的监控政策；b. 改善健康知识和技能，预防传染性和非传染性疾病；c. 改善学校健康的安全环境，促进学习；d. 改善学生健康和营养状况，与卫生部合作开展健康和营养干预活动；e. 加强和促进学校与社区有效合作。实现上述目标的策略包括：建立各级健康促进委员会，促进教师发展，建立学校健康促进中心，提供物质支持，改善饮用水和卫生设施，学校建立有益身心的校园环境，通过学校医疗监督机构，营养干预项目，学校与社区有效合作，提供健康服务。

《2006—2010 年教育领域发展框架和措施》的另一个新举措是加强特殊需求儿童的特殊教育，特别是在小学和初中。这些特殊需求包括：动乱带来的心理影响，视力受损，听力困难，行为障碍，多种障碍，学习困难和癫痫。特殊需求还包括有生活能力的特殊需求儿童，如街头流浪儿童、童工和卷入战争的好斗儿童。

该举措的活动包括：医学筛查，开发心理和精神筛查设备，增强家长意识，计划特殊需求儿童的定期活动如教育营地。此外，还关注引进新设备来识别儿童特殊教育需求，更新大纲和模块，促进包容性教育，给学校提供特殊基础设施和设备，培训特殊教育教师，提高普通教师能力。国家教育学院开发了特殊教育课程，提供教师培训。

目前，特殊教育的需求超过了教育领域能够满足的能力。特殊教育中心需要的设备包括盲文电脑、体育设备、听力障碍辅助设备，而教师、校长和教辅人员也需特殊教育能力的培训。满足特殊教育的需求尚需时日，因为其费用远远高于普通教育。

《2006—2010 年教育领域发展框架和措施》促进普通教育入学机会平等的又一个举措，是给那些从未上学或者辍学、但现在又需要职场技能和能力的少年开发非学历教育项目。根据需求类型和程度，非学历教育提供功能性读写能力和与工作相关的技能，其包括几个关键活动：a. 通过培养入学意识和媒体活动项目，激活 8 000 多所学校在当地社区的入学委员会，调查和识别辍学儿童，为这些孩子提供设施，培训教师，特别是在省、地区和分区层面，以促进义务教育法目标实现；b. 为缺乏基本读写能力的儿童开发功能性活动学习中心；c. 加强社区少年学习中心；d. 为特殊的弱势儿童开发项目，例如流浪儿童，受到战争影响的儿童；e. 对官员进行非学历教育项目的能力培训；f. 通过开放大学的远程教育，提供继续教育和证书。这些促进入学机会平等的活动目标是特殊儿童群体，包括：a. 没有入学或者中小学辍学的孩子；b. 有可能辍学的孩子；c. 不适应小学到中学转折的孩子。

《2006—2010 年教育领域发展框架和措施》的第二个主题是提高教育质量。学校教育质量影响招生和学生学习效果。教育质量高的学校吸引学生，而教育质量低的学校只会让学生流失。提高质量的两个关键举措是与入学机会公平相关。

20 世纪 90 年代后期，斯里兰卡开始了基础教育改革项目，并且制定了精心设计的总体实施规划。改革的第二阶段，以促进学生为中心的教学方法得到《2006—2010 年教育领域发展框架和措施》支持。校舍和教室的装修布置更吸引孩子，墙和家具色彩艳丽。学生小组活动是教学的主干形式，特别是在 1～3 年级。教师接受了互动式教学和参与式教学培训。教科书字体大了，配有艳丽的图画和说明，带有叙述性和带有韵律的文本。小学改革这些因素受到小朋友欢迎，促进了教育质量提高。教育质量提高反过来又促进了学校招生和学习，特别是吸引了贫困地区有可能不上学或者辍学的孩子。

《2006—2010 年教育领域发展框架和措施》的第三个主题是加强教育体制的经济效率和资源分配平等，对此，将在“教育政策与资金”一章讨论。

《2006—2010年教育领域发展框架和措施》的第四个主题是政府改善教育体制的管理和提高教育的质量。为了促进教育机会平等和提高教育质量，一个新举措是通过学校本位管理来实施教育管理放权，特别是向学校和利益相关方放权，如家长、毕业生、校长和教师。

为改善学校管理，政府的举措是引进了学校本位管理的平衡控制模式，开始是试点，总结经验进行调整后展开。该模式综合平衡了政府官员如校长、教师和当地行政官员，与学校社区成员如家长和学生的权利。其目标是：①学校所在社区参与学校管理；②学校活动更加透明；③增加学校内部活动的灵活性；④学校向当地社区筹集款项，补充政府经费的不足，增加学校资源。该项目的特点是增加家长和社区参与学校行政和运行的机会。

该项目分阶段实施。第一阶段是2006年，在8个省的一个分区开展。2007年，扩展到9个省的其他分区，北部省有两个分区开展。2008年，每一个省再扩展2个分区，到2008年底，总计35个分区。在35个分区中，总计4 404所学校参与(45%的学校)。《2006—2010年教育领域发展框架和措施》计划在2009年再扩展到9个分区，在2010年，又扩展9个分区。

改善学校管理项目受到当地社区欢迎，在家长、毕业生、教师和校长之间建立了密切联系。该项目成功的关键是具有创造性和开拓精神的校长，活跃和投入的学校管理委员会，以及资源较好的学校。

最初，社区参与学校管理是改善硬件条件，在改善成效好的学校中，将改善范围逐渐扩大到学习资源，如数学教具制作，组织到文化历史遗迹参观，艺术，开展音乐舞蹈、体育等一系列文化活动。

改善学校管理项目的实施如果成功，能够促进教育机会公平，让各方特别是家长参与学校管理，让教育更好地满足当地孩子的需求，特别是特殊需求孩子。

十五、教育机会的平等和面临的挑战

斯里兰卡社会各界民众明白，教育决定人生，教育程度决定收入、健康和寿命，最终决定生活质量，教育也对社会经济产生长期影响。斯里兰卡教育平等面临的挑战是如何超越性别、民族、宗教、社会经济地位、身体差异和地域而实现平等，包容考虑每个人的需求。

教育不平等和贫困关联。教育是社会经济流动的唯一手段，是克服贫困和不平等的投入。教育投入也有利于社会，促进社会经济平等，让后一代受益，促进代际流动，提高劳动生产率，增强人力资源和促进人类健康。斯里兰卡小学教育的社会回报率是15%～20%，女性受益更大；个人回报率更高，是19%～25%，也是女性更受益。中学教育的社会回报率是18%～20%，个人回报率是22%～25%。最近对知识经济的分析认为，人口的教育年限每增加一年，对经济增长贡献为6%。在不发达国家，贡献率更大。

斯里兰卡的免费教育政策，特别是20世纪60年代开始广泛建立的中心学校，给农村孩子提供了教育机会，给所有人提供了社会流动机会。尽管如此，还是有贫困家庭和地区的孩子没有接触免费教育，家长不明白教育的长期意义，他们很多不进入中学。尽管98.5%的孩子进入小学一年级学习，但仅89%的孩子进入中学。在这98.5%的孩子中，有18%的孩子没有掌握应该掌握的基本技能，他们多是贫困家庭的孩子，需要政府采取措施让他们完成义务教育，从教育中收益。

斯里兰卡社会存在不平等和差异。斯里兰卡是多民族和多宗教国家，30年内战造成大量贫困人口、社会不平等和贫富差异。斯里兰卡有大约150万或者占人口5%的季节工人，许多是女性，许多孩子缺乏照顾。预期寿命变化，增加到75岁，老年人口的比例增长。过去几十年，经济差异扩大，生活方式快速改变，特别是在总人口25%的都市人口中。

全民教育和千禧年发展目标是全球通过教育消除不平等。斯里兰卡普通教育发展较好，5 岁孩子中有 98.5％进入学校学习，89％的完成 9 年义务教育，85％的进入普通教育一般考试阶段学习，55％的进入普通教育高级考试阶段。斯里兰卡在健康领域也发展较好。母婴健康与教育关联，1970—2000 年以来，斯里兰卡的识字率与健康密切正相关。出生在医院的孩子和孩子的存活率与母亲的识字率和教育程度密切相关。

斯里兰卡的免费教育促进了教育机会平等。教育的性别平等从小学到大学各个阶段也得到大幅改善和提高。但是，在变化中的斯里兰卡，平等也出现了新的问题。全民教育和千禧年发展目标关注基本教育入学机会平等，今天，斯里兰卡面临的新问题包括人口变化和教育的发展。人口变化带来内部效率问题，斯里兰卡学校的问题是学生人数下降。

人们教育程度提高，导致人口变化趋势出现了人口增长减缓，人口增长率低于 1％，在都市是零增长或者负增长。在 1998—2007 年期间，0～4 岁年龄段儿童减少了 26％，而这是教育平等需考虑的问题。表 1-12 表明，随着孩子从 1 年级直到 13 年级，0～4 岁年龄段儿童减少了 26％，这一问题的后果将在 2008—2021 年期间显现。

表 1-12　适龄儿童变化趋势

年龄段	人口数量（千人）		变化比例
	1998	2007	
0～4	2 345	1 730	－26％
5～9	2 128	1 781	－16％
10～14	2 136	1 820	－15％
15～19	2 028	1 951	－4％
20～24	1 931	1 841	5％

另一个挑战是中产阶级的出现。随着教育的发展，今天的孩子家长的教育程度比几十年前的家长高得多，斯里兰卡有89%的人口受过中等教育，55%的进入普通教育高级考试阶段，中产阶级人数逐步增长，超过80%的家长受过中等教育，中产阶级需要社会身份认同和平等，他们的追求是免费教育、平等和质量，他们努力为孩子寻找优质学校。他们的这些诉求对学校有重要影响，2010年，斯里兰卡有120所学校无人问津，因为被家长认为不是优质学校。但是学校间总是有差异的，伴随人口变化，对学校选择的影响会导致新的平等问题出现。

教育平等和学习环境也密切相关。学校规模大小和学校氛围对学习非常重要，学生从同伴那里学到的东西比从老师那里更多。社会技能、情感成熟和现代社会需要的软技能来自与同伴的交往和课外活动。学校和班级学生人数多少和不同性格的学生有助于学习。另一方面，教师的动机和兴趣对学习非常重要。一些好学校即使学生班级人数达到50人，教学效果还是很好，因为有促使学生学习的氛围。这些学校的课外活动机会也多。

小型学校也是对教育平等的一个挑战。2008年的统计显示，有131所学校仅有7个学生，515所学校仅有19个学生，910所学校仅有39个学生，766所学校仅有63个学生，766所学校仅有89个学生。斯里兰卡全国30%的学校的学生不到100个，因为学习氛围差，让学生个性发展受限。教育平等的另一个严重问题，是这些小型学校的家长多是贫困者，这些家长要么认识不到优质学校的意义，要么无法让孩子进入优质学校。现实是富裕阶层的孩子进入优质学校，贫困阶层的孩子进入小型学校。进入优质学校需要社会背景、关系和资源，这些做法严重扭曲了教育机会平等。

在教师调配和管理上缺乏透明和平等是另外一个挑战，其导致城乡学校差别扩大。城市和近郊学校条件好、优秀老师多，而偏远地区学校缺乏老师。30年内战也使僧伽罗语学校和泰米尔语学校差距扩大。斯里兰卡有22万名老师和400万名学生。师生比在2009年是1∶18。有的学校师生比达到1∶12,有的学校则缺乏担任艺术、数学、英语和科学课程的老师。教师调配和管理是关系教育平等的大问题。当今的孩子应该学英语、计算机、科学和软技能,但在斯里兰卡,仅580所学校提供普通教育高级考试的科学课程。尽管有55%的学生进入普通教育高级考试阶段学习,但比例更多的是学人文科学。这些不平等和不均衡也是需要政府教育部门采取政策措施加以纠正。

数字鸿沟与平等密切联系。在6 000所中学中,仅3 500所,包括第一类学校,提供计算机教育。计算机的分布对农村学校学生不利,优质学校有多种渠道获得计算机,富裕家庭家里有电脑和网络,而农村家庭则什么也没有。数字鸿沟造成了新的教育不平等。

显然,造成这些差异的是社会经济原因,特别是因为贫困。自从20世纪80年代初经济开放以来,斯里兰卡人均GDP增加,人们工资增加,但收入差距依然较大。2004年的数据显示,占总人口35%以下的贫困群体的收入增长仅为GDP的8%,而占总人口25%以上的群体收入增长为GDP的58%,这更说明免费教育政策对改善贫困人口状况的必要性。

2008年的数据表明,在393万名学生中,有14.8万学生在2 948所学校学习,其中30%是小型学校,这些学校的学生占总数的3.7%,而且这些学生多是来自贫困家庭,斯里兰卡有14%的人口在贫困线以下。按照此比例,78.6万名学生来自人口20%的贫困家庭,他们多就读在不到300名学生的学校。占学生总数20%的72万学生在6 700所不到300人的学校就读,这些学校占学校总数的63%,学生都是来自社会经济贫困家庭。很多这些孩子要么辍学、要么没有掌握必要的技能。国家教育学院最近调查发现,20%的小学毕业生没有掌握必要技能,即使有的进入6年级或者中学,也会面临辍学或者学习困难。

健康状况与教育相互联系。生活质量依赖教育程度,教育促进健康。研究发现，教育增加对健康的需求，增加提高健康的效率，健康教育是教育必不可少的一部分。斯里兰卡教育涉及有关健康问题，如登革出血热(DHF)是斯里兰卡常见病，禽流感也是最近出现的疾病，艾滋病则需要教育人们对行为的检点，糖尿病则是斯里兰卡的一个流行病。斯里兰卡需要教育、卫生、社会福利、农业、工业和信息技术多个领域的合作，共同面对新的挑战。

斯里兰卡街头一瞥

第九章　教育与民族和谐和社会凝聚力

一、概述

斯里兰卡教育改革的一个重要背景，是与民族和谐和社会凝聚力密切相关，其涉及三个领域：①政治经济和管理：通过教育政策的形成、规划和管理形成的教育透明化和参与度影响社会凝聚力；②机会公平和平等：通过教育资源的分配、机会和结果使得教育影响社会凝聚力；③教与学：通过发展学生能力使得教育影响社会凝聚力。斯里兰卡的教育改革使用了一系列干预手段以促进社会凝聚力，并且有相应的基准、过程和结果指标。这一改革过程聚合了政府力量，社会力量和外部参与。

斯里兰卡教育委员会 2003 年的政策文件指出，在一个存在多个种族和宗教的多元社会，教育应该通过促进相互理解和容忍、尊重斯里兰卡社会文化多样性而促进国家建设，并且对促进社会凝聚力和稳定发挥作用。不过，教育和教育改革仅是社会和谐的必要条件之一，是与社会、政治、法律和经济等因素相互联系的。

对斯里兰卡来说，社会凝聚力涉及很多因素，如社会资本，公民与政治参与，普遍信任与对体制的信任，民族和谐，个人与国家的安全与和平，而这些是过去多年导致暴力和分裂的主要因素。

歧视和排斥在教育领域多个层面存在，包括政策制定，资源分配，缺乏包容性的管理体制，机会和包容，教学语言和课程内容。要使教育管理人员更好地理解和意识到教育和社会冲突的联系，教育政策和规划导致社会冲突的原因和政策造成的影响，也是一个挑战。教育政策、规划和管理的不平等和边缘化问题导致了斯里兰卡的冲突。

教育资源的分配、教育机会和结果，影响社会凝聚力。教育、社会资本和社会凝聚力相互联系。在包括如种族、收入、性别、民族、职业等社会变量中，社会资本的最佳预测器是受教育年限，教育程度高的群体有更广泛、更深入和更密切的社会网络，更多地参与社会的和社区的政治生活。

教育和教育政策的制定、规划和管理的透明度和参与度也影响社会凝聚力。1948 年独立后，斯里兰卡的教育管理体制偏向僧伽罗群体而非泰米尔语群体，由此带来种族和语言问题的恶化。1956 年的《僧伽罗语唯一法》或者《官方语言法》将僧伽罗语作为唯一官方语，1971 年的《标准化政策》导致泰米尔族学生进入大学机会减少。尽管这些政策后来得到改变，但其对不同群体的和谐造成了损害。教育政策和体制要满足不同民族和地区的愿望，要保持教育（教育课程和评估框架）和民族文化（如多样性）的凝聚力之间的平衡。斯里兰卡的高等教育机会的不平等和就业机会的有限，形成一个高度竞争的体制，也造成年轻人的不满。教育被看作是通往和加强特权的手段，而非扩大社会和经济流动的机会。

斯里兰卡政府采取了一系列措施促进教育的机会平等，包括政府资金持续对贫困地区的分配和补偿机制，单位成本资源分配机制，公正分配公共资金；免费教科书和校服等补贴；5 年级奖学金考试，让贫困孩子上更好的学校；让贫困孩子能够上大学的指标分配。这些政策积极影响到到资源分配和不同地区与经济群体的教育参与率。

在中小学，公共资源分配平等程度高，不同地区和群体比较平均。不同地区小学平等程度高，初中呈现多元化，但高等教育则偏向收入高的阶层。

教育通过发展学生能力影响社会凝聚力。斯里兰卡政府教育政策的系列文件和计划框架都包含了和平建设、好公民和社会凝聚力的内容。目前提出的政策包括：①将公民教育重新纳入学校课程；②不同学科和年级增加公民价值观课程；③加强第二官方语和"联系语言"即英语的教学；④重新引进英语作为教学媒介，打破语言和民族的分离；⑤让学校自主选择教材，避免偏见；⑥培训教师以能够更好处理课堂上敏感的文化和民族问题，支持多民族教师培训机构；⑦通过包容性学校管理，共同课程活动和学校与社区的联系，促进和平和公民能力。

斯里兰卡政府正在进行多方合作，开展新一轮教育改革。教育改革计划的一个中期框架是将政府和外部伙伴的活动结合起来，并且与中期预算框架挂钩。斯里兰卡政府的改革得到世界银行支持，提出了广泛目标，有了合作伙伴和资源开发，并且制订了计划。这些提供支持的合作伙伴将按照框架活动，遵循斯里兰卡政府计划、预算和监控框架。例如，斯里兰卡政府和瑞典国际发展署（SIDA）在教学方面开展了合作。

教育是社会经济改革非常重要的工具，教育的作用在于促进社会和谐。许多教育的问题是因为政治和经济决策以不同方式影响着教育，教育改革必须适应社会经济的发展。

二、斯里兰卡不同民族

斯里兰卡教育改革必须考虑国内民族问题。斯里兰卡有多个民族，主要包括：僧伽罗人（69%），泰米尔人（23%），摩尔人（7%）和布尔人（荷兰人或者荷兰人与其他种族的混血，1%）。还有维达人、马来人和欧洲人，但他们数量很少。

公元前 3 世纪，小乘佛教从印度传入斯里兰卡，与来自印度的印度教成为斯里兰卡主要宗教。公元 10 世纪和 16 世纪，阿拉伯人和欧洲人分别带来了伊斯兰教和基督教。佛教徒为人口的 64%，印度教徒为人口20%，基督教徒为人口9%，穆斯林为人口7%。

不同民族的相互影响形成了斯里兰卡的多元社会。僧伽罗人是大约公元前500年从印度北部移民来的，属于使用印欧语系僧伽罗语的雅利安人后裔。他们信奉佛教，斯里兰卡也成为佛教的圣地。历史上多次出现为了保护佛教、建立僧伽罗文化而反抗外来入侵的战争。僧伽罗人对存在于公元前200～公元1300年的古代僧伽罗阿奴拉达普勒王国和波隆纳鲁沃王国的文化和经济特别自豪。

斯里兰卡最大民族僧伽罗族也称狮子民族，按照地理和文化分为两支：居住在南部和西部沿海的低地僧伽罗人，占僧伽罗人的大约62%，总人口的43%；居住在南部和中部高原的康堤僧伽罗人，占僧伽罗人的大约32%，总人口的26%。大多数僧伽罗人是农民，居住在村庄，他们的教育是母语僧伽罗语，对西方了解不多。在沿海地区的低地僧伽罗人接触了更多的外来文化，有更宽广的视野。康堤僧伽罗人因为地理环境的隔离和政治的独立，他们更趋向保守，在英国殖民统治以前，他们受殖民者影响少。对排斥基督教和西方文化的僧伽罗人来说，康堤就是天堂。

这两支不同的僧伽罗人的文化差异在葡萄牙和荷兰殖民时期加大，殖民者仅征服了沿海地区，而内陆的康堤王国保持了自己的传统。尽管经过英国殖民者150年的统治，这两个区域的差异还是显而易见。康堤僧伽罗人趋向保守和传统，致力于维护佛教，恢复古老的僧伽罗文化。而沿海低地僧伽罗人更多接受西方教育，与殖民者进行贸易。

泰米尔人占人口的23%，是斯里兰卡人口最多和历史最悠久的少数民族。他们在2 500年前从印度南部来到斯里兰卡。中世纪，泰米尔王国在斯里兰卡北部建立。泰米尔人是达罗毗荼人后裔，信仰印度教，使用的泰米尔语是印度南部的一种语言。泰米尔人也分两个群体：锡兰泰米尔人和印度泰米尔人。锡兰泰米尔人占整个泰米尔人的一半，他们大多是斯里兰卡泰米尔王国的后裔，在斯里兰卡北方居住了上千年，特别是在贾夫纳和东部沿海。他们勤劳，喜欢冒险，贫困使得锡兰泰米尔人最近开始移居到国内其他地方。贾夫纳地区人口密集，并不富裕，当地的泰米尔人多是农民，劳动非常辛苦，但贾夫纳地区依然是泰米尔人文化和思想灵感的中心。

印度泰米尔人是英国种植园主在19世纪后期和20世纪初期作为契约劳工引进到康堤的茶园的。他们文化程度低、贫困，居住在自给自足的茶园，与斯里兰卡其他种族交流和交往不多，在社会生活中起的作用也不大。他们使用泰米尔语，信奉印度教，与印度的亲属保持联系。印度泰米尔人在经济、社会和政治上被边缘化。就连锡兰泰米尔人也和他们保持距离，因为锡兰泰米尔人大多数是高种姓，经济上更发达，教育上更先进。印度泰米尔人对斯里兰卡经济贡献大，但对自己命运却没有把握。他们在斯里兰卡已经居住了几代了，却没有公民身份，而且，斯里兰卡一独立就宣布遣返他们。根据斯里兰卡和印度在1964年、1974年的协议，2/3的印度泰米尔人要被遣返回印度，其余的将成为斯里兰卡公民。

摩尔人信仰伊斯兰教，占总人口的7%。他们在家庭使用泰米尔语，遵循不同的社会习俗，从事商贸活动，构成不同种族社区。他们主要居住在东部和西部沿海。摩尔人有两个群体：锡兰摩尔人和印度摩尔人。锡兰摩尔人是阿拉伯商人后裔，在过去900年间，这些阿拉伯人陆续来到斯里兰卡，与当地人通婚，家庭信奉伊斯兰教。东部沿海的摩尔人多是农民，经济和教育状况差。印度摩尔人是定居在印度南部的阿拉伯人后裔，与当地人通婚后移民斯里兰卡，他们多是商人。

18世纪，荷兰人招募了印度尼西亚人和马来西亚人士兵并且带到斯里兰卡，他们与摩尔人有相同的宗教信仰，有共同的社区，其构成穆斯林人口的20%。这些人主要居住在斯里兰卡西部。

布尔人是荷兰人或者荷兰人与其他种族的混血，占总人口的1%。

布尔人原表示荷兰人后裔，现在表示欧洲人后裔，包括欧亚混血人。布尔人社区包括葡萄牙人后裔和荷兰人后裔，在英国殖民地时期，布尔人社区越来越大，他们使用英语，信奉基督教，居住在城市。荷兰布尔人自认为有纯正欧洲血统，其交际圈有强烈排他性。独立后，民族意识高涨，西方生活方式逐渐被抛弃，英语使用也在减少，布尔人社区的社会威望和地位下降，大量成员移民澳大利亚、新西兰和其他英联邦白人国家。

维达人，也译吠陀人或者吠舍族，是斯里兰卡原住民。他们人口极少，对其起源、文化和语言所知甚少。随着他们逐渐融入社会，这个独特的族群面临很快消失的危机。

斯里兰卡不同族群的关系反映在国家生活各方面，也包括教育。种族冲突最严重的是占人口多数的僧伽罗族和占少数的泰米尔族。根据历史记载，僧伽罗族和泰米尔族在公元 5 世纪就定居斯里兰卡。公元 10 世纪前，两者都居住在北部，两个族群相互融合。公元 11 世纪，印度人入侵，战争蔓延到斯里兰卡全国大部，僧伽罗族被迫迁移到中部和南部。在欧洲人到来前的 4 个世纪中，僧伽罗族和泰米尔族建立了两个王国，两者联系少，但冲突也少。

从历史看，佛教，僧伽罗语和斯里兰卡国家之间有特殊联系。古老经文中描述的宗教、语言和民族身份的联系对僧伽罗人的思维产生了巨大影响。僧伽罗人认为斯里兰卡是属于他们的文化家园，希望复兴、保护和加强自己的文化。僧伽罗王国国王是佛教的保卫者和弘扬者。一些古老传说将信奉印度教的泰米尔人描述是对佛教的威胁，许多僧伽罗人还相信，泰米尔人导致了其古老文明的衰落，他们指责泰米尔人破坏了早期僧伽罗人定居点的灌溉系统。尽管这些传说没有根据，但早期僧伽罗人的辉煌和与泰米尔人的不和就这样产生了。这些误解导致了不同民族的敌意和民族不和谐。不过，佛教和印度教的本质都是提倡和平宽容的，僧伽罗族和和泰米尔族还是生活在友好中。

只是在经济原因导致的紧张时期、教育、语言、宗教和传说才会导致种族冲突，语言和宗教的差异会让冲突加剧。僧伽罗人渴求恢复昔日荣誉的愿望有时会阻碍和谐精神的发展。一个值得注意的现象是，僧伽罗人是斯里兰卡多数民族，但却在世界上是少数民族，僧伽罗语仅在斯里兰卡使用，所以，他们担心语言和文化的消失。而泰米尔人在斯里兰卡是少数民族，但却与印度南部的泰米尔人有宗教和语言的渊源，有丰富的文化遗传。所以，僧伽罗人和泰米尔人的民族矛盾和冲突显示了两者的不信任和担忧。

殖民政策，尤其是英国殖民者的政策，给斯里兰卡社会带来巨大负面影响，特别是英语作为斯里兰卡官方语言政策。英语给泰米尔人和布尔人带来权力和声望。贾夫纳地区是泰米尔人聚居中心，但该地区的贫困和人口压力迫使其寻找生活出路，而教育是实现目标的一个方式和机会。基督教传教士在贾夫纳地区建立了大批学校，使得泰米尔人在英语教育方面领先，大批泰米尔人超越比例地进入了政府和专业领域。

布尔人仅占斯里兰卡人口的1%，因为其种族原因和对英语的掌握，他们在殖民地时期有巨大影响，在政府军队、专业领域、教育和贸易等方面占有优势位置。泰米尔人和布尔人的这种优势地位，在20世纪30年代中期，引起了僧伽罗人的不满。

三、教育与社会和民族和谐

英国殖民政府的教育政策使得斯里兰卡产生了一个接受了英语教育的少数精英集团。他们大多数家庭富裕，能够进入收费昂贵的英语教会学校。但他们的分布不均，低地僧伽罗人、来自贾夫纳的泰米尔人和布尔人是接受了最好的英语教育的群体，构成精英的核心。他们接受西方价值观、信仰、态度和习俗，与当地人接触不多，形成了自己的阶层,英国殖民者通过该阶层进行统治。这些人熟悉西方观念,又与有西方血统的布尔人不同,他们忠于斯里兰卡,并且领导了争取独立的民族运动。但他们的英语教育背景和显赫的社会地位、与大众的隔离,独立后与大众的关系趋于紧张。

独立前,斯里兰卡民族运动是由接受了英语教育的精英阶层领导的。独立后,英语依然是政府语言,不熟悉英语的老百姓无法参与该运动。随着普选权的实行和民众的普遍觉醒,僧伽罗人,特别是康堤僧伽罗人,意识到他们不公平地被接受了英语教育的精英排斥在政府之外,也意识到泰米尔人和布尔人因为掌握了英语而在权力分配中占了很大份额。他们担心,尽管自己是最大种族,但僧伽罗语语言、文化和佛教都受到威胁,基督教和印度教更加得势。接受僧伽罗语教育的知识分子领导了运动,其包括在农村有重要影响的民间医生、乡村僧侣和教师。他们的目标是复兴佛教、僧伽罗语和文化。僧伽罗人要求得到公平地位,纠正多个世纪的不公平。

1949 年独立后不久,受到僧伽罗族压力,由社会精英构成的统一国民党政府取消了大多数印度泰米尔人根据 1939 年宪法获得的公民身份。这些人突然变成没有国籍、生活没有安全和保障的群体,直到斯里兰卡政府和印度政府在 1964 年和 1974 年签订协定后,他们的处境才得到解决。

1956 年,人民统一阵线在占人口多数的僧伽罗族支持下赢得选举,他们的竞选口号是“宗教,语言和民族”,要求保护和推进包含僧伽罗文化的佛教。政府颁布的法令将僧伽罗语作为唯一官方语言,排除了英语和泰米尔语。该法令极大地削弱了接受了英语教育的社会精英,布尔人和泰米尔人在政府的权力和影响。

接受了英语教育的精英失去了地位,回归到各自社区。布尔人、摩尔人和马来人人数少,居住分散,不具有较大影响,印度泰米尔人也没有起多大作用。通过该语言立法,僧伽罗族找到了复兴古老文化和语言特权的手段，而泰米尔人则认为是对自身文化和身份的威胁。僧伽罗族和泰米尔族彼此矛盾加剧。官方语言问题加速了两者在1958年的冲突。

古代的僧伽罗族和泰米尔族居住在不同地区，培育自己的文化。在僧伽罗王国和泰米尔王国，教育分别与佛教和印度教结合，并且得到国王支持。僧伽罗王国早期的学校是村庄学校、庙宇学校和佛学院，相当于当代的小学、中学和大学。教育本质上是宗教的，教义是小乘佛教，僧侣作为教师。贯穿教育的这种寺庙秩序从古代持续到现代。在泰米尔王国，教育模式与僧伽罗王国同样。婆罗门不仅主持是祭祀，也是教师，教义主要是印度经文。泰米尔族教育传统也一直持续下来。在10世纪和11世纪，阿拉伯摩尔人带来了自己的教育传统，他们在斯里兰卡定居的摩尔人社区建立了清真寺，教义主要是伊斯兰经文，后来到来的印度摩尔人加强了这一传统，并且在马来人到来后得到进一步加强。

16世纪开始的西方牙殖民者入侵给斯里兰卡传统教育体制带来巨大冲击，并且使得其发生了巨大变化，包括教育目标、教育体制、内容和方法的变化。在1900年，斯里兰卡出现了多种类型的学校：政府主办的学校，政府资助的学校，教会学校和种植园学校。这些学校的教学目标、课程、标准、毕业生质量、学校管理和经费各不相同，满足斯里兰卡不同的社会阶层需求，其中，基督教教会学校一枝独秀，在政治和社会生活中起了主要作用。这类学校主要目标是传播宗教，一些僧伽罗族和泰米尔族群体开始信奉基督教。基督教传教士的活动严重影响了佛教和印度教，导致了其信徒的不满。19世纪后期和20世纪初期，作为对基督教活动的反抗，宗教复兴运动开始，主要是佛教，也包括印度教，复兴运动与斯里兰卡僧伽罗民族主义联合，在20世纪50年代中期成为强大的政治和文化力量。独立后，基督教失去昔日影响，一些成员重新皈依佛教。

在英国殖民者统治时期，基督教教会学校教授英语，毕业生在政府和专业领域有更多机会，英语教育地位高，教会学校受到追捧。相反，当地语言教育被认为是低等的、仅适合穷人、没有价值，当地语言学校失去地位并且开始萎缩。这种情况激发了当地群众对教会学校的仇视和愤慨。

教会学校对斯里兰卡社会造成的另一个负面影响是其私人性质和收费教育，只有富裕家庭能够承担这种教育，造成了斯里兰卡社会分裂：一个是接受英语教育的少数群体，多来自贾夫纳地区的泰米尔人和低地僧伽罗人；一个是文盲或者接受当地语言教育的大多数群体。两者在社会权势、地位和身份上显著不同。分裂造成社会阶层关系紧张。当后者掌权时，特别是接受僧伽罗语教育的群体掌权时，其愤怒就首先对准了接受英语教育的精英——布尔人及泰米尔人。结果是僧伽罗族掌权的政府在 1956 年颁布法令，规定僧伽罗语是唯一官方语言，剥夺了这些群体因为英语而享有的特权。1960 年 12 月以前，斯里兰卡是两种教育系统：政府学校和私立学校，比例是 53 和 47。当年，私立学校被国有化，国有化的真正目标是取缔收费并且享有特权的英语教会学校。

政府法令将僧伽罗语作为唯一官方语言，将私立学校国有化，这些做法引起了占人口少数的泰米尔族的恐惧和怀疑。泰米尔人认为这些法令是针对他们的，对他们的身份、文化和生活方式造成了威胁。1958 年，泰米尔人采取了暴力反抗方式，造成人员死伤、财产损失和国家动荡，以迫使政府承认泰米尔语作为政府行政和教育的第二语言。

在教育上，泰米尔人整体落后于僧伽罗人，1960 年，泰米尔人的成人识字率是 54%，僧伽罗人是 68%。只是在贾夫纳地区，因为教会学校的存在，泰米尔人的成人识字率达到 72%，与低地僧伽罗人相同。其他泰米尔语地区（干旱区，东部和茶园地区）的比例很低。差异也体现在招生上。1960 年，按人口比例计算，僧伽罗族孩子的入学率超过了泰米尔族孩子。

种植园的教育局面非常糟糕，印度籍的茶园工人在政治，社会和教育各方面受到歧视。茶园有超过 100 万工人，1960 年，种植园孩子仅占入学总数的 4.7%，按照全国适龄儿童比例计算太少。而且，仅一半适龄孩子入学，其中仅 9%的孩子完成了种植园学校的学习而进入更高一级学校学习。种植园学校课堂拥挤，师生比是全国一倍，大多数老师资格不够，种植园学校条件差和被边缘化。

师范学院入学政策也不利于少数民族，特别是泰米尔人。1960 年，斯里兰卡 3 所大学招收了 800 名师范生，其中泰米尔族学生很少。泰米尔族大学毕业生很难找到教师和其他政府职位的工作，这一现象导致受过高等教育的泰米尔人就业困难，许多人到海外工作或者移民。泰米尔语学校也面临困难。1963 年，只有泰米尔人居住中心才有受过训练的科学老师和实验室，其他地方即使中学也没有这些条件。1964 年，通过学校重组，取消了科伦坡地区悠久历史的教会学校的科学教育，而很多泰米尔人孩子在这类学校学习，因此，泰米尔人呼吁在北方建立一个泰米尔大学也未能如愿。

斯里兰卡经受了近 30 年种族分离冲突。冲突导致经济增长、人类发展和社会进步的停滞。军事冲突的中心在北部省和东部省，武装冲突导致了学校毁坏和教育停滞。这些地区的孩子最容易辍学，而且教育质量改善最为缓慢。

现在，斯里兰卡开始实行面向所有人的小学到大学的免费教育计划。所有孩子的教育机会平等需要法律加以保障和公平执行。在斯里兰卡，僧伽罗族和泰米尔族需要合作实现双赢。通过教育促进社会和谐，特别是在不同民族孩子中实现民族和谐，是国家多元化和民族和谐的重要政策。与生活在单一民族地区的孩子相比，生活在不同民族和宗教混合地区的孩子更愿意生活在多民族和多宗教社会。教育部推出一系列举措促进社会和谐，包括：①学校课程由多民族和多宗教的委员会评审，避免民族和宗教偏见，消除任何对民族和宗教有歧义的内容。②学校教材由多民族和多宗教的委员会评审，避免民族和宗教偏见，消除任何对民族和宗教有害的内容。③促进英语学习，建立僧伽罗语和泰米尔语孩子的联系语言。④教师培训，增加对多民族和多宗教学校和班级需求的认识。⑤对来自不同民族和宗教地区的老师开展集中培训。⑥对不同民族和宗教地区的儿童开展共同课程活动。⑦不同地区的孩子交换项目。通过这些措施的实施，教育就能够促进社会和谐，特别是在不同民族孩子中实现民族和谐，进而促进国家多元化和民族和谐。

第十章　斯里兰卡高考政策的演变

一、斯里兰卡工程专业高考科目的改革

斯里兰卡普通教育高级考试(The GCE Advanced Level)也是斯里兰卡大学入学考试。纯数学、应用数学、物理和化学 4 个科目是工程专业和科学专业的必考科目。因为工程专业的威望高和就业机会广,大多数自然科学的学生青睐工程学位。但目前工程专业的就业也开始饱和,获得与专业相关的工作需要等待更长时间。

斯里兰卡普通教育高级考试中,学生需要通过 4 个科目才能获得入学资格,但因为大学入学竞争激烈,按照 4 个科目的总分从高到低录取,所有科目权重一样。斯里兰卡有 16 所大学,近几年新建的几所大学接受自然科学学生,但不是全部都接受工程专业学生。1997 年,自然科学招生 1 500 人,工程专业年招生 700 人。参加斯里兰卡普通教育高级考试的学生中,仅 2%的学生才能够进入大学。高等教育扩大的约束因素是缺乏资源和毕业生就业机会。

学生接受了 11 年普通教育后参加普通教育一般考试。20 世纪 70 年代初,考试的最大变化是科目组合和大纲,这些变化对选择工程专业或者自然科学的学生产生了重要影响。

普通教育一般考试有 8 个科目,构成 3 个组合:文科综合、生物科学和自然科学。参加文科组合考试的学生根据兴趣有多个选择,其他组合选择余地小。所有学生有两个必选:母语,可以是僧伽罗语或者泰米尔语,和算术/基础数学/纯数学/高等数学。纯数学包括代数与几何,考试时间都是 3 小时。基础数学难度低,也包括代数与几何,仅

一次 3 小时考试。高等数学包括高等代数分析几何、微积分和三角函数内容，有两个考试。

除两个必考科目，文科学生还要考一系列科目中的第三个组合：文科综合，包括英语。理科学生还要考物理和化学。生物科学考试要考植物学和动物学。自然科学考生可以选择应用数学和高等数学。应用数学包括动力学、静力学和流体静力学内容。

大多数自然科学考生在普通教育一般考试中的科目包括物理、化学、纯数学（必考）、应用数学及高等数学。僧伽罗语或者泰米尔语语言也是必考。大多数学生将英语和宗教作为选考。高考要求通过 6 个科目，包括 8 个科目中的必考科目。

学生完成了普通教育一般考试中的科目学习，就掌握了数学的基础知识，能够继续学习任何需要数学的课程。当时没有计算器，迫使学生心算或者手算。这样时间花费多，但是学会了通过记忆、逻辑联系，演算和计算速度等计算技能。几何在课程中的地位重要，让学生获得逻辑思维和根据不同观点类型建构证据的能力。

以前的普通教育一般考试的一个好处是让学生在中学早期就有机会选择合适专业。当进入普通教育一般考试阶段学习，学生已经比较清楚自己的能力了。老师也能够引导学生选择恰当的课程科目。如有艺术才能和语言技能的学生选择文科方向，数学好的学生选择自然科学。其他学生可以选择生物科学。不过，当时对喜欢实践和机械的学生没有提供可以选择的技术方向。该考试的另一个好处是，学生有时间通过阅读获得该专业的必要背景知识。当他们进入普通教育高级考试阶段学习，已经对所学的各种科目基本知识有较好的理解。

不过，人们对现有考试体制也提出批评，认为其仅仅满足了要进入大学学习的学生需求。对不能进入大学的学生来说，所学习的内容今后用途不大。批评者认为，教学大纲的设计应该有利于大多数学生。因此，普通教育一般考试的结构在 20 世纪 70 年代的几年中作了多次大幅调整。

调整后的普通教育一般考试科目组合与以前不一样，调整后的结构是，必考科目从 2 个增加到 6 个，包括当地语言（僧伽罗语或者泰米尔语语言）、英语、宗教、历史和社会研究、科学和数学。还在一系列技术和美育科目中选择两个选考科目。

根据目前的结构，在普通教育一般考试结果公布后，学生才能够分为不同方向。因此，科目的考试标准为了适应更广泛的学生，数学标准下降，覆盖的内容更多，但却牺牲了深度，几何尤其如此。

在普通教育高级考试的新课程设计中，斯里兰卡国家教育学院的目标是给学生提供尽可能多的选择科目，以在毕业后具备更多就业能力和获得更多机会。但批评意见说，新课程将学生引进了狭窄的专业范围，忽略了学生的兴趣和能力。大家希望那些对普通教育高级考试科目组合有严格要求的大学和学院能够松绑，招收组合更广泛的学生入学。

以工程专业选择普通教育高级考试的科目组合为例。在完成目前的普通教育一般考试学习后，学生面临普通教育高级考试阶段学习的科目选择的困难。在以前的普通教育一般考试中，学生已经完成不同专业方向的分流。困难在于现在所有学生在普通教育一般考试中有一套公共科目。

目前的普通教育一般考试结果难以评估学生在不同科目的能力。每个科目的结果是分等级的，学生在选择最适合未来学习的科目方向上不知所措。有人认为，所有科目优秀的，所有能够没有困难地学习任何科目就是好学生。但根据佩拉德尼亚大学工程学院的调查，仅有很少的普通教育一般考试优秀的学生进入该学院，因为该考试优秀的学生没有显示某个学科的突出能力。

造成这种情况的一个原因，是目前的普通教育一般考试科目的优秀等级分数是 65 分。有的学生在某些科目可以获得是 90 分，但有的科目达不到优秀。同时，普通教育一般考试大纲比较宽泛的考试很难检查学生在某方面的特殊才能。但方向选择又是学生自己或者在老师帮助下做出的。现在，越来越多的家长也参与选择普通教育高级考试科目。家长的选择不是根据学生能力，而是该学科的社会地位和今后的收入。目前最热门的是医学，然后是工程。

人们建议，用普通教育高级考试中数学和高等数学组合的新科目代替现在的纯数学和应用数学。每一个新科目将分别包括纯数学和应用数学的一部分。其差别是组合数学层次低、高等数学层次高。高等数学的大纲包括组合数学的内容和新添加内容。这两个新科目组合的内容与旧科目相似，但添加了一些新内容。新大纲更重视概率与统计，因为对所有学生而言，这与数学关键能力相关。

数学和高等数学组合的难度高于20世纪60年代普通教育一般考试的应用数学。但是，组合数学大纲中的纯数学的程度低于普通教育一般考试的高等数学的程度。尽管有人认为应该降低难度以适合更多的学生，但实际结果令人震惊。在仅学习了组合数学的学生中，商科学生在需要学习的数学中存在巨大的水平差异。高等数学新科目的大纲设计是等同于目前普通教育高级考试中纯数学和应用数学的程度，这意味着高等数学的知识是斯里兰卡工程专业第一年的先修课程。

与国际中学生会考的高级数学大纲相比，组合数学大纲的缺失部分是：代数：矩阵、行列式、线性变换；几何：3维向量几何；概率：离散概率分布、连续概率分布；微积分：换元积分法、分部积分法、一阶微分方程解法；三角：复合三角函数、三角形的解。普通教育高级考试阶段学习的斯里兰卡学生所掌握的数学知识比国际中学生会考高级数学的知识少得多，这需要采取措施进行补救。

在新考试的物理、化学、组合数学和高等数学4个科目中，有争议的是哪3个科目作为普通教育高级考试阶段工程专业的考试科目。

选择物理和组合数学没有争论，但第三个科目的选择有争论。选择可以是：①化学；②高等数学。如果第三个科目是必考，就应该是工程专业最重要的科目：化学和高等数学，如果可以自行选择，问题就简单了，很多学生会在第三个科目选择化学

目前自然科学专业的科目组合是纯数学、应用数学、物理和化学。根据普通教育高级考试的总分进入工程和自然科学专业学习。生物专业的科目组合是植物学、动物学、物理和化学。根据总分进入医学、牙科、农业、兽医和生物科学专业学习。

普通教育高级考试的化学课程包括普通化学、无机化学、有机化学和物理化学。除了物理化学有更多数学内容，其他科目是描述性的。一般来说，自然科学方向的学生化学不太好，因为其倾向数学。并且物理有很多数学内容。因此，普通教育高级考试的结构中，将化学选择为第三科目不利于那些数学学得好的学生。而数学对工程专业非常重要。第三个科目应该选择高等数学

要了解为什么建议高等数学作为第三个科目，我们以佩拉德尼亚大学工程学院的课程设置为例，第一年 7 个科目，只有工程材料一个科目与化学相关，其他科目都与数学相关。第二年的科目相似，工程本科生第一和第二年是公共课。第三年分为化学、土木、电气、机械、生产工程和计算机科学。有的方向需要普通教育高级考试的化学知识，化学工程需要更多。即使如此，他们也需要掌握高等数学知识。

如果许可报考工程专业的学生在普通教育高级考试阶段选择高等数学或者化学作为第三个科目，大学第一年必须提供数学或者化学"补修"课程，这会加重学生负担。而普通教育高级考试阶段没有选择高等数学的学生会面临更大困难。因为高等数学是工程专业学习必需的知识，而普通教育高级考试阶段的化学知识今后所需要的少，所以，对普通教育高级考试阶段选择了数学的学生而言，这对他们在工程专业的学习有利。

在1～2年的学习后，普通教育高级考试阶段所学的化学知识仅使用了5%，化学工程专业除外。接下来的阶段是使用了10%～20%的化学知识，而所有工程专业方向会使用10%的数学知识。普通教育高级考试阶段学习化学的学生会发现数学太难，因为从组合数学中学到的数学知识太少。尽管大学提供相似的高等数学课程，但学生会感觉学习困难、耗时太多，而普通教育高级考试阶段没有选择化学的学生学习短期化学课程则容易得多。

毫无疑问，工程专业的研究生需要数学能力。在新算法、设计和其他理论上的成功学习需要数学能力，数学能力非常重要。今天的工程师对数学也有很高的要求，具备数学的基本知识才能理解数学的不同分支的综合作用，解决数学模型、决策和最优化问题，这些是今天工程师知识结构和工作的必要部分。

佩拉德尼亚大学工程学院面临的一个问题是大学生在考试中大面积不及格。尽管普通教育高级考试是斯里兰卡目前的大学入学考试，但招生录取人数的40%是按照成绩录取的，其他学生是按照地区分配指标，照顾人口数量平衡录取的。按照成绩考取的学生和按照地区名额录取的学生的分数差距大，总分400分的考试中，前者得分是300分，后者是180分。目前大学入学最低是180分，这一综合分是考试4个科目的总分。

目前，在佩拉德尼亚大学工程学院，所有这些学生在一个班学习。佩拉德尼亚大学工程学院每年招收的本科生是320人，要照顾不同学生需求，最好是按照能力分班，但目前该学院师资短缺无法做到，从而导致考试不及格多。如果实施新的建议，不但考试成绩差异大的学生会进入大学，选择不同科目组合的学生也进入大学，问题会更突出。

另外，学生还存在语言问题。目前中小学是母语教学、大学是英语教学。斯里兰卡中小学学生英语不好，因为缺乏好英语老师，特别是农村学校的学生缺乏英语使用环境，所以，大学使用英语教学就有困难。

在普通教育高级考试中，如果化学选择为第三科目，数学好的学生很可能会选择计算机科学或者管理科学，而不是工程。斯里兰卡工程专业的地位已经开始下降。一个原因是就业需求下降。另一个原因是计算机科学或者管理科学成为热门专业，就业好。佩拉德尼亚大学工程学院电气和电子工程学生在计算机程序和系统分析领域就业，工资也更高。

将化学作为普通教育高级考试中的第三科目，未来的工程专业学生没有机会在普通教育高级考试阶段学习高等数学，从而会降低所有斯里兰卡工程专业学生的数学水平，最终影响斯里兰卡大学工程专业学位的水平。

二、斯里兰卡高考的录取分数改革

2001 年，斯里兰卡大学拨款委员会决定改变大学招生的分数线划定方式，从原始分转向标准分，希望能够消除所有科目预设的相同难度所导致的实际不公平。

斯里兰卡教育体制竞争强，特别是高等教育。2008 年的数据表明，大约 9％的学生参加普通教育高级考试，在分数及格者中，仅 13％～15％的学生能够进入大学。斯里兰卡大学招生是配额制，40％的名额按照成绩录取，55％的是地区配额，5％的是按照人口比例的教育弱势地区配额。在按照地区配额的 60％的大学入学名额中，在 2000 年以前，所有考大学的学生需要在普通教育高级考试中考 4 门课程。2000 年以后，只需要考 3 门课程，外加一门综合课考试，考察常识。这样，2000 年和 2001 年的入学考试出现矛盾，因为有两种类型学生，有的考试是 4 门，有的是 3 门。根据 4 门课程的原始平均分数划定的分数失去作用，因为可能出现的情况是选择 3 门课程考试的学生也参加了第四门课程的考试，第四门课程考试得到了与其他 3 门课程平均分的分数，而实际情况并非如此。因此，斯里兰卡使用了标准分数，作为对考试结果的标准化。

2001年后，参加考试的科目相同，但采用标准分数方法，以消除所有课程预设的难度相同所带来的不一致。例如，申请医学专业的学生可以选择的组合包括化学、生物和物理，或者化学、生物和农业。但学生在农业科目的得分都高于物理，该组学生的平均分就高，申请大学就有优势，标准分方法就能够消除这一问题。

每个考试科目的划定分数依地区有别。斯里兰卡分为25个地区，大学拨款委员会按照人口将这些地区分为16个农村地区和9个城市地区。一般来说，城市优质学校数量超过农村，城市孩子更容易进入大学。因此，根据不同地区划定的分数不同，农村地区的分数低。大学拨款委员会也希望用标准分方法消除差异，促进公平。

根据原始分和标准分在大学招生分数划定的不同，2006年、2007年和2008年的数据与1996年、1997年、1999年和2000年的数据也有差别，2006年、2007年和2008年使用了标准分，2000年以前是原始分。选择的科目是医学，农业和工程，因为所有地区的学生都要选择这些科目。数据来自两个渠道，2006年、2007年和2008年的数据斯里兰卡大学拨款委员会网站，1996年、1997年、1999年和2000年的数据斯里兰卡大学拨款委员会办公室。2006年，农业专业学生的入学分数低于1996年的分数。标准分有利于大多数2006年农业专业高考考生。1999年的原始分和2007年的标准分比较，1999年的原始分有利于农村学生报考工程专业。

大学拨款委员会按照人口作了农村和城市的分类，研究将康堤（城市）和阿奴拉达普勒（农村）作为样本。斯里兰卡的中学分为5个类型：政府公办学校，私立收费学校，私立不收费学校，得到认证的学校和佛教学校。康堤有723所学校，阿奴拉达普勒有589所学校。在康堤，2007年的大学招生分数低于2000年大学招生分数。标准分方法对2007年考生有利。在阿奴拉达普勒地区，2000年大学招生分数低于2007年大学招生分数。标准分数方法对2007年考生不利。研究数据表明，根据标准分的高考划线分数对大多数学生不利，其比原始分划线的分数高。标准分对高考分数线没有积极效果。另外，该方法缺乏透明度，因为没有给出每一个科目的平均分和标准差。

斯里兰卡大学招生需要调整根据地区划线的方法，因为标准化的录取分存在问题，而且还需要考虑原始分和标准分，以及中学排名的结合。

美丽的斯里兰卡“空姐”

第十一章　教育政策与资金

一、1950—1960 年代的社会经济和教育概括

从 1945 年开始，斯里兰卡所有政府学校和政府资助学校实施免费教育，包括小学和初中课本免费。1950 年代中期以来，斯里兰卡经历了深刻的社会经济变化，斯里兰卡自由党在 1956 年大选获胜，为消除殖民统治的社会、文化、政治和经济影响，在 1956—1965 年期间进行了大量社会改革：僧伽罗语作为官方语言，教育体制扩展和强调斯里兰卡文化。政府出台多个项目以减少收入的不公平，给每一个人提供最低生活保障。提高税率，特别是进口物品和对高收入群体，继续物价控制和补贴政策，特别是大米，增加了免费或者政府补贴的公共服务开支。健康和养老金，穷人的救济，公共交通和免费教育等是亚洲发展最好的国家之一。

1961 年，政府接管各类学校，负担几乎全部教育经费。除 25 所政府资助的私立学校和一些收费学校外。政府经费支持免费私立学校的教师工资支付。学校建筑费用来自教育部经费，也接受民间组织的捐赠。政府普通教育经费占预算的 6%。普通教育经常性支出占普通教育拨款的 93.4%，工资占其中的 88%，而教师工资占其中的 96.5%。

1960—1970 年间，斯里兰卡社会经济水平低，1960 年人均收入 134 美元，1970 年人均收入 160 美元，属于发展中国家，73%的劳动力从事农业生产，但斯里兰卡教育却相对发达。1969 年，斯里兰卡 1～8 年级（初等教育）入学率是 89%，9～10 年级是 55%，11～12 年级则下

降到 9.7%。

1945 年教育改革以来，入学人数不断增加，使整个人口的成人识字率持续提高，1946 年是 58.8%，1963 年是 71.9%。在 1969—1970 年期间，仅 16%的劳动力没有上过学，在 15～24 岁年龄段仅 5%没有上过学。但是教育的发展没有伴随教育开支的增加，相反，教育支出在国家预算中的比例，1959—1960 年是 16.2%，1970—1971 年是 13.2%，在 GNP 比例，1960 年是 4.4%，1970 年是 4.2%，占比还在下降。

需要关注两个因素：20 世纪 60 年代经济增长率平均为 4.9%，不足以保证快速增长的人口充分就业（1960 年为 990 万人，1970 年为 1 250 万人）；适龄劳动力的失业率持续增加：1959 年是 10%，1970 年是 14.5%，特别是 15～24 岁年龄段群体的失业率为 82%。其次，1960 年代末期，收支严重不平衡，1966 年，外债是出口额的 7.2%，1970 年，外债是出口额的 33%。

在 60 年代，斯里兰卡在获得多个社会成就的同时，受当时发展模式影响，也有多个局限。

在经济上，10 年间的年平均增长率是 4.5%，但人口增长率是 2.3%。所以，人均国民生产总值增长了仅 2.2%。不过，不同时期和不同经济领域增长率不平衡。1961 年、1962 年和 1965 年的平均增长率最低，1968 年和 1969 年最高。这 10 年的趋势是先抑后扬，然后 60 年代中期低，然后开始加速到 60 年代末。人均国内生产总值从 1960 年的 640 卢比增加到 1970 年的 940 卢比，实现了 47%的增长。不同领域在 GDP 中增长也不同，建筑、电力、金融、保险和制造增长率高，农业（特别是出口）年增长仅 1%。不同增长模式影响该领域在 GDP 的份额：农业以现有价格计算，其份额从 1960 年的 37.7%下降到 1965 年的 33.6%，然后增长到 1968 年的 37.0%，1970 年下降到的 33.6%。以不变价格计算，农业在国民生产在份额的总体下降。其他领域中，份额增长快的是建筑、金融、保险和房地产。

在社会维度上，斯里兰卡政府收入来源表明，其公共财政体制具有社会主义特征，一方面，收入税不高，占政府收入的15%，一方面，公共企业的收入进入预算。从1961—1962年到1970—1971年，商贸企业的总收入为30亿卢比。政府开支很大份额是社会服务，从1961—1962年到1969—1970年，政府总支出增加68%，而教育和卫生开支增长75%。从1959—1970年，教育开支从22 750万卢比增加到47 240万卢比，1970年，卫生开支为23 500万卢比。特殊福利增加3倍，食品补贴增加4倍，占1970年政府总开支的20%。

显然，在过去10年，政府在社会服务领域的投入并不平衡，有的年份预算停滞，有的年份增长率特别高。但是，在整体和平均上，社会服务预算和食品补贴费用年增长率在过去10年是9%，占政府1970年总支出的47%。对于斯里兰卡这样规模和发展阶段的国家，这已经是很大份额了，特别是考虑同期经济发展模式。

整个20世纪60年代，斯里兰卡经济最重要的几个突出特征是：农业的作用；进口的依赖；储蓄水平；生产率低和人口增长趋势。

农业在斯里兰卡经济中占有重要地位。尽管过去10多年大力发展其他行业，斯里兰卡主要还是农业经济。1968年，73.5%的劳动力在农业；国民生产总值(GNP)的37%的来自农业，90%的出口收入来自三类农产品：茶叶、椰子和橡胶。1960—1970年期间，茶叶是最大宗出口农产品之一，产量从43 500万磅增加到1965年的50 300万磅，然后减少到1970年的46 800万磅。年均增长不到1%。椰子也是大宗出口农产品，增长大约1%。仅橡胶生产与GDP增长相等。尽管制造业过去10年年均增长6.7%，但因为农业增长率仅3%，国民生产总值增长率仅4.5%。

同样，斯里兰卡三大出口农产品的国际市场价格下降，导致外汇收入下降和进口能力下降，最终影响经济增长。据统计，60年代的所有外国援助的增长因为国际市场价格波动而得不偿失。茶叶尤其如此，其占所有出口的60%。根据中央银行物价指数(1967年=100)，1960年为120，意味着同样数量的出口，损失为20%。橡胶出口价格猛跌，抵消了生产的增长。仅椰子的出口在过去几年增长。过去10年，斯里兰卡努力维持出口收入水平，但农业产品出口多样化的进程收效不大。

同期，斯里兰卡经济的另外一个弱点是过分进口依赖。20世纪60年代的后5年，进口总额增加了19%，但投资品的进口增加了51%。消费品和中间产品的份额分别从57.2%下降到55%，从23.2%下降到19%。因此，尽管进口结构大幅改变，消费品的份额居高不下。1970年，仅食品和饮料的进口就占总进口的46%。1963年，家庭消费的每100卢比中，就有25卢比是花费在进口食品上，在投资的每100卢比上，有26卢比是用于支付进口。这说明经济严重依赖进口，包括消费品。如果出口收入下降，投资会因缺乏外币而受到影响，经济增长会放缓，1962—1965年期间情况就是如此，固定资本形成总额(GFCF))从国内生产总值的15.8%下降到12.9%，年增长率为4%。

政府的对策是进口替代，特别是稻米。从1960年到1970年，稻米生产增加了78%。还提高了进口成品的关税，有的实行配额，有的禁止进口。这些措施取得了一些效果，如1970年的个人直接消费进口和投资进口的内容，家庭消费的每100卢比中，11.5卢比与进口商品有关。投资上，21.2%的开支涉及进口。比10年前好得多。但是，斯里兰卡20世纪70年代还是严重依赖进口，因为进口能力有限，其投资很难有经费支持，除非国内储蓄增长。

可是，过去10年储蓄率没有显著增加，还是维持低储蓄率。1961年，国内储蓄率是12.8%，1970年是15.9%。平均储蓄率是12.9%。1960年起，限制私人和公共消费的政策取得成效，私人消费从1960年代初占国内生产总值的75.3%下降到1970年的70%，公共消费额在

1960年为13.6%，1965年为14.3%，在1970年占国内生产总值的12.9%。政府成功地以消费为代价鼓励了投资，投资额从1965年的12.9%增加到1970年的18.4%。因为储蓄率低，无法支持投资，政府不得不依赖国外资金。

斯里兰卡不仅大量国外借款，而且，投资生产率也不高。公共投资在工业，贸易和服务的税后回报率仅2.4%。而公共领域在发展中起领头作用，并且是最大投资方。公共投资从1960年的4亿卢比增加到1970年的10亿卢比，增长250%。1960年代后期，公共和私人领域发展趋势更惊人。投资的低回报率表明了公共领域无力产生足够盈余来满足公共利益投资需求。公共投资的经费来自昂贵的借款，低回报率的机会成本太高。过去10年，低生产率对斯里兰卡发展速度有重要影响，要获得同样的经济增长，需要更多的投资。而提高生产率能够在相同的投资模式下实现经济增长。

在这10年中，人口是影响斯里兰卡经济状况的主要因素，人口变化主要趋势包括：a. 从1960年到1970年，低死亡率和高出生率使人口增加，从990万增长到1 250万，增长26%。年均国民生产增长率是4.5%，人口增长率是其一半，为2.2%，从而抵消了很大部分的经济增长。b. 高出生率使得年龄结构中儿童比例大，一半多的人口出生在1950年后，超过1/4出生在1960年后。总人口中有63%的人口在0～24岁年龄段。占总人口较少比例的人口要养活大量儿童。收入大部分开支是用于儿童食物、衣服和教育。这是为什么斯里兰卡难以有足够的储蓄支持经济发展的投资。c. 尽管粮食生产增加，但斯里兰卡还是食物短缺，年进口价值10亿卢比的粮食。人口增长导致国内需求和生产不平衡，外汇收入状况减弱，限制了国家进口发展所需要的投资品的能力。d. 人口出生率越高，要保持维持社会服务和生活水平，需要用于投资的资本比例越大，这就是从50年代中期到1960年代末15年间斯里兰卡的现状。

判断一个国家的发展，除了分析其增长模式和条件，还有实现目标所付出的代价。斯里兰卡的国民生产总值年增长是 5%，同时，其社会福利制度消费了越来越多的公共收入，而社会经济背景是生产力较低，储蓄少，人口增长快，经济严重依赖农业出口。其发展必然在某些方面付出代价。60 年代发展的弊端在 1970 年显现出来，就是就业问题和外汇问题。

国际劳工组织的一份调查认为，1959 年就出现了就业问题，当时有 10.5%的劳动力失业，于是，政府开始了人力资源 10 年规划，要求 1959—1968 年的 GDP 年增长率为 6%，这样，就业才能达到年增长 3.2%，把失业率减少到 1%。政府还提出了教育改革政策，改变以培养白领为目标的方式，但该 10 年计划没有成为行动计划。1970 年整个劳动力人数是 3 798 000 人，大多数在农村。当年失业人数是 552 000 人，超过 14.5%。失业率不仅没有减少到 1%，反而增长到 15%。国内生产总值年增长率仅为不到 5%，劳动力的增长为 2.5%，但就业率仅增长 2%。这一切是因为两个原因：人口快速增长和经济的不充分增长。人口增长导致储蓄率低和生产力低，投资不充分和增长率低。失业的后果是导致社会，特别是年轻人的不满。

在 1969—1970 年间，教育程度越高，失业百分比越高。每年有 13 万初中毕业生和 4 万高中毕业生工作机会渺茫。斯里兰卡经济无法接收这些希望做白领工作的人。1968 年的调查发现，25%的失业群体完成了普通教育一般考试，而教育的缺陷是培养学生做办公室白领工作，而不是创新和创业，毕业生都挤向办公室，特别是政府岗位。表面上，这些是教育的责任，而经济增长缓慢才是问题的根源。

要了解斯里兰卡的外汇问题，需要首先了解 1956—1970 年期间的外部资产状况。1956 年，斯里兰卡全部外部资产是 12 570 万卢比，其中政府掌握 37 770 万卢比，中央银行掌握 73 700 万卢比。1960 年，外部资产仅有 54 130 万卢比，其中政府掌握 23 940 万卢比，中央银行掌握 19 020 万卢比。1970，全部外部资产仅有 40 260 万卢比，政府仅掌握 5 800 万卢比。1956 年，外部资产与年进口比率是 81%，1970 年，减少到 17.2%。更糟糕的是，1956 年，全部纯外部公共债务是 14 400 万卢比，1960 年增加到 22 280 万卢比，1970 年更是增加到 15 亿 5 千零 90 万卢比。1960 年，整个外部债务在整个外贸收入的比例是 10.9%，在 1970 年是 68.5%。这就是说，在过去 15 年间，斯里兰卡不仅消耗了其外部资产，包括外币、黄金储备，还大量借债，包括英镑贷款、项目贷款和商品贷款来支撑国民经济赤字。

问题的出现需要分别思考 3 个时期的经济状况：1956—1960 年，1961—1967 年，和 1967 年以后。

1956 年后，经济快速发展，而消除疟疾病（1946—1948 年）的成功对人口规模有重要影响。两者的作用使得进口需求增加。平均年商品和服务进口从 1952—1956 年期间的 195 000 万卢比增长到 1957—1960 年期间的 225 050 万卢比。国家外汇储备 5 年间减少了 73 000 万卢比。

1961—1967 年，两大因素使外汇储备状况进一步恶化：一是贸易条件指数（进出口比价指数）从 1960 年的 148 下降到 1967 年的 100。这意味着国家需要多出口 48%的商品才能换回相同的进口量。原因是斯里兰卡出口的两个大宗商品价格下降，其中 20%是茶叶，69%是橡胶，而所有进口商品价格增长了 17%。另外，尽管实行严格的削减进口和价格控制政策，但进口量还是居高不下。国内开支则因为价格控制和食品补贴而人为保持高水平。进口商品类别的重要性战胜了进口政策。而年出口仅增长 1.7%，入不敷出。外汇状况的恶化使得政府在 1967 年 11 月将卢比贬值 20%，出台了《外汇权益证书》（FEEC）政策。

1968 年后，情况没有好转。从 1969—1970 年，外部资源差异（外贸收益和支付的差）达到 19 亿卢比，是外贸收益的一半。茶叶和椰子出口下降，1967—1970 年期间减少了 16%。但是，尽管实行了《外汇权益证书》政策，因为价格上涨，进口费用还是增长，对基本商品如粮食的进口难以限制。外债压力增长，在 1970 年达到国民生产总值的 6%，出口总额的 33.4%。而 65% 的借款是用来偿还债务，剩余的 35% 难以满足经济发展所需的基本机器设备的购买。这些是斯里兰卡新五年计划开始时面临的困难。

因此，斯里兰卡当时的社会经济状况是：①人口增长太快，几年前开始的计划生育政策还没有显示效果。②社会进步明显：健康，教育，食品补贴，但国民经济付出的代价高。③经济没有带来充分就业，或者更好生活水平，或者改变农业为主的经济结构。④教育扩展过快，学生失业多，特别是中学和大学毕业生。⑤50 年代的外贸危机影响到 60 年代。

二、20 世纪 70 年代的社会经济和教育概括

1970 年 5 月，斯里兰卡新一届政府上台，政府首先需要解决经济问题。包括议会和内阁的高层举行了一系列会议，1971 年 11 月出台了《五年计划》。该《五年计划》覆盖 1972—1976 年，其包括两个理念：如何确保充分的经济增长模式，在人口增长情况下，保障生活水平；解决失业问题和收支平衡。只有解决了外汇问题，才能保证经济增长，才能解决失业问题。困难是就业需要经济增长，经济增长需要投资，投资需要外汇，需要收支平衡。

斯里兰卡政府将长期和短期目标结合，进行经济结构调整，其策略包括：①最大限度地使用充足的劳动力；②最恰到好处地利用有限外汇；③通过农业的发展和多样化减少粮食进口；④全面有效利用现有工厂，扩展所选择的工业领域，投资国家需要的新工业领域；⑤发展新的出口领域；⑥动员基层参与发展项目。总之，是要充分利用斯里兰卡资源，包括劳动力，设备和工厂；减少进口，增加出口多样化。

根据这一框架，政府希望在1971—1976年期间经济增长6%；农业4.9%，继续发展水稻；工业增长10%；建筑与服务分别增长6%和5.9%。

斯里兰卡1972—1976年的经济计划采取了一系列举措恢复局面，希望保持6%的年增长率。这些举措包括为增加新就业机会的资本投入，但又造成了新的收支不平衡和已经很高的外债负担。根据联合国建议的第二个10年发展目标，斯里兰卡政府认为有必要优先考虑公共资本投资，而非目前公共经常性开支，包括教育开支。因此，1969—1970年的教育投入是47 240万卢比，1971—1972年是51 090万卢比，1980年政府教育投入不超过7亿卢比，就是说，今后10年教育投入增加的比例下降。

经济增长除了需要利用现有能力，投资也非常重要，计划是投资从1970年的249 000万卢比增长到1972年的256 500万卢比，然后是1976年的33亿9千4百万卢比。部分投资应该来自海外纯资本投入，5年共15亿卢比，部分来自国内储蓄。平均储蓄率应该从1970年占国民收入的12.5%增长到17%。收入增长的74%用于消费，即尽管GDP中消费的比例下降，人均消费仍然增长。

政府的收入和开支是实现目标的重要因素。政府收支的盈余，1972年应该是12 000万卢比，在1976年应该是27 200百万卢比。这样，收支平衡才能改善，经常性账户赤字才会减少，从1970年的46 800万卢比减少到1976年的25 500万卢比。这会让商品赤字从32 500万卢比减少到18 300万卢比，会带来利润，利息和红利的纯费用减少，改善经常性账户其他项目的平衡，如旅游。计划的投资会带来80万个就业机会，失业人口从预计的55万减少到五年计划末的29万。

五年计划目标的实现面临很多困难，有些社会经济规律不会改变。以储蓄率为例，五年计划预计储蓄率从占GDP的12.5%增长到

1976 年的 17%，意味着消费从占 GDP 的 87.5%下降到 1976 年的 83%。但是，在过去 10 年，消费额在 GDP 的占比从来没有这样低，即使过去几年经济增长率高，政府采取措施支持投资限制消费，如将政府经常性收入中生产和消费税从 1965 年占比 65%提高到 1969 年占比 69%。其次，政府改革分配制度，提高低收入群体生活水平，以减少社会矛盾，但贫困群体很难储蓄。再有，提高储蓄率需严格控制消费增长，这对不同群体的影响不一样。最后，政府储蓄目标是增加 3 倍，从 1972 年的 11 200 万卢比增加到 1976 年的 38 300 万卢比，需政府改变预算，压缩经常性开支，增长税收，还要考虑政策的滞后效应。

另一个问题是投资是否充分。根据计划，储蓄率高，投资率低。计划中资本和产出比率是 3.25，但在斯里兰卡大约是 4.0。这意味着如果投资水平不变，斯里兰卡增长率达不到 6%，而是 5%，如果增长率要达到 6%，需要投资 26 亿 4 千万卢比，这就超过了计划的金额。

发展国外市场，消除进出口赤字对改善经济发展的财政状况非常重要。1970 年，进出口赤字是 32 500 万卢比。1976 年，赤字预计是 18 300 万卢比，根据是出口会是 5%的年增长，进口是 3.7%的增长。在 1961—1970 年期间，出口增长是 1.68%，经济增长是 4.8%。同期进口增长 3%。斯里兰卡政府的发展策略是减少食品进口，实现农业多样化，增加新的出口领域。但实现这些目标任重道远。1971 年的数据和 1972 年的预测说明情况不容乐观。

根据计划与就业部 1972 年的预测，出口额为 195 600 万卢比，进口为 219 700 万卢比。因此，从 1970 年到 1972 年，出口额减少了 5 500 万卢比，进口额减少 2 亿卢比。但这一预测的真实情况是经济增长在 1970 年为 4.1%，1971 年是 1%，1972 年是 4%，而五年计划要求的是 6%。就是说，如果原材料和投资品进口没有大幅增加，6%的增长率是不可能的。而出口的目标还要根据世界价格水平的变化而确定。

斯里兰卡就业问题需要依靠经济发展，需要6%的经济增长率。但经济增长有很多不确定因素，特别是长期因素，经济增长还需要考虑社会政治背景。斯里兰卡可以选择两种极端，要么是集权方式，对经济各领域严格控制，包括价格、产品、劳动力、收入等，要么是完全自由化，选择资源竞争体制。但人们更青睐的是中间道路。即从社会经济发展的不平衡到平衡，从预算中的沉重社会负担和对经济及失业的影响，对社会经济政策采取选择性行动。

影响经济增长的指标是外汇收入和就业。五年计划预测，经济增长率会达到6%，创造出81万个就业岗位，但现实是实现这一目标很困难。在1972—1976年期间，即使经济增长率达到6%，也难以在5年中创造出81万个就业岗位。

增长率的选择包括下面几个情况：a. 预计五年计划期间的增长率为6%，但1970年的增长率是4%，1971年的增长率是1%，1972年的增长率是4%。因此，1972—1976年期间实现6%的增长率很困难。b. 斯里兰卡面临的两个问题，一个是外汇，其短期失控，另一个是就业，其短期难以解决。期望更多国外资本流入斯里兰卡是不现实的。c. 政策存在滞后效应。

在五年计划期间，增长率最多是4.5%，但还需要经济结构调整。1972—1976年期间实际上是一个转折期，为长期发展做准备，计划今后8年的经济将出现以下变化特征。首先是生产提高。国内生产总值(GDP)将从1970年的1176 000万卢比增长到1980年的1 859 000万卢比，达到4.6%的增长率。经济增长率达到4.9%。工业增长率将达到7%，瓶颈是进口。农业结构调整，生产更多产品替代进口，改善农业出口结构。其次是政府减少赤字，恢复经济独立，到1980年止，纯资金流入会根据计划减少。资本产出比率将从1972年的3.5下降到1975年的3.25，再下降到1980年的3.0。政府决定扩大现有资本的使用，发展劳动力密集型产业，但政策效果会有滞后效应。支持经济增长的国内储蓄率，将在1976年达到15.2%，1980年达到17.8%。储蓄增长更多是政府方面，私人收入增长会消耗到消费，除非有强制储蓄政策。政府还需要修改福利政策，现有的政策是对每个人实施补贴，但实际上富裕群体更受益，因为他们不需要食品补贴，免费医疗，退休金和免费教育。而且，福利开支削弱了对生产的投入。

政府储蓄应该从1972年的6 800万卢比增加到1976年的34 800万卢比，然后是1980年的78 500万卢比。目标的实现可以通过增加直接税收，从1972年的16亿卢比到1980年的31亿卢比，削减政府经常性开支，包括社会福利预算。选择性的公共财政政策和严格外贸政策，能够确保持续经济增长。

在20世纪70年代，失业问题仍然难以解决。估计有55万人失业，加上下一个10年增长的2%～3%的劳动力，1972—1980年期间需要创造150万个工作岗位。政府人力资源发掘有两个目标：密集使用资金，选择劳动密集型投资。这种政策应该广泛应用，特别是农村发展，并且通过收入分配改变劳动力市场。

可惜，有关劳动力和收入的政策效果不明显，计划的第一年（1972年）对失业影响小，到1976年，最好的预期是失业数量减少20%。需要在五年计划期间创造66万个岗位。1976年后，政策的影响才会出现，有可能将失业人数从目前55万减少到30万。创造的就业岗位增长到115万，其中，20万个是在城乡建立的特殊工作，40万个在农业，25万个在工业，8万个在建筑，32万个在服务业。

政府预测在1972—1980年期间经济平均增长率是6%。政府开支低于收入，但教育的份额不会增长很多。政府优先考虑的是投资，限制消费，保证经济增长和就业。但教育需要对经济发展进行调整和反应。

1971年，斯里兰卡教育改革框架确定了教育政策。新的教育改革是要弥补在斯里兰卡经济，社会和财政各方面表现出来的教育的缺陷，就是说，教育没有能够成为经济发展的有效工具和推动器，并且，受过中学和大学教育的年轻人的失业率居高不下。教育的内部表现也缺乏效率。另外，它也没有实现城乡孩子入学机会的平等，所以，改革势在必行。

小学入学年龄从 5 岁推迟到 6 岁，学制减少到 5 年，从 1～5 年级，学生自动升入上一年级。初中是 4 年，从 6～9 年级，课程必须包括适合当地经济的“职业准备”课程。这一层面的入学不受限制，让年轻人接受各种劳动技能训练。这是教育经费增长的主要原因。而高中，技术学校和高等教育层面的招生规模由社会对中层和高层管理人员的需求决定，所以，入学机会增加的可能性小。

改革的实施涉及新的学校布局，在初中阶段组织工作坊和实习，培训教师等。但斯里兰卡决策者可能对 80 年代的开支估计不足。在 1970 年，因为财政困难，教育改革没有充分的经费保障，其实施遇到极大困难。随后的教育改革也面临同样的问题。

70 年代，斯里兰卡教育改革的挑战包括：①学校和教育机构的数量扩张过快；②结果是导致大量受教育者面临失业威胁；③教育的人力、财力投入持续加大，但难以持久；④学校的低效率。

需要通过一系列措施解决，这些措施包括：①教育发展需要和社会经济环境和发展相适应；②需要考虑教育发展的优先项；③改革课程，要以职业需求为本；④限制小学年限；⑤更加全面的通用培训；⑥改革教师角色，扩大教育职业；⑦扩大系统控制和评估机制。

三、社会经济发展对教育的影响

在 1960 年后的 10 年间，教育涉及 5 个问题：①教育体制概况；②学生和教师情况；③教育的支出和经费；④教育的效率；⑤教育与经济发展。

斯里兰卡现代教育体制来自 1940 年任命的教育特别委员会在

1943 年的建议，从幼儿园到大学的教育应该实行免费。当时的教育体制的问题是：①存在贫富两种学校。②存在两种不同语言教学的学校：英语和僧伽罗语或者泰米尔语。③教育机会平等缺失。④课程的统一和与社会的联系。该委员会在 1945 年提出《免费教育计划》，1950 年得到全面实施，促进了教育快速发展。

50 年代有 4 种类型中小学：政府学校，政府资助私立学校，政府不资助私立学校，种植园学校。职业技术学校的主管部门分别有教育部和其他部，或者行业和私立机构。

60 年代初期，政府进行了协调和控制。1962 年，政府削减资助的私立中小学，其自主权削减，95%的招生受教育部控制，最后国有化加入政府学校体制。

斯里兰卡教育体制是中央控制的，当时有 280 万学生，10 万教师和 2 万雇员。斯里兰卡人口为 1 250 万，教育领域涉及 1/4 的人口。涉及教育的其他部门有：a. 劳动，卫生，农业，工业等部门；b. 公共领域机构，负责资助和进行培训，如中央银行，科伦坡港口，运输委员会；c. 在私人领域，有宗教和世俗机构，盈利和非盈利机构，如佛教学校，基督教学校，秘书和商业培训学校等。但教育部以外的这些机构和组织的学生仅占学生总数的 10%，教育部负责 90%的正式培训体制。教育部也负责 95%的中小学，职业技术教育由各个部门分担。

10 年来，进行了 3 次结构改革。1964 年前，学制是 13 年，从 5～18 岁。6 年初等教育，包括两年幼儿园，4 年小学，3 年初中，2 年高中，两年大学预科。1964 年，学制缩短到 12 年，一年幼儿园，7 年小学，4 年中学。1967—1968 年，教育部继续学制改革，初等教育是 8 年，1～8 年级，入学年龄是 5～13 岁，中等教育是 4 年，9～12 年级，入学年龄是 13～17 岁。原本属于初等教育的 8 年级作为衔接期被教育部划分到中等教育，让小学生适应并且与中学课程衔接。课程大多数是普通教育，包括文科和理科。初中 2 年学习后参加普通教育一般考试。然后，一些学生进入 2 年高中，参加普通教育高级考试。有的学生进入 2 年文科和初等技术学校。10 年教育后，有的进入高级技术学校。高等教育包括高等技术学院，师范学院，专科学院和大学。其他培训有 72 个成人教育中心的成人教育；在职学徒培训，如渔业，种植，农业，工业等。提供短期职业课程的有私人机构，公司和政府部门，以及继续教育。

学校的布局网络和地理位置与教育体制变化有关。1970 年，斯里兰卡有 9 644 所中小学，其中，8 748 所是政府学校；41 所是不收费私立学校，45 所是收费私立学校，803 所种植园学校，7 所夜校。1970 年的 8 748 所政府学校中，层次差别很大，34 所学校有 1～2 年级；743 所学校有 1～5 年级；5 281 所学校有 1～7 年级；150 所学校有 1～8 年级；1 456 所学校是 1～10 年级；462 所学校是 1～12 年级；614 所学校是 8～12 年级；8 所学校是 9～12 年级。

在中等职业技术教育中，教育部有 8 所初等技术学校，2 所高级技术学校，有 16 所培训学校是其他政府部门管理，5 所培训学校由国有企业管理，提供学徒层面培训的设施。农业部，测量部和民航局管理 3 所培训学校，提供技术层面培训。最后，有 46 个学徒培训项目是政府部门，国有企业和私人公司负责，提供 6 个月到 5 年的培训。

在教师培训上，有 24 所普通师范学院培养小学老师，3 所专门化师范学院培养中学老师。

高等教育领域，有一所高等技术学院，6 所专科学院，4 所提供本科和研究生教育的大学。

根据 1951 年的立法，规定“学生母语作为教学语言”，斯里兰卡有 3 种教学语言，僧伽罗语，泰米尔语和英语。大多数学校是单语，少数学校是双语或者 3 语。

学生和教师情况。60 年代斯里兰卡学校招生快速增长，超过 20%。招生增长最快的是 60 年代前半期，为 18%，1964 年后放缓，不到 3%。但不同层次情况不同。1～8 年级的初等教育招生起伏大，从 1960—1964 年缓慢增长，1965 年下降，因为学制缩短。1966 年的增长是因为存在两种学制的学生。1967 年下降，然后 1969 年缓慢上升。1969 年招生数量等于 1964 年改革前的数量，但前者是 8 年制，后者是 9 年。总体上，初等教育的招生变化不大，原因是即使在 1960 年，斯里兰卡初等教育体制就比较完善，初等教育招生在 5～14 岁年龄段为 79%。1060 年代 10 年，初等教育招生与该年龄段发展吻合，所以增长很少。

9～12 年级的中等教育招生自 1964 年后没有多大变化，1960—1964 年期间，11～12 年级增长了 3 倍，9～10 年级增长了 50%。1964 年后趋于稳定。

技术教育招生稳定增长，1970 年招生是 1960 年的 3 倍。在初等技术学校，1966—1967 年技术方向的招生人数是 447 人，1968—1969 年是 579 人，1965—1966 年商贸方向招生是 254 人，1968—1969 年是 471 人。在高级技术学校，安帕赖学校 1965 年的招生人数是 229 人，1968—1969 年增长到 402 人，在锡兰马拉达纳技术学校，则是从 185 人增长到 281 人。

在师范院校，60 年代 10 年前半期招生停滞，后来开始增长。普通师范院校招生 5 年增长了 12%，专业化师范院校招生增长超过 26%。

高等教育招生是增长最多的。过去 10 年平均招生增长率是 13.5%。按照专业划分，文科招生增长最多，1970 年是 65%。医学，技术，工程和科学是 4.5%～11.5%。大学招生人数从 1968—1969 年的 4 052 人下降到 1969—1970 年的 3 705 人，主要是人文社科专业招生减少。

教育的参与率可以反映教育的发展趋势，包括招生数量和相关的适龄群体比较。从 1952—1960 年，初等教育学校招生稳步增长。1960 年起，因为初等教育的学制变化和斯里兰卡已经达到的高入学率，使得比率出现下降趋势。在中等教育，从1952—1964年稳步增长，到1964年，15～19年龄段孩子有45.4%的进入中等学校，按照斯里兰卡的经济水平，这是非常高的比率。教师教育发展平稳，但1960年开始微微下降。大学招生从1956年起增长了3倍，1964年，20～24岁年龄段学生有1%的进入大学。所以，1952—1964年期间，整个教育体制的招生率增长：初等教育从57.2%增长到73.9%，中等教育从14.11%增长到46.19%，大学从0.28%增长到0.9%。1964年以后，初等和中等教育招生数量变化不大，因为初等教育学制缩短。从1963年起，斯里兰卡的入学率没有多少改变，即使是在高中阶段也是如此。

学生的年级和年龄分类比较。1969年，完成了8年初等教育的学生有83%进入9年级，大多数是文科，占63.7%。9～10年级招生的78.2%是文科，同年，11～12年级是70.1%。11年级的招生是10年级招生人数的12%。即招生的首次筛选是在11年级。参加普通教育一般考试的学生在对应年龄段的比例大。12年级学生中，有16.7%的进入大学，为18岁年龄段群体的1.6%。整体上，初等教育招生率是89.3%，中等教育是32%，大学是1.4%。

教师的情况。1970年，种植园学校和私立学校教师人数是3 911人，公立中小学教师是94 580人，教育部主管的技术学校教师是287人，大学教师是1 033人，包括讲师，高级讲师和教授。中小学教师数量增长了30%，从1960年的69 658人增长到1970年的94 580人，而同期招生增长20%。即师生比下降。

对1960年和1970年教师数量的分析表明，教师资格标准有很大提高，教师中具有大学学位和师范学院文凭的比例增加。60年代初，有很多教师缺乏教师资格，而师范学院的培养又难以满足需求，1965年，国家教育委员会建议成立一个新的教师培养渠道：教师预先培养项目。选拔条件是必须在普通教育一般考试的4个相关科目得到学分，具有一年教学经验，4个科目每一个至少有50小时课堂教学经历，通过 3 个书面和实践的教学法测试。进入该项目的老师可以准备师范学院入学考试。可惜的是，教师预先培养项目一直没有实现，不过，学生可以根据该建议开始自己的职业道路，即参加师范学院入学考试，学习两年后获得文凭。

尽管获得教师资格的教师数量有很大增加，但到 1970 年，仍然有 1/4 的教师没有获得教师资格。初等教育情况更糟：在 72 940 名教师中，有 22 350 名或者 31％没有教师资格。初等教育和中等教育情况显著不同，也包括师生比不同。因为所有的师范生和获得教育文凭的老师在中等教育。初等教育的师生比比中等教育高一倍。

在教育的支出和经费上，斯里兰卡教育经费都来自中央政府预算，通过教育部和其他部门拨款，95％的教育经费来自公共开支。在 1971—1972 财政年度，教育部以外的整个预算经费中，经常性开支是 2 100 万卢比，2 700 万卢比是固定资产，教育部的经费分别是 67 800 万卢比和 5 800 万卢比。

教育部不仅有自己的学校，还要为其他学校如种植园学校和特殊学校等提供教师，并且以拨款和补贴形式支持经费。如佛教学校初级班学生平均每日每人获得 150 卢比的经费，1 000 卢比的图书补贴。同样，教育部也支付社会组织办的残疾儿童特殊学校老师的工资。在种植园学校，政府拨款占学校经费的 75％。其他教育经费渠道是：当地政府的支持如捐助和图书馆设备；外国援助的奖学金和固定资产投入，固定资产投入在 1971—1972 年是 500 万卢比；家庭和个人的捐款和学费，占教育经费的 1％～1.5％。

在初等和中等教育，收费学校要收取学费，不收费学校要收捐助。幼儿园每月收费 20 卢比。在私立和半私立的技术和职业培训机构，学生要付费。如中央银行的银行家培训学校每年收费从 35～125 卢比，具体根据科目和时间定。大学生的注册和考试要付费，与培养成本相比，费用微不足道。1969—1970 年期间，这笔费用是 220 万卢比，而大学总经费是 3 380 万卢比。企业,公司和种植园负担自己管理的学校部分费用,1970 年最多是 500 万卢比。非政府渠道投入的教育经费仅占教育经费的 2%。

从 1960—1970 年的 10 年中,政府教育开支增长了 73.5%,但更多是经常性而非资本性支出。根据不变价格、公共预算和国民生产总值进行的分析表明,教育系统并非是过去 10 年经费分配的优先对象:a. 根据不变价格,10 年间公共教育开支增长了 44.6%,每年不到 3.75%。但同期招生增长 22%,技术学校和高等教育增长更快。b. 政府预算中教育经费份额下降,最多是保持不变,在经常性预算中从 19.8%下降到 16.6%,在资本预算中从 5.5%下降到 4.5%。c. 在国民生产总值上,教育份额不变。而世界其他国家大多是增长。出现这一问题的原因,要从开支和成本两方面分析。

首先是不同层次教育的开支。中小学开支份额下降,从 1960 年的 95.6%下降到 1970 年的 86.8%。技术教育和高等教育的份额则增长了 2～3 倍。初等教育下降最多,从 74.4%下降到 61.6%,中等教育则增长了 50%。在不同项目的开支上,中小学教师工资在开支中的份额增长是预算主要部分。与学生福利和设备有关的预算份额不断下降,如 1960 年是 2 180 万卢比,而 1966 年是 2 460 万卢比。在教师培训上,主要支出是实习教师工资,其在总支出的份额下降,从 1965 年的 79.8%下降到 1969 年的 68.7%,然后下降到 1970 年的 65%。而工资所占份额从 1965 年的 16.9%增长到 1969 年的 22.1%。其他支出,包括维护和培训学校改善条件等费用,4 年增长了 3 倍。

在技术教育中,初级和高级学校不同。职业学校教师的工资占比比普通教育低得多。在 1966—1967 年期间,初等技术学校的教师工资是经常性开支的 47%,在 1970—1971 年期间下降到 44.5%。同期,高级技术学校的教师工资从 35%增长到 40.5%。在 1970—1971 年期间,其他工资在初等学校是经常性开支的 19%,高级学校是 33%。

在高等教育中，大量经常性预算投入了学术系科，达到 69%。在 1969—1970 年期间，行政开支为经常性开支的 15%。在斯里兰卡技术学院，模式与中等技术教育学校相似。

在 1969—1970 年期间，残疾孩子教育的支出是 11 538 卢比，成人教育的支出是 28 224 卢比。

过去 3 年，资本支出的变化是增长大，但投资优先对象是中等教育和技术教育：在 1969—1970 年期间，占总支出的 31%，在 1971—1972 年期间，占总支出的 37%。教育的全部资本支出在全部公共资本支出的占比，在 1969—1970 年期间是 2.7%，在 1970—1971 年期间是 4.1%，在 1971—1972 年期间是 2.8%。

在 1970—1971 年期间，教育上的资本支出的 3.5%是外国援助，外国援助主要是投入中等教育，占 13.2%，职业和技术教育占 7.3%。外国援助没有投入初等教育，师范教育和大学层次。

对不同教育层次和类型进行的单位成本分析结果表明：①单位经常性开支因层次不同有别。相差达 55%。②工资是单位成本大头。③每一个初等技术学校学生的单位开支比普通中等教育高。④高等教育单位成本高，文科学生是 1 811 卢比，兽医学生是 7 218 卢比，高等教育扩招对经费影响大。⑤因为工资成本在单位成本中份额大，需要考虑两个重要因素：师生比；教师资格和报酬。

初等教育生师比是 32∶1，中等教育是 16∶1，初等技术学校是 15∶1，高等教育的文科是 25∶1，农业和兽医是 5∶1。

不同类型教师的平均工资是：实习教师为 2 300 卢比，有资质和无资质教师为 2 860 卢比，普通师范院校毕业生为 3 650 卢比，专门师范院校毕业生为 3 960 卢比，手工艺教师为 3 870 卢比，职业教育教师 6 030 卢比。在具有研究生文凭的教师中，人文社科和艺术的教师为 6 200 卢比，自然科学教师为 6 400 卢比，农业科学教师为 7 440 卢比，工程专业教师为7 800卢比。大学资深教师中,人文社科和艺术,以及自然科学教师为14 400卢比,农业科学教师为14 700卢比,医学科学教师为17 210卢比,工程专业教师为17 400卢比。

根据教育层次分析1960年以来包括中小学教育单位经常性开支的趋势,其结果是:a. 10年来,中小学单位经常性开支翻番,中等教育更高。b. 从1962起,初等教育每个学生的经常性开支是人均GDP的12.5%和14.8%;中等教育从35%增长到38.7%。c. 中小学教师工资所占比例大。d. 师生比重要,影响单位支出,1960—1970年的比例下降13%,平均工资上涨75%。因此,中小学单位支出的净效应是62%。同期,单位支出在人均GDP的份额,初等教育增长了46%,中等教育增长了75%。高等教育不同学科学生经常性成本,特别是单位支出的不同,是因为:a. 按照学生人均支付的教师工资,文科是813卢比,农业是1 768卢比。b. 按照学生人均支付的行政人员工资,文科24卢比,农业是1 925卢比。c. 其他支出,农业比文科高得多。国家为每一个大学生支付的成本为人均GDP的2~8倍。

教育的效率研究。教育效率的定量研究包括:a. 内部效度,即体系的内部进出;b. 外部生产力和效率,即是否实现社会经济目标。

在1952年,进入一年级的100名学生中,有30~31人完成了8年级;27~28人完成了10年级;6~7人完成了12年级,1~1.5人进入大学。1969年,进入一年级的100名学生中有37%的完成8年级,进入9年级的学生中19%的完成12年级。1955年以来的学生在校率改善的原因是辍学率下降和每一个初等教育学生接受教育时间的增长。

但教育也面临很多的问题,首先是缺乏入学政策。斯里兰卡关于例如从5~14岁的义务教育法律直到1997年才颁布,在这之前,学生的年龄和入学年级关系复杂,需求出现波动。例如,1969年一年级招生415 897人,但年龄分布从5岁(103 031人)到12岁(60人)不等。

其次是教学设施使用率不充分，既有拥挤的教室，也有设施利用不足。学生入学率大概是80%，就是说有20%的设施是浪费了，或者可以招更多学生。影响入学率的原因包括：儿童健康，学校距离和入学机会，农村季节的活动等。

管理和计划缺乏效率也是也个原因，包括：①缺乏教师和有充分设备的实验室；②实验室和科学活动教室的利用不充分，因为学校面积不够；③技术教育和高等教育冗员，设备利用差。技术和职业教育主管的政府部门太多，还涉及非政府管理部门，没有一个协调一致的职业教育政策。

学生在学率、复读和辍学方面也存在问题，斯里兰卡学校许可学生复读2～3次，因此，一个学生学习了6年但完全可能才刚学完3年级。1967—1969年复读率有所减少，但复读率还是较高，特别是在1～5年级。辍学率在中等教育较高，特别是文科方向。

普通教育一般考试通过率差，这也是教育低效率的一个指标。1968年，僧伽罗语，宗教知识，农业和金工实习的及格率是50%，其他科目不到50%。在算术和数学这些关键学科，及格率仅20.5%和38.1%。原因要么是普通教育一般考试不适应斯里兰卡现实，要么是学生准备不好，训练效果差，学生不得不复读以通过考试。

缺乏协调一致的职业技术教育政策，是因为实施职业技术教育的机构包括各个不同类型：a.政府部委，如教育部，劳动部，国土部，灌溉与能源部，公共事务部，国防和外交事务部，卫生部，社会和国民服务部；b.公共机构，如国家工程委员会，电力委员会；c.私立机构。很多机构开设课程，负责自己行业所需的培训。在课程的多元化和管理中如何实施国家政策成为一个问题。如农业教育，斯里兰卡农业劳动力占总劳动力的50%，但是农业教育目标不清，各个机构相互竞争，涉及如农业部，国土部，灌溉与能源部，教育部，斯里兰卡大学农学院和私立机构。这样导致职业教育的低效率，目标重复，资金和人力浪费。

教育体制的效率评估通常看目标和产出的关系，但过去10年政府缺乏清晰的目标，问题集中在不同地区的教育机会公平；教育的产出与国家要求。

不同地区的教育机会公平包括招生模式和教师资格等。不同地区存在多种不公平，如招生，在努沃勒埃利亚和马纳尔的入学率是每千人6.2，在加勒的入学率是15.7。同样，中等教育招生，从马纳尔的每千人10.9入学率到加勒的32.5入学率。教师情况，如未受训练的教师比例，凯育特拉为45.4%，而拜蒂克洛则为19.5%。生师比上，平均为29.3∶1，但在科伦坡地区是26.1∶1，努沃勒埃利亚是36∶1。在复读率上，科伦坡的一年级复读率是17.5，而亭可马里地区是43.1。

教育与就业是评估效率的另一个指标，就业是斯里兰卡一个大问题，但受过教育的年轻人就业更是一个重要问题。斯里兰卡教育的产出没有充分适应就业需求，而且，在15～24岁年龄段，受教育程度越高，越容易失业。教育的一个问题是其课程设置偏重学术和理论知识，这样只能满足一些少数人的学习需求，他们完成了普通教育一般考试后，竞争非常有限的职业岗位如医生，工程师，经理或者教师。还有少数人获得寺庙和教会工作，技术或者服务行业工作。其他人苦苦等待白领工作。教育投入的社会效益非常糟糕。

1970年代，教育在斯里兰卡发展战略中起了什么作用，1972年的改革对发展有什么影响，1972—1976年的五年计划给出了结论。1972—1976年的五年计划对教育的结论是：(1)教育没有推动社会经济发展，其产出不满足社会经济发展需求，尽管过去10年科学和技术教育扩展，中等教育质量提高，但受教育者就业越来越难，培养目标出现偏差。(2)教育效率差。学生复读和辍学率高，教师和设备的利用差，管理不善。(3)尽管过去20～30年教育进步，如免费教育，僧伽罗语和泰米尔语作为教育语言，学校体制的统一等，但城乡差别，发达和不发达地区的差别持续，教育机会平等没有实现。因此，教育发展的中期计划的 3 个主要目标是：

a. 教育的各个层次，包括普通和技术教育，教育内容要适应国家经济发展。

b. 教育要实现内部效率，特别是减少辍学和复读，保持教育标准，对教育各个方面进行定期反馈和评估。

c. 减少地区差异，实现教育机会平等。

这些是斯里兰卡明确的教育改革目标和措施。为实现上述目标而提出的新举措包括：①重新组织普通教育，学制从 12 年减少到 11 年，入学年龄从 5 岁提高到 6 岁，以确保孩子进入高年级时更加成熟，离开学校年龄更大，达到 14 岁而不是 13 岁。②初等教育仅包括 1～5 年级，这些年级需要通识课老师，有必要建构广泛的学校网络，包括只有一个老师的小型学校，学校离学生的家庭近。这有利于提高 6～10 岁群体的入学率，从 1969 年的 85％增加到 1980 年的 93％。通过实行 1～4 年级和 6～8 年级的自动升级，消除低年级的复读率。1～5 年级的复读率从 1970 年的 20％在本 10 年的最后几年减少到 3％。这样，完成 1～5 年级学习的平均时间从 6.3 年减少到 5.1 年。初等教育改革将实施活动本位的方法。该方法能够提高内部效率，节约资源，还能够提高外部产出，让孩子们对今后的职业活动有所了解，以及促进教育机会公平。③初等中学从 2 年改为 4 年，从 6 年级到 9 年级。该阶段需要特殊设备，所有学校应该获得多用途实践教室，如实验室或者工作坊。没有实践教室的学校应该获得适合普通教室使用的设备。包括科学，社会科学和人文科学的课程统一，强调实践。开设一门新课程：职业教育预科，涵盖当地各个行业，如渔业，农业经济作物，养殖，园艺，零售，家庭手工业等。要确保这些科目是必修课程，国家普通教育考试证书替代普通教育一般考试，提供学生在不同学科学学习的证书，并且作为进入高中的选拔标准。这些变化有利于消除选拔制度缺陷，如成绩分层和偏向学业的评估方式，也有利于消除职业愿望和职业机会的隔离。④高中教育是 10～11 年级。新课程让学生为进入高等职业培训教育或者就业做准备。这样做的最大好处是减缓高考落榜压力，开发了新的高等教育通道和职业机会。⑤对技术教育和高等教育结构重组。改变入学标准。技术和高等教育的发展要满足人力资源需求。招生数量和行业需求结合。包括文科的大学学科要包括职业教育内容。将全国大学合并为斯里兰卡大学。⑥非正规教育和学前教育不会大发展。幼儿园是地方政府和私人公司负责。继续教育发展平稳，由大学和公共及私立机构负责。一个重要决策是由 1971 年第 49 号法令规定的《国家学徒制计划》，预算是 930 万卢比，其目标是与雇主一道构建，实施和监控在职培训，让 16～18 岁群体获得职业培训和更好工作机会。

这些改革需要体制的、政治的和财政的政策，还需要考虑包括社会和经济等多个因素，包括设施设备，教师，校长和监督部门，学生和家庭，政府和管理部门。

在设施设备方面，首先，要考虑学校重组，在 8 748 所中小学中，有 743 所学校仅有 1～5 年级，5 281 所学校有 1～7 年级，这些学校需要合并。设备设施需考虑调整。需进行全国学校校园和设备调查，初中需添加职业教育设备，还需要解决设备不够的问题。教师的问题是是否接受过职业教育教学训练，而且接受职业教育训练是否让他们失去地位和威望，但改革的成功需要 3 万名老师的在职培训。管理新课程的管理人员是否足够，他们是否有足够的训练指导教师，是否愿意成为改革的动力，是否愿意作为各个地区的沟通者，这些也是悬而未决的问题。

学生和家长的投入和参与对教育改革的成败非常重要。家长希望教育改革对国家和孩子都带来好处，例如改变命运，脱离父辈的职业，但改革的目标是希望孩子待在当地，自谋职业。这样，家长对改革能否全力支持，包括分享职业教育预科的成本，如何让他们相信，孩子掌握更多就业技能对今后是有好处的，这些都是有待解决的问题。五年计划中，政府决定采取措施促进毕业生自谋职业，但前提是要解决上述问题。

教育改革的复杂任务需得到各级政府的支持，包括课程设计，学校重组，教师分配，设备，学生选拔等。改革课程内容并且与当地实践的结合，需要各级政府和行业的支持。国家普通教育考试证书提出的职业教育预科考试会出现组织的问题：不同地区的不同职业，不同职业的不同学习时间和工作量。需要集中的体制和放权的教育责任相结合，但需要时间来计划实施。实施不会一帆风顺。

课程，招生和教学改革影响招生数量，教育层次和类型。按照教育部的计划，从 1972—1973 年开始，初等教育入学年龄从 5 岁改为 6 岁。1980 年，一年级入学率达到 97%。2、3、4 和 5 年级，或者 7、8、9 和 10 岁孩子的入学率分别达到 96%、93%、90%和 88%。1～4 年级和 6～8 年级开始自动升级。辍学率下降，复读消失，但 5、9 和 11 年级的复读率为 20%。

初中阶段，5 年级有 80%的学生进入 6 年级，6、7 和 8 年级没有复读，9 年级复读率是 50%，辍学率低。高中阶段，如果招生规划是按照人力需求作为基础，招生规模会保持不变，因为目前的高中招生数量超过了人力需求。另外，9 年级升学比例稳定在 10%。

职业技术教育的招生也是根据人力需求制定。斯里兰卡缺乏就业与教育的数据。但估计是 1970 年的一倍，这与政府的国家学徒制计划一致，为 11 年级后高考落榜的人提供技术培训。

目前普通教师培训满足需求，但特殊教师不够。

目前政府发展高等教育的计划中，招生也是根据人力需求制定。文科稳定，其他方向增长。政府计划发展地区性大学，避免城市大学的拥挤，实现教育机会平等。因此，大学招生总体会增长。

根据中期规划，如果改革成功，对招生影响很大。中小学招生将从1970年的2 760 000人减少到1973年的2 514 000人，然后增长到1977年的2 551 000。1～9年级的招生预测是，1972年入学年龄从5岁提高到6岁，一年级招生减少1/4。1976年后，变化开始影响到初中招生。在这期间，会出现两种学制的学生：改革前和改革后入学的学生。改革前入学的学生将继续到1976年10年级参加高中入学考试。1980年后，就只有地区人口因素影响招生数量。自动升级的招生制度会招收280万～290万学生，小学比例为96％（1～5年级），初中为73.8％（6～9年级），整个自动升级的招生比例为86.6％。

高中，职业技术教育和高等教育招生估计增长21％～52％。但是，这些招生不会超过招生总人数的4％。

一个关键问题是教育改革是否能够减轻就业压力。

通过在6～9年级开设职业教育预科培训，初中教育与人力需求结合，改革的产出能够更好地适应劳动力市场需求，达到教育与就业的平衡。其次，经济还应该有吸收毕业生的能力。完成初中教育的毕业生数量大概是2万～3万人，如果改革成功，1980年的毕业生是：完成5年级的学生为1万～1.4万人，完成6年级的学生为8 000～12 000人，完成7年级的学生为8 000～12 000人，完成8年级的学生为8 000～12 000人，完成9年级的学生为15 000人。就是说，18.4万～20万名学生进入初中，其中2万名会进入高中阶段学习。问题是经济是否每一年能够接受20万名完成了5～9年级并且没有经过训练的学生。答案是否定的。因此，政府的措施是鼓励自谋职业，所以设置了职业教育预科，其目标是当地经济情况，但财政压力大。

教师需求主要是中小学教师需求。根据1972—1976年教育发展计划，目前每年普通师范院校的2 500名毕业生基本能够满足需求了，但特殊教师不够，而且有的科目老师不够。

70年代教育的成本和财政问题，小学入学年龄从5岁提高到6岁，小学学制从8年级降低到5年级，小学阶段经常性支出减少。但6～11岁年龄段入学率增长，使成本增长。初中学制的翻番（从2年增加到4年），6～9年级开始的职业教育预科，和所有年级开设科学课程，这些导致成本增长。而从10年级减到9年级的自动升级制度节约了成本。招生增长最终影响费用增长。高中阶段，费用变化不大。在技术教育，师范和大学层次。费用增长来自招生和结构变化，（更多是技术、职业和科学方向的招生。改革对费用的影响是：初等教育费用比例减少；中等教育大幅增长；其他层次有增长。

影响教育费用因素多：入学年龄从5岁推迟到6岁，1～5年级开设实践课程，开始自动升级制度，改变6～9年级的升学比例，改革课程，开设公共课，6～9年级的职业教育预科，用国家证书考试替代普通教育一般考试，教师培训，9年级后的选拔制度，大学支持科学专业招生和实践课程。

斯里兰卡1960—1970年期间的经验表明，教育与社会经济的适应没有捷径可走。首先，实现社会经济发展目标困难多；其次，即使有严格的发展政策，包括扩大就业机会和提高教育质量改革，也很难实现适龄人员的完全就业；通过缩短学制，减少复读，限制高中和大学招生来节约教育经费，但教育经费总额还是会增加；经济发展会增加对教育经费的支持。但是，教育经费主要来自公共预算，需要与其他社会经济需求，包括民用和军事需求竞争，而私人领域的教育投入需要政府政策激励；最后，任何教育改革，无论多么美好，都需要得到教育界的理解和支持。

在教育与经济发展的关系方面，教育的发展离不开经济的发展。从1975—1982年，政府教育经费逐年增加，尽管教育经费增加，但在政府预算中的比例下降。按照不变价格，人均开支从1977年到1981年低于1976年，而1982年比1981年稍高。

1980年的教育开支大致是，在中小学层次，成本包括人员和其他费用，1～5年级，学校生均维护费一年大约是50卢比，6～9年级，学校生均维护费和职业培训课程费用一年大约是100卢比。

教师培训，包括普通教师和特殊教师培训费用。教师教育费用包括政府学校和非政府学校，也区别不同学科如农业，商科，工科和服务，也包括手工，艺术和技术层次。在大学和技术学院，按照不同院系计算。

1980年，教育经常性开支预计是8亿7千4百万卢比到9亿7千1百万卢比。经常性支出中，中小学占85%。教育开支的财政来源，初等教育是教育部，除了种植园学校，私立收费学校和私立不收费学校。6～9年级的职业培训预科部分费用由家长和当地政府支持，平均每一个学生是25卢比。其他层次不变。基础设施投入大约7%来自私立渠道。需要政府开支预算的费用是8亿1千6百万卢比到8亿9千6百万卢比。计划和就业部估计，10亿5千万到11亿卢比的社会服务开支总支出中，教育开支是6～7亿卢比，缺口是2亿卢比。

解决缺口的方法包括经济增长、财政支持模式改变、招生数量减少、改革实施减缓和改变单位成本。如果经济增长率保持在6%，教育经费在1980年为7亿到8亿2千5百万卢比。缺口能够减少到6千5百万卢比。在财政支持模式改变方面，如果职业培训预科成本能够由家长和当地政府支持承担，能够获得5千万卢比，减少赤字。但家长是否愿意承担这些费用还很难预测。还有就是：a. 增加行业和各个企业对职业技术教育的投入；b. 开设学生贷款系统，增加大学学费，对低收入家庭孩子补助。如果高中按照人力需求招生，高中阶段会减少20%，大学费用也会降低。改革实施减缓方面，包括将免费教育阶段降低到8年级，或者减少职业教育预科的投入。

在改变单位成本方面有多个政策选择：a. 将教师工资冻结在1972

年水平。但除非政府有工资收入的总体计划，否则，这条很难实施。b. 改变教职工比例。c. 改变学校布局，更好利用设施和校园。大学有的学科成本高，如农业，兽医，技术等，也有节约成本的潜力。d. 广泛使用新媒体教学，但新媒体的使用是否现实，是否能够减少成本尚难确定，因为首先，斯里兰卡政府难以进口新媒体教学方法所需要的产品。其次新媒体使用需要达到一定规模才能节约单位成本，而且，新媒体使用需要教师的组织和资格等条件，初期在资本和人力资源上投入高。斯里兰卡需要平衡的教育政策，包括招生，教师工资增加，有效使用教育资源。政府需要加大投入，并且让家庭和地方政府承担部分成本。

比较 1970 年和 1980 年教育在公共预算和 GNP 的比例。1970 年教育在公共预算的比例为 29.2%，1980 年需要增长到 36%，1970 年教育支出占 GNP 的 4.1%，1980 年需要增长到 5%。教育经费需要增长，政府决策者因此决定限制或者推迟某些教育决策和措施，特别是校外教育，如成人教育和继续教育。

每年有 15 万～20 万初中毕业。但如果教育经费投入不够，工作岗位不足，后果非常严重。教育改革与提供合适的"产出"是社会经济发展的一个重要方面，只有经济发展能够吸收教育的产出，发展战略才能实现制定的目标。

四、斯里兰卡高等教育的财政支持

2000 年的统计，斯里兰卡人口为 1 900 万，劳动力过剩，人均年收入为 856 美元，属于低收入国家。1977 年开放市场经济以来，经济结构发生巨大变化。尽管属于低收入国家，斯里兰卡基础教育发展不错，成人识字率达到 90%，在南亚地区最高。小中学毛入学率分别是 105%和 75%，但大学仅 3%，在南亚地区最低。

斯里兰卡高等教育体制有 3 个类型：a. 公立大学，b. 公立高等职业学院,c. 私立高等教育机构。1942 年,根据《锡兰大学条例 20 号》,在科伦坡建立了锡兰大学,到 2000 年,斯里兰卡有 12 所大学,按照 1978 年的《大学法 16 号》办学。斯里兰卡大学教育是政府控制的,高等教育体制顶端是大学拨款委员会(UGC),负责大学计划和协调、经费、学术标准和大学入学规则。

对于大学的财政分析,主要包括 4 部分:大学体制的收入和成本结构;单位成本分析;大学财政规则和过程;其他财政渠道。

大学的收入和成本结构。1998 年,政府在普通教育,高等教育和大学的总开支分别是 GDP 的 3.2%、0.53%和 0.50%。教育占政府总开支的 9.38%,其中大学占教育经费的 15.74%。按照实际价值,从 1983—1997 年,高等教育开支增长了 1.8 倍。这在发展中国家,特别是亚洲也相当低。如 1985 年,斯里兰卡教育的公共经常性支出是全部公共经常性支出的 9.8%,但印度、巴基斯坦、泰国和马来西亚分别是 15.3%、18.2%、13.2%和 14.6% (WB 2000)。1995 年,斯里兰卡教育的占比是 12.2%,而印度、巴基斯坦、泰国和马来西亚分别是 13.7%、13.2%、19.4%和 16.8% (UNESCO 1998)。70 年代以前,教育有预算优先,教育在国家预算的份额不断增加。但 70 年代后期起,来自其他领域对资金的竞争加剧,如工农业发展,外债和国防。在 80 年代初期,国防开支为 GDP 的 0.5%～0.8%,但 1985 年增加到 2.0%,在 1995 年超过 5%。从此,国防在公共支出所占份额位居第二,仅次于财政和计划部的支出,过去 5 年,也超过整个社会支出总和。因此,需要有其他经费来源保证高等教育至少维持目前状况。

斯里兰卡大学缺乏实质性投入,如图书馆,实验室,设备,计算机和配件,医学和工程设备和材料。国家教育委员会建议,应该增加大学投入在 GDP 的份额,从 0.4%～0.69%,总统特别团队建议从 0.4%～1.0%,但这些增加远远不够。尽管 70 年代后期开放后经济年增长率为 5%,但预算中教育的份额没有增加,难以满足高度竞争和充满活力的劳动力市场的人才需求。

在高等教育的整个经费支出中，大学占比是75%，教育部所属的技术学院和其他高等教育机构占比为25%。大学经费的95%是政府拨款，其他5%的收入来自如利息、财产出租、出售、学费和招待所等杂费。政府拨款负责基建和经常性开支，自从1986年以来，经常性开支增长快，挤占了对高等教育质量改善、增长和扩展极其重要的基建开支。

基建开支包括日常维护，占42.0%，家具、书籍和期刊占32.0%，建筑占24.1%。经常性开支包括学术人员薪金占62.2%，行政人员薪金占15.4%，福利占9.6%和日常维护占8.8%。前面两项人员薪金是受到法律保护的固定开支，作为对教育职业的保障。对大学工资和开支结构的分析有3个重要发现。a. 基本建设支出相对日常开支占比少，这意味着缺乏保证长期实质性投入的资源。b. 大学开支结构大部分是教学和行政人员工资，开支控制措施难以对其改革。c. 大学严重依赖政府拨款，很少寻找其他非政府渠道。

单位成本分析。通过对多个大学44个学院的各种学科进行单位成本分析，了解了不同学科和大学间成本的差异，并且判断了影响单位成本的主要因素。分析包括直接和间接开支两个部分。前者直接与学院相关，后者与如维修，建筑和财务等服务部门相关。服务部门的开支按照学院工作量进行比例分配。分析只关注经常性开支。

不同学科每一个本科毕业生开支分别是一年24 970～125 129卢比。管理、法律、教育和文科相对较低，牙科和农业相对较高。在中位数的是工程，兽医和医学，分别是每年72 873卢比、75 673卢比和83 771卢比。分析还考虑了学习年限，辍学和重修学生的因素，结果表明：管理专业每个学生最低，为99 160卢比，农业最高，为500 516卢比，因为农场维护占单位成本的10%～20%。法律为99 872卢比，文科是123 018卢比，教育是150 832卢比，也不高，而牙医为431 872

卢比，医学为418 855卢比，兽医是302 688卢比，则比较高，理科的273 575卢比在中位数。

对不同大学之间毕业生单位成本的比较，包括文理科和管理专业，结果表明，斯里兰卡开放大学文科和理科毕业生成本最低，分别是87 832卢比和121 416卢比。因为开放大学教学法不同和采用了其他交流技术。普通大学中，每一个文科毕业生的成本，从凯拉尼亚大学的109 205卢比到贾夫纳大学的226 394卢比。而科伦坡大学，斯里贾亚瓦德纳普拉大学和卢哈纳大学的文科也较低。在理科毕业生中，凯拉尼亚大学的成本最低，为195 407卢比，斯里贾亚瓦德纳普拉大学的257 220卢比和斯里兰卡东部大学的628 518卢比分别是中位数和最高位。在管理科学，斯里贾亚瓦德纳普拉的88 000卢比最低，而凯拉尼亚大学的123 256卢比和斯里兰卡东部大学的167 092卢比分别是中位数和最高位。在大学中，科伦坡大学，斯里贾亚瓦德纳普拉大学和凯拉尼亚大学在文科，管理和理科成本低。

影响单位成本的因素。1997年的数据包括所有公立大学，涉及44个学院，专业包括文科，商科和管理，法律，理科，工程，医学，兽医，牙医和农业。单位成本表示每个学生平均经常性支出，包括4个部分：a. 行政服务；b. 学术服务；c. 福利服务；d. 后勤服务。按照学生人数按照比例分配。学生入学人数增加可以使单位成本下降，设备使用可以更有效率。单位成本和5个因素之间存在一个逆向关系，包括：a. 招生；b. 资深/资浅人员比例；c. 非学术人员/学术人员比例；d. 学生/教师比例；e. 学科特定的成本。

学科特定的成本中，图书馆依赖程度高的学科成本低，实验室依赖程度高的学科成本高。学科特定的成本和生师比是单位成本最重要的因素。文科的生师比最高，超过20∶1，理科最低，为6∶1。非学术人员和学术人员比例中，非学术人员增加10%，单位成本增加6%。大学近年来非学术人员增加过多，出现人浮于事的现象。

在大学财务规则和程序方面，大学运行受到 1978 年《大学法 16 号》、1971 年的《财政法 38 号》、中央财政部和大学拨款委员会颁布的其他规定控制。这些规定非常严格，例如《大学法 16 号》的 99 款规定“大学经费来源包括：a. 学费；b. 教育收入；c. 议会批准，然后大学拨款委员的高等教育拨款；d. 大学其他渠道的收入。”这种中央集权的会计制度影响效率，包括创收和资金使用。2000 年 1 月由中央财政部颁布的《公共财政通知 380 号》进一步强化了中央政府对大学财务的控制，包括培训、研究和咨询服务。尽管从 1977 年开始的开放市场经济和强大的机构如国家教育委员会和总统特别团队提出高等教育改革项目，斯里兰卡负责高等教育的政策制定者和管理部门还多是按照计划经济时代的方法。

公立大学的资源分配方法，是中央政府按照年度给大学拨款委员会(UGC)拨款，然后由其分配给大学。具体金额是根据历史因素决定的：以上年度开支作为基础，加上通货膨胀、晋级、工资增量和新批准的项目等因素，而非根据“投入，产出和质量”标准指标决定的。历史因素方法导致效率低，分配程序僵化，缺乏激励机制，不能激励大学的教学、科研和咨询服务活动。财务权力和责任完全是被财务和行政部门控制，学院院长、系主任和资深教授没有权力聘用一个哪怕是临时的助理研究员。学院院长和系主任的购物批准权限分别是 10 000 卢比和 7 500 卢比。超过 10 000 卢比要由注册主任批准，超过 100 000 卢比要副校长批准。这种程序妨碍了学院及系科的创新和积极性。

在现代财务管理上，大学落后于企业。斯里兰卡大学尽管有预算、会计、计划、项目评估、行为监控和企业战略等方面的教学专家，但缺乏资源管理经验，例如，其预算体制根据的不是基于行为或者激励的标准，没有管理信息系统，也没有行为监控和评估。斯里兰卡经济朝向开放的市场经济，而大学体制继续在控制本位的规则框架内运行。

问责制是影响高等教育财务和管理的重要因素。斯里兰卡大学对拨款的使用对大学拨款委员会负责。每年必须给大学拨款委员会报告审计账目和年度报告，然后大学拨款委员会将报告递交给政府和议会。议会的公共企业委员会(COPE)负责审查账目和报告，对大学提出质询。但这一过程时间漫长，很难实现问责制和公共经费的效率。

新机制需要规范标准，如可衡量的产出和投入成本。前者是基于产出的，如特定领域的毕业生、获得学位的平均时间和教师科研产出。这些标准可以减少学生失败和重修，减少学生流失和提高高等教育学习整体效率。不过，这种财务制度的缺陷是强调毕业生数量而非质量。

基于投入的财政机制结合招生数量和单位成本，使用系数或者权重确定内部资源分配。最常见的标准包括招生数量、学生的教育程度、社会经济程度和学术质量，以测量不同领域培养成本，确定不同学科拨款标准，考虑高成本学生今后的附加值。

资金分配应该根据成本而非产出。需要单位成本加上效率和质量，单位成本不是唯一要素。教师报酬应该根据实际薪水而非单位成本。院系拨款应该根据单位成本、效率和质量，如招生规模、研究产出和教学成本。最近一个报告建议，经常性开支根据教学工作量占90%和研究工作量占10%分配。院系有权利使用创收的资金改善教学质量。资金分配转向效率本位的规范标准体制，能够减少不同学科相同学位教学的成本不均衡。这些需要在大学拨款委员会和大学建立详细和现代的数据库。

大学需要收集，报告和使用新的信息。监管部门如大学拨款委员会、高等教育部、信息技术发展署(MHEITD)和国家计划署 (NPD)收集的信息，从行为监控角度看是不够的。在大学层面，除了财务部门掌握的标准会计信息，对各个学科的投入和产出的信息有限。提高效率和质量，财务多元化需要考虑每个学生的平均成本、毕业率、师生比、外部创收和校企联合等。

在其他财政渠道方面，教育经费还需要思考的是非政府资金来源。斯里兰卡教育经费来源有 5 个渠道：a. 政府；b. 学生和家长；c. 行业和服务业；d. 校友和慈善家；e. 国际渠道。方式有直接和间接的机构援助、学费、学生贷款、生产活动和捐赠。

在许多国家，政府为减轻负担而增加了学费，但在斯里兰卡，尽管过去 20 多年实行了市场经济，公众对大学收费依然强烈反对。不过，有 10 所盈利性私立大学和 16 所非盈利性专业学院收费。另外，开放大学收费，公立大学的研究生教育收费。每年有大约 2 500 名学生出国接受收费的高等教育。如果大学继续目前的体制，将会面临经费不足，大学仅能够吸收相应年龄段的 2%的学生。

对斯里兰卡家庭支出的调查表明，人们愿意为高质量的高等教育付费。富裕家庭、父母教育程度高的家庭和父亲职业地位高的家庭需要高质量教育。对教育所带来的个人工资和收益回报的研究也表明了教育的高回报。研究表明，斯里兰卡需要这种成本分担的机制，但需要让公众意识到这种机制对高等教育效率和公平的作用。斯里兰卡大学生结构分析表明，至少 25%的学生来自中等或者上层家庭，其应该分担大学费用。占人口 20%的收入最高的家庭收入占总收入的 53%。因此，分担费用能够扩大大学教育，将资源分配给贫困家庭。

学生贷款也是分担成本，增加入学机会和促进平等性的方法。但学生贷款返回率低、行政成本高，斯里兰卡放弃了贷款政策，而用奖学金替代。目前 93%的大学生通过政府获得资助。但国家目前的经济困难导致这不可持续。需要完善返回机制、利率和收入应急计划，学生贷款才可持久。

另一个渠道是校友和私立企业捐助。捐助包括新设施建设、建立专业讲席、科研设备、书籍、艺术、奖学金和贷款补贴。这些慈善活动应该通过税收减免加以鼓励。支付学费的企业和个人也应该得到税收减免。不过,这些捐助对大学开支依然是九牛一毛。

国际合作是重要非政府资金渠道。包括建立信托基金、接受外部援助、与国外大学联合研究等可行方法。斯里兰卡大学也进行了卓有成效的合作,但问题是这些合作局限在少数名牌大学的某些学院。

企业也是资金来源的一个主要渠道。这种方法能够促进市场本位的机构文化,加强与企业的联系,包括课程设计、工作安排、兼职教师聘用和提供实习机会,还能够促进大学教学质量提高,增加资金收入。但是,斯里兰卡大学与企业的结合受到诸多行政和财务规定限制。斯里兰卡大学是传统内向型的,没有能够在开放的市场政策中从咨询、研究和培训服务活动获利,而大学的研究成果也没有能够得到企业的应用。学校和企业的双边活动需要得到加强和鼓励。通过学费和创收能够提高大学收入,因为政府补贴多用在人员报酬了。如果大学创收经费能够购买教学材料、实验设备,支持科研,就能够促进教学质量。

斯里兰卡高等教育的经费情况,效率和创收情况表明,开放竞争的市场需要高质量的高等教育,也需要更多投入,财务和管理资产的改革。斯里兰卡高等教育资金分配增长慢,从而影响教育质量。尽管1977年以来实行市场经济,斯里兰卡大学资金主要来自政府,少有非政府的渠道。大学应该开辟非政府渠道,包括学费、企业活动、机构捐赠。政府应该增加高等教育投入,促进效率,促进大学与企业合作,但又不影响高等教育的质量、责任和公正。

五、21世纪的教育经费

进入21世纪,斯里兰卡教育改革的一个标志是《2006—2010年教育领域发展框架和措施》,其第三个主题是促进教育公平政策的成败有赖于资金支持，目标是加强教育公共投资的效率和平等。

2003—2007 年的教育公共投资模式见表 1-13。

表 1-13　教育公共投资模式，2003—2007 年

	2003	2004	2005	2006	2007
政府教育开支（卢比，单位：十亿）	39	42	64	78	99
政府经常性教育开支（卢比，单位：十亿）	32	34	51	61	84
政府资本性教育开支（卢比，单位：十亿）	7	9	13	17	15

Source：Calculated from the Budget Books of the Ministry of Finance and Planning，and the Central Bank of Ceylon，Annual Reports.

该表表明，公共教育投资从 2003 年的 390 亿卢比增加到 2007 年的 990 亿卢比。按照实际价格计算，教育预算翻番。按照外国货币计算，教育预算从 2003 年的 40 400 万美元增加到 2007 年的 89 500 万美元。从 2005 起开始大幅度增加，主要是政府采取了大规模的公共领域招聘举措，包括招聘教师进入普通教育领域。另外，公共领域的招聘（包括教师招聘）导致工资支出在 2006 年大幅增加。这些政策举措都在预算中反映出来。按名义价值计算，经常性教育预算从 2003 年的 320 亿卢比增加到 2007 年的 840 亿卢比，而同期的教育资本预算从 70 亿卢比增加到 150 亿卢比。因此，经常性教育预算的份额从 2003 年的 82%增加到 2007 年的 85%。

政府总开支和 GDP 中公共教育开支的份额见表 1-14。在 2003—2004 年，教育公共投资在 GDP 中的份额仅 2%，但 2007 年增加为 2.8%。政府总开支中公共教育开支的份额从 2003—2004 年的 6%增加到 2007 年超过 8%。经常性教育预算在政府经常性预算中的份额从 2003 年的 9%～10%增加到 2007 年的 14%。主要是因为教育领域占政府公共领域的 20%～25%。因此，教师招聘和公共领域工资的增加，在政府经常性预算中反映出超出比例。政府对教育支出的资本性预算从 2004 年的 2%增加到 2005 年的 3.3%，2006 年的 3.4%，但 2007 年减少到 2.6%。因为政府增加了对基础设施如道路、电厂和码头的投资。

表 1-14　公共教育开支在 GDP 和政府支出中的份额

	2003	2004	2005	2006	2007
教育投入在 GDP 中的比例（%）	2.1	2.0	2.6	2.7	2.8
教育投入在政府预算中的比例（%）	5.9	6.1	7.7	7.5	8.3
教育投入在政府经常性预算中的比例（%）	9.7	8.9	11.6	11.3	13.7
教育投入在政府资本性预算中的比例（%）	2.1	2.8	3.3	3.4	2.6

Source：Calculated from the Budget Books of the Ministry of Finance and Planning，and the Central Bank of Ceylon，Annual Reports.

教育公共投资的长期趋势表明，从 20 世纪 50～70 年代，斯里兰卡教育投资占 GDP 的 3.5%～4.5%。当时学校招生大量增加，使得学校资源和教师规模扩大。80 年代起，教育的公共投资平均是 GDP 的 2.5%。这是因为当时发生在北方省和东方省的民族分裂冲突，导致政府削减教育开支、增加军费。

按照发展中国家标准，斯里兰卡教育投资在国民收入和政府预算中所占比例不高，见表 1-15。在表中的 12 个国家中，斯里兰卡教育投资在 GDP 中占比最低，仅次于巴基斯坦和孟加拉国。斯里兰卡是中低收入国家，但这些国家的教育公共投资在 GDP 中占比超过 4%。南亚国家的国民收入 2.9%投入教育。在表中列举的所有国家中，斯里兰卡教育在公共预算中的比例也最低。韩国，马来西亚和泰国教育在公共开支的占比为 15%～28%。

表 1-15 教育支出在国民收入和政府支出中的份额,斯里兰卡与其他国家

国家	教育支出在国民收入中的占比(%)	教育支出在政府支出中的占比(%)
斯里兰卡	2.8	8.3
印度	3.7	10.7
孟加拉	2.5	14.2
巴基斯坦	2.3	10.9
尼泊尔	3.4	14.9
马来西亚	8.0	28.0
泰国	4.2	27.5
韩国	4.6	15.0
菲律宾	3.2	17.2
哥斯达黎加	4.9	18.5
南非	2.9	12.8
低中等收入国家	4.3	无
高中等收入国家	4.6	无

Sources:Sri Lanka,calculations from the Government of Sri Lanka,Budget Estimates, Central Bank of Ceylon Annual Reports,various issues;Other Countries,World Development Indicators (World Bank).

所有数据来自 2007 年。

斯里兰卡教育公共投资水平低有几个原因:①广泛的公共社会服务,如全民免费医疗、大规模的社会保障,这些社会保障在发展中国家不多见,但占据社会资源;②公共税收低,导致预算赤字和有限政府开支;③教师收入低,斯里兰卡教师收入是人均国民收入的一半,低于马来西亚、泰国、韩国、印度和孟加拉国的教师水平;④50 年代到 70 年代学校的扩建,目前新学校建设和教室的投资需求减少;⑤军费占用了大量 GDP 份额。

目前，需要公共资源投入教育的目标是改善普通教育的质量。《2006—2010 年教育领域发展框架和措施》的第三个主题是加强教育支出的效率和平等。有 3 个资源分配的关键目标，以增强资源分配效率和促进教育质量。第一个关键目标是增加资本预算中教育资源占比，支持高级需求的投入，如图书馆、信息通信技术设备、实验室、活动室和多功能教室及配套设备、工具和技术。第二个关键目标是增加经常性预算中教育资源占比，支持高级发展过程，如教师发展、学校的质量输入、管理者的领导力和管理能力培养。第三个关键目标是增加维修和维护在预算中的占比。支持高级需求能够促进学生的学习，如英语、信息通信技术、科学和数学，这些课程知识在劳动力市场非常重要。

《2006—2010 年教育领域发展框架和措施》的年度目标见表 1-16。该表表明，高级发展过程需求在教育经常性预算中的份额应该增加从 2006 年的 2%增加到 2010 年的 3%。同样，高级需求在教育资本预算中的份额应该增加从 2006 年的 30%增加到 2010 年的 40%。维修和维护在教育预算中的份额应该从 2006 年的 10%增加到 2010 年的 15%。这些政策目标已经完成或者超额完成。这表明了国家对改善教育质量的承诺所发出的积极信号。

表 1-16　资本和经常性教育预算中的分配占比

政策目标	2006	2007	2008	2009	2010
高级发展过程在经常性教育预算中的占比(%)	2	2.2	2.4	2.7	3
高级学校资源在教育资本预算中的占比(%)	30	32	35	37	40
维修，维护和零件，升级和淘汰费用在教育预算中的占比(%)	10	12	14	15	15
合计(%)	40	44	49	52	55

Source：World Bank (2005a) and Ministry of Education (2007).

衡量不同收入群体间公共教育支出公平的基尼系数见表 1-17。

表 1-17　按照教育程度划分的教育公共支出的基尼系数

教育程度	基尼系数
初等教育	0.4
初中教育	2.9
高中教育	13.2
高等教育	50.5

Source:Calculated from Government of Sri Lanka Budget Books and the Department of Census and Statistics,Household Income and Expenditure Surveys,2002.

表 1-17 表明,初等教育的基尼系数非常低,为 0.4%。基础教育平等是因为不同收入群体的小学入学水平高。初中的公共投资的平等程度也高,基尼系数低,仅 3%以下。初中教育平等也是因为不同收入群体的初中入学水平高。高中阶段的公共投资平等度也较高,基尼系数仅 13%。总之,斯里兰卡政府对普通教育投入平等度高,因为不同收入群体的入学水平高。

高等教育的公共投入平等度低,基尼系数为大约 50%。高等教育的公共投入平等度低是因为入学率低,大约 18%。高等教育入学者多是来自富裕家庭,高等教育的公共投入从人口比例来说对富裕群体有利。决策者面临的有关平等的一个主要问题是国立和省立学校之间的资源均等,两者公共资源的不平等见表 1-18。

表 1-18 表明,公共预算分配在 326 所国立学校和其他学校的差异是,在东部省,每个国立学校 4 000 万卢比,省立学校为 430 万卢比。即使最富裕的西部省,也仅 750 万卢比,比国立学校少 500%。

国立和省立学校资源分配平等是普通教育未来面临的挑战。教育部与财政和计划部、财政委员会和省政府已经在进行协商,以更好地处理资源分配平等问题。省立学校孩子的家庭更贫困,向省立学校倾斜的资源分配有助于改善分配平等。

表 1-18　国立学校和省立学校的生均和校均预算，2007 年

省	学生数量	学校数量	校均支出金额(卢比)
西部	681 617	1 288	7 489 948
中部	419 314	1 413	4 805 857
南部	354 714	1 032	6 163 073
西北部	385 617	1 187	5 600 248
北部	244 888	881	4 542 359
东部	325 040	944	4 325 524
中北部	224 680	772	4 533 276
乌瓦	223 919	795	4 910 398
萨伯勒格穆沃	300 598	1 076	4 506 000
国立学校	676 127	326	40 056 743
斯里兰卡	3 836 514	9 714	6 469 121

Source：Balasuriya，J. (2007).

第十二章　教育实践研究

一、中学教育课程开发

1976 年 10 月，在斯里兰卡首都科伦坡举行了课程开发研讨会，以评估课程材料和教学方法，评估的科目是健康与营养，技能发展和农业转型。会议的目标是让参加者熟悉健康与营养，技能发展和农业转型 3 个课程的目标，开发 6～10 年级的学习材料；提高参加者的课程分析标准能力，提高课程分析和开发能力；提高参加者实际课程开发和修改自己课程的能力；让参加者获得课程开发经验。

在 20 世纪 70 年代，斯里兰卡国家教育目标是：

(1)发展语言能力、数学概念和能力、对艺术的敏感和审美能力，形成良好的卫生和锻炼习惯。

(2)根据科学基础理解物质和社会现象。

(3)积极的价值观和态度的教育，和根据这些教育的理解调整生活方式。

(4)人道主义和道德品质的发展和教育。

(5)发展日常生活和职业生活中的技能。

(6)发展儿童潜能，并且保持这些潜能。

(7)发展儿童社会技能和态度，让其融入社会。

(8)发展面临急剧变化的社会的问题意识，发展解决问题的必要方法。

健康与营养课程内容。在斯里兰卡，6～9 年级的健康教育课程范围广泛，涉及生理学、个人卫生、营养、公共和环境健康。尽管学校没有单独的营养课程，但在6～9年级的健康教育和科学课程中是必修课，该课程有的部分包含在家政课和职业预科课程中。学校健康和营养课程的目标是适应国家的五年计划目标：提高低收入群体营养状况。在斯里兰卡，该课程开发的一个特点是调查不同社区群体的健康需求和问题，提高社区参与。斯里兰卡卫生部和教育部在该课程开发和教师培训方面有密切合作，该课程也包括儿童和社区的健康和营养教育项目。

就业技能课程内容。在斯里兰卡，这门课程是职业前教育，其目标是社区需求。如木工课程与学校家具修理等关联，农业的职业前教育与现有条件的生产关联。通过4年的职业前教育，学生能够掌握一定的手工技能，了解所选择职业的某些特征，理解掌握某种课程的知识，这些有助于学生在职业中的应用，增强能够参与某些可出售的商品的制作和社会服务的信心和骄傲。该项目促进教师和学生的态度和价值观的改变。不过，教师需要在职培训。

农业转型课程内容。斯里兰卡初中或者6～9年级的课程的内容与农业转型相关，其中包括功能性读写能力、功能性数字能力、生产性活动的知识和技能、人口教育、健康教育、儿童抚养、营养和卫生教育和公民责任教育。社会学习课程强调国家和农村发展，题目包括社区人们的需求、自然资源、产品和就业、水资源保护、社会发展、食品、土地、就业、技术和发展的问题。

通过这次培训，参与课程开发的老师学习了课程开发技巧，包括：自然环境和资源；社会和经济环境；文化传统和各个农村社区的关系；政治，经济，社会和文化变化。这些培训将对今后的教学起到重要促进作用。

二、班级人数与学习效果

影响学习效果有多种因素，其中班级大小对学习影响的研究是近年来一个热门话题。自 60 年代起，人们对恰当的师生比存在争论。一种观点认为，班级人数少能够提高学习效果，小班学生在阅读和数学上成绩更好。但也有研究认为两者关系不大，学生课堂学习效率是很多因素共同作用的结果，包括课程性质、教学材料和教学方法、教学内容和学生数量。Slavin (1990)提到 3 个著名的研究：The Class and Smith meta-analysis (1982), the Educational Research Service Reviews (1978) 和 the Tennessee Class Size Studies (Word, et al., 1990)，结果是班级大小与学生成绩关系不显著相关。

联合国教科文组织对最佳师生比的研究发现，大多数发展中国家的生师比超过 30∶1，最多是 60∶1 (UNESCO, 1988)。在斯里兰卡小学，这一比例是 30∶1(Ministry of Education, 1978, 1981, 1983)。对斯里兰卡学生成绩的研究表明，社会经济地位和教育资源缺乏是主要影响因素。班级大小是不是主要因素尚无定论。

与很多发展中国家一样，斯里兰卡也存在班级人数过多的问题。Dharmadasa(1995)研究了斯里兰卡班级大小和数学与母语成绩的关系。研究对象是 18 个班的 610 个四年级学生，各个班的人数分别是 20～30, 31～40 和 41～50 人。方法是通过前测和后测检验成绩。教学时间 12 周，教材和方法受控。研究结果表明，班级大小与成绩差异没有固定模式，班级大小对成绩没有全面影响，成绩差异更多来自学生社会经济背景、教育资源、教师态度和人格个性。

对校长和教师的采访发现，教学方法才是关键。小学老师的教学策略和方法都有效率，但教育资源的缺乏、教室空间大小、学生家庭收入等才是影响课堂教学效果的重要因素。校长们还认为，教师的态度和个性是影响学生成绩的重要因素，还包括学生的逃课和身体健康因素。但发达国家的研究认为，班级大小与学生成绩密切相关。联合国教科文组织和世界银行的研究认为，在发展中国家，两者关系不大。班级人数减少让老师有更多时间个别辅导，但其作用有限。研究表明,在斯里兰卡,提高课堂学习效果更多的是教学设施、学习资源、教材和教法的改善。

三、影响基础教育学生学习效果的多个因素

联合国千禧年的8个发展目标之一,是发展中国家所有儿童完成小学教育。但完成小学教育并不意味着学生获得基本的读写和计算能力。斯里兰卡实现了小学教育的普及,但许多学生成绩不佳。对4年级学生成绩产生影响的因素,包括父母的教育程度、营养、上课率、参加私人辅导班时间、练习册、电力、家庭图书、校长和教师的经验、与其他学校的联系、学校与家长和教师的联系。即学校质量、社会经济因素和身体健康对学习成绩产生影响。

斯里兰卡人均收入不高,2007年为人均1 300美元,但几乎所有5～10岁的小学适龄儿童入学,入学率达到96%,小学完成率是95%。因为有自动升级制度,留级生比例小,为3%。男女入学机会平等。这一切是因为在50年代,斯里兰卡就建立了公立学校网络;其次,在70年代以来,学生课本和校服免费;最后,1997年起,法律规定了6～14岁孩子必须接受义务教育。

斯里兰卡学校有两个特征,首先,因为60年代起禁止新办私立学校,私立学校数量很少,学生人数不到5%;其次,很多学校有小学和中学年级。斯里兰卡有4种类型的学校:1A和1B类学校,这类有1～13年级,开设文科,理科和商科三个方向的课程。1C类学校,只开设了文科和商科课程。2类学校只有1～11年级。3类学校只有1～5或者8年级。几乎所有城市学校提供1～13年级的完整教育。农村也有1类学校,但2类学校更常见。其他农村学校是3类,只有1～5或者8年级。根据国家教育研究和评估中心(the National Education Research and Evaluation Center (NEREC)报告,46.3%的4年级学生就读于1类学校,33.2%的就读于2类学校,20.5%的就读于

3 类学校。

2002 年，斯里兰卡国家教育研究和评估中心从 939 所学校中，每所学校选择了 20 个 4 年级学生进行了调查（NEREC 2004）。对其数学、英语和母语进行了测试。学生按照性别、地区、父母教育程度、学校类型和开支等因素进行分类。

测试结果显示，女生在所有科目上好于男生。西部省有斯里兰卡最富裕的地区科伦坡和加姆珀哈区，学生成绩最好，临近西部省的西北省和南部省其次，北部省和东部省最差，这是因为 20 多年的战争影响的结果。

不同族群的测试成绩不同，有欧洲血统的伯格人成绩最好，然后依次是僧伽罗人、摩尔人和泰米尔人。因为大多数泰米尔人居住在战乱影响的东北地区。

学生成绩与母亲的教育关系密切。没有接受过教育的母亲的孩子成绩最差，仅接受过小学教育的母亲的孩子成绩其次，母亲教育程度的增加，孩子成绩也更好。

结果表明，1A 和 1B 类学校学生成绩最好，1C 类学校学生在数学和母语成绩其次，但 2 类学校学生成绩低于 3 类学校学生。

根据家庭收入的分析，收入高的家庭孩子成绩更好。根据身高和体重分析营养状况，结果是孩子早期营养影响学习成绩。

家长择校的原因是距离。66％的家庭距离学校在一公里内，86％的家庭距离学校在两公里内，绝大多数家庭选择最近的学校，仅 15％的家庭因为学校质量等原因选择较远的学校。对教学质量的弥补更多体现在课外参加私人辅导班。有 74％的四年级学生参加了私人辅导班。参加寄宿制学校的学生也很少，94％的学生住在家里。

分析认为，学习效果，健康，学习年限和影响未来收入的技能是重要因素。其中，健康和教育投入是影响学习的直接因素。政府对小学教育的教育政策对学习年限和成绩产生影响，教育政策包括教师质量和学费。学生的因素包括性别、年龄、民族、出生顺序。家庭第一个孩子营养一般较好；女生阅读较好，男生数学较好；年龄大的孩子成绩较好；父母教育程度高的孩子成绩较好。

对学校的调查包括学校类型、生师比、教材是否及时，以及教学设施、水电保证等。对 4 年级任课老师的调查包括性别、教育程度、教师训练、教学年限、小学教学年限、教师家长见面次数、课外辅导、设备、教科书，包括对教师课堂观摩，包括课程准备、教学方法、英语使用、教辅工具、师生互动、评估方法和教学热情等。

对学生健康的调查包括过去几个月的生病情况、病假、超过两周的生病等。还调查了体测结果，包括身高体重、眼睛、血、寄生虫等。斯里兰卡孩子贫血较普遍，11.2% 的低于世界卫生组织标准。

对家长的投入调查包括：①家庭辅导；②课外辅导时间；③教科书；④家庭图书；⑤上学时间；⑥家庭语言；⑦游学。家长兴趣也非常重要，包括对孩子的希望和对教育的观点。

调查结果是，女生成绩比男生好；年龄大成绩更好；第一个孩子成绩好；父母的教育影响大。父亲影响更大。发育正常的孩子成绩更好。参加辅导班的时间对成绩有影响，学习时间长短也重要。母亲是否关心孩子学习；按时上学、家庭书籍和到图书馆、游学、练习册和学前班都是重要影响因素。

压力是身体对外部过多变化的反应。当一个人无法应对压力时，就导致沮丧。压力并非总是坏事。可控的压力激励人们取得所希望的结果。当一个人能够应对压力时，就称作“积极压力”(eustress)，其是好事。积极压力有这些特征：激励作用；短期；被认为能够应对变化，让人激动，促进行为。教育会给孩子带来压力，原因很多，包括父母和学校对孩子的过多要求、过度竞争和害怕失败、孩子没有应对压力的能力、健康原因、社会经济和家庭背景、教育的成本、对学生不友好的考试等。持续的负面压力会导致精神和身体状况变化，如焦虑、沮丧、心跳过速、肌肉疼痛、严重的时候会导致失能和死亡。免除压力的教育就是能够促进学生在学习中应对压力的能力并且产生积极压力的教育。

在斯里兰卡，教育的压力来自这样几个方面：学校考试制度；优质教育资源的竞争；课程负担过重和考试文化以及家长对孩子要求过多。在斯里兰卡，公共考试是证明自己达到课程要求水平的唯一方式，学生在应考为主的课堂学习数年，要升学的学生最终目标要参加一系列科目的考试，在达到一定分数线才能升学。学生的压力来自多方面，首先，考试期间要身体状况良好；其次，要运气好，遇上刚好适合他的考题类型；再有，考试题目没有进行预测，改卷人多是因人而异；最后，特别是在普通教育一般考试和高级考试中，没有中学教学和测试经验的大学教师出考题。出于这些压力，很多孩子参加私人辅导班，参加普通教育一般考试和高级考试的学生都参加课外辅导班。

斯里兰卡教育体制受英国影响，但英国教育也在变化。英国的公共考试压力比斯里兰卡小得多。伦敦一般考试和高级考试可以分阶段完成。考生可以在第一年考某些科目，下一年考其他科目。考生如果对第一年成绩不满意，可以第二年再考。就是说，能够激发积极压力，让考生的具有应该怎么做的应对能力。但在斯里兰卡的教育体制下，考生要一次性通过必修课、核心课和选修课考试，才能升学到高年级。

斯里兰卡教育体制给学生制定了严格的时间框架。教育体制僵化，缺乏灵活性。学生没有选择的余地。2 年或者 3 年的应试教育没有自由选择学习科目和学习进度的自由，对学生带来压力和负面影响。教育应该培养学生的积极压力和应对能力。考试的设计应该考虑减轻压力，需要给予学生自己确定学习进度的自由。社会经济因素、入学机会和就业是产生压力的间接因素。这些，都是教育部门和学校应该思考的问题。

四、斯里兰卡大学生学习策略实践研究

高等教育学生的国际化流动是目前一大趋势，但学生的学习模式和学习习惯受到母语文化和教育环境的影响，适应新的学习环境并不容易。学习模式包括学习方法、管理策略、学习概念和学习目标。斯里兰卡教育体制受英国影响，课堂教学又过分依赖教师讲授，考试是课堂讲授内容的记忆复制。在斯里兰卡文化中，教师受到尊重，不能挑战老师权威，好学生的标准是要尊重老师，斯里兰卡中学仍然是教师中心的。同样，在斯里兰卡，家长也有权威，家庭对孩子信念和习惯的形成非常重要，在学校，家长与孩子的角色被老师与学生的角色替代。斯里兰卡老教师的地位高于年轻教师。教师上课学生要起立，课堂话语是老师启动的，老师的权威限制了批评精神的发展。许多斯里兰卡学生在学习方向上受到家庭影响和强制，父母、家庭成员或者教师都影响其职业选择。这些导致斯里兰卡学生在自我选择学习方向上面临困难。

在学习策略上，斯里兰卡学生在批判处理和记忆上得分低，在具体处理，自我管理和缺乏学习的自我管理上得分高。斯里兰卡学生多用 4 个处理策略：关联和结构策略、批判处理策略、分析和具体处理策略；两个自我管理策略。在学习概念上，斯里兰卡学生认为学习是建构知识，摄入知识，使用知识，激励教育和合作学习，知识的摄入作为学习概念。在学习方向上，斯里兰卡学生更多是自我检测，以就业为目标或者是模棱两可的，学习目标是文凭导向的，就业导向的和作为测试导向的。学习方向强调建构知识，可以称作是意义导向的学习模式，斯里兰卡学生的内容复制导向的学习模式，特点是多少会使用记忆，操练和分析方法。斯里兰卡学生另一个学习模式是被动学习模式。斯里兰卡学生在学习概念上得分高，在学习方向得分高：因为是作为测试导向和就业导向。斯里兰卡学生使用关联和结构策略多。

学习概念上，斯里兰卡学生重视激励教育。

斯里兰卡学校要思考改进教学方法，促进理解和改变观念。在斯里兰卡，有的教育观念更强调结果而非学习过程。高等教育中，学生的批判思维和论辩能力没有得到充分开发，教师关注教学内容，忽略学生对信息的处理过程，理解策略，学习过程和理解的培养。

五、斯里兰卡教育改革的经验

增强在全球经济中的竞争力需要加强基础教育，但基础教育的目标需要考虑两个方向：促进竞争力和扶贫（Lindberg，2010）。

早在 1990 年代就有人提出这个观点，即应该考虑用不同需求的概念替代机会平等。目前的教育经费减少、私有化增加、教育体制出现分层、国家之间的经济竞争导致国内教育资源的竞争，进一步加大教育分层。这种教育分层也在斯里兰卡出现。斯里兰卡在入学率和成人识字率上超过很多周边国家，基础教育的普及带来对高一级教育的竞争，Lindberg(2010)对斯里兰卡南部农村地区进行了调查，研究了不同类型的孩子最终去了什么类型的学校，他的研究包括不同家庭、不同地区和教育机会的获得等因素。教育机会包括学校布局和教师分配，以及教学质量，也包括社会、经济和文化资源和移动性。

斯里兰卡经济结构转型的表现是经济多样化和就业分层，经济结构转型的结果是农业比重下降，农业人均产出停滞（World Bank，2007），1977 年以来的开放政策，工业化特别是服装业的发展，使得农业就业人口下降。根据 2002 年政府扶贫文件，斯里兰卡经济面临两个问题，一是收支平衡和依赖外来劳工和服装业的低技能劳动力市场，二是需要让科伦坡地区外的地区和群体参与和享受到经济增长。许多农村家庭外出打工，但保留农村家庭，打工尽管收入增加，但社会和文化代价高，表面收入增加，但面临新的贫困，因为劳动力市场的分层，打工者失去社会地位，女性打工者面临的风险更大。

在社会经济转型中，教育也面临多个挑战。独立后的历届政府都致力于改变英国殖民政府的双轨制精英教育：城市收费的英语媒体学校和农村免费的母语学校，孩子按照居住地点和家庭资源如收入和英语分类。40 年代中期起，修建了大量农村学校，还为农村优秀学生进入好学校开辟了通道。从幼儿园到大学的教育免费，母语（僧伽罗语和泰米尔语）取代英语成为教学语言，随学校的国有化，这些改革措施成为斯里兰卡教育成果的基石。除战乱影响的北部和东部外，斯里兰卡 2002 年初等教育入学率达到 96%[the World Bank (2005a)]。成人识字率高。但教育并非就实现了平等，因为学校教育质量不一、地区差别不一。政府的措施是在中学和大学招生上采取干预政策，以弥补社会经济差异，而不是减少教育资源分配的地区差异。政府的措施包括设立 5 年级毕业生进入好学校如中心学校和国家学校的考试奖学金项目、对农村学生进入大学采取的配额政策。

斯里兰卡教育面临的问题是社会和地域发展不平衡，教育质量高低不一，学校强调书面考试成绩，学生希望在政府机构就业的预期，以及教育与现实需求的矛盾。许多富裕家庭和中产家庭把孩子送到收费的英语媒体国际学校就读，或者国外就读。教育与就业的矛盾导致大学生就业困难，引起一些大学生不满。

在斯里兰卡，接受了基础教育和具有母语读写能力的群体足以应对 1977 年经济开放时期的工业化的需求了，但在 90 年代中期，人们发现需要新的技能来参与和融入全球经济：高等教育程度、计算机和英语技能。斯里兰卡前教育、人类资源发展和文化事务部部长 Karunasena Kodithuwakku 说过，（斯里兰卡）未能跟上发展潮流，未能让年轻人接触到全球发展需要的技能，如英语、计算机技术（Daily News，5 December 2002）。

90 年代中期开始的教育改革的一个目标是提高教育质量，改革教学方法和思维训练，强调学习效果、个性发展，并且出台了两个重要政策:学校重组和将英语作为教学语言。第一个政策是防止资源浪费,出现极大和极小学校两个极端。与以前每一个村庄一所学校的计划截然相反,2003年,有353所农村小型学校关闭。该政策还限制城市优秀学校的规模,人数不超过3 000人,已有班级人数不超过40人,希望提高这些学校的教育质量。许多农村家长渴望孩子到城市学校读书,这些学校因为大量农村学生进入而非常拥挤。这些造成了教育的都市化。还有一个原因是斯里兰卡人口增长率减缓。

关于英语,人们赞同加强其教学,因为独立后的语言政策将其边缘化。一个措施是把英语作为一门课程,另一个措施是从2001—2002年起,把英语作为高级考试科学课程和6年级一些课程的教学语言。采取这些措施的原因首先是人们的英语水平普遍不高,其次是公立学校的学生成绩比私立的英语媒体学校的学生差。还有,英语可以作为联系不同民族的共同语。在2004年,有300多所公立学校引进了英语。

家长对教育机会的观点同样重要。即使农村贫困家庭也希望孩子多读书,今后不再从事农业和渔业,不再陷入代际贫困的循环。家长也不认为农村人从事的新工作,如服装业和中东劳务输出能够走出贫困。孩子的良好教育能够让他们不再从事这些工作,实现社会和经济流动,进入政府或者私营企业工作。

Lindberg(2010)的研究发现,南部农村地区的学校分布涉及学校与教师。好学校和生师比情况都在改善,但与科伦坡地区比,好学校还不够好,而且教师要教多门课程,有的老师不称职。大家都认为教师最重要,但问题是政府学校分布广,学校设施和师资难以满足需求。即使那些达标的学校,学生、家长和教师也认为缺乏好教师,教师工作生活条件需要改善,而且教师请假缺课多。农村学校更难招聘足够的达标教师。另外,师范生入学要求高,录取的边缘地区学生少。政策要求教师在困难地区学校教学满3年,但许多农村教师呆的时间远超

3年。而有社会关系的人从来不去困难地区，教师调动涉及各种因素，这些影响到教育质量和信用。

在英语作为教学语言，私立收费学校和学校重组这3个方面。家人和学生都认为英语是重要资源，能够有助于他们离开农村和边缘地区。但农村学校缺乏好的英语教师，有的根本没有英语教师。在普通教育一般考试中，这些学生的英语成绩明显偏低。与科伦坡地区学生英语成绩相比，差距显然太大，科伦坡地区学生在普通教育一般考试的英语中的不及格率是30%，而边缘地区达到80%。只有很少农村学校能够按照国家教育改革的要求从6年级开设使用英语作为教学语言的课程，很多不同科目的老师不愿或者不能使用英语作为教学语言。

斯里兰卡农村孩子为了离开农村，需要满足不同职业对教育的要求，农村学校的条件，使得学生和家长转向课外补课和私立辅导班。为了通过普通教育高级考试，许多学生缺课而参加私立辅导，这样，教育就形成了私有化趋势。在有的学校，有90%为了准备普通教育高级考试科学和数学课程的学生参加私立辅导班，而参加文科和商科辅导班的学生比例为40%～50%。贫困家庭的孩子很难参加科学和数学课程的私立辅导班，主要原因是收费太高。现在的斯里兰卡有各种层次的私人辅导班。很多廉价辅导班利用家庭住宅办班。而大型辅导班师资较好，但费用昂贵、班级人数多。富裕家庭通常聘请教师上门进行一对一辅导。

学校重组是教育改革另一个重要措施。有的农村学校升级以满足高年级学生需求，有的降级，因为缺乏普通教育一般考试和高级考试的教师。农村学校升级的一个后果是，居住靠近某一个学校的农村孩子越来越难以进入城市学校。在1996—2002年间，城市公立学校招生增加，但在2002—2004期间的招生下降。因为要提高公立学校质量而减少招生，这也是为了避免教育的城市化。但这种“地域规则”

带来两种结果，首先，家长希望家附近有学校，减少孩子路上时间，但另一方面，即使家庭附近有学校，农村家长和孩子也希望进入城市公立学校学习，因为农村学校的教学质量和教学资源差。

教育机会还涉及家庭条件。孩子接受优质教育需要家庭资源的支持，农村学生农忙时会缺课。其他原因还包括教育成本如家长的支持、路程的远近特别是下雨时的路况、缺乏教师。因此，家庭经济资源、学校竞争和私立机构的出现是重要影响因素。要进入好学校，特别是进入城市公立学校，社会资源也非常重要，包括亲戚和朋友。文化资源如家庭英语能力同样重要，英语作为教学语言的结果会使学校进一步分化。

最后一个条件是家庭社会和地域流动的条件，包括负担路程费用、进入好学校的经济条件和各种社会关系。

斯里兰卡教育体制的目标是基于机会平等，实现路径是一元的教育体制，但在公立学校体制内部也出现了上述机会分层。这样的政策与社会需求是相反的，因为限制了弱势群体进入理想学校从而摆脱贫困的通道。教育的改革面临多个因素：政府教育投入、人口流动变化、家长的期望和全球经济对竞争的新要求。

斯里兰卡教育改革首先是在学习英语的机会上有差异，英语是摆脱贫困和农业领域的最重要途径之一。英语作为教学语言使得学习英语和本地语言作为教学语言的学生出现分层，前者更容易找到好工作。世界银行在2005年建议扩大英语作为教学语言的学校范围，其风险是进一步边缘化农村学校孩子和城市贫困孩子。他们缺乏资源。英语作为教学语言的改革需要学校资源投入的公平。

其次，公立学校的教学质量、高等教育入学竞争、劳动力市场竞争，使得收费的私人教育机构出现。在普通教育高级考试阶段，大量学生进入私人机构补习，造成教育进一步分层。

最后，学校重组减少了农村孩子进入城市好学校的机会。需要考虑的是不同学校教学质量的共同提高，而不是少数好学校受益。贫困学校的条件正在改善，但家长的期望更高，特别是社会对英语的要求。另外是大学入学和劳动力市场的竞争和分层，好学校和私立教育的教育机会。

因此，斯里兰卡教育改革的目标尽管是基础教育面向全体，实现教育机会均等，但教育体制形成的实际分层加速了社会分层过程，导致教育机会不平等又开始出现，而通过教育应对全球竞争和扶贫的方法也有可能挤压了对平等的思考。

斯里兰卡独立后60年的教育改革强调提高教育体制的内部效率，确保适龄儿童入学，避免学生流失。在全球经济时代，还需要强调外部效率，即教育体制如何融合入增长的经济，如何保证就业率，这些将有助于促进社会稳定。

全球化要求具备就业技能和人格素质。斯里兰卡教育也需要培养这些有助于参与全球经济的技能，学习如何学习。普通教育的质量束缚了劳动力的可培训性、适应性和创造力。社会技能和情感技能需要从小开始培养。这些技能包括通用技能、行为技能、智力技能、交际技能、社会技能、技术技能、经济技能和情感技能。如何将所传授的知识转换为这些技能是斯里兰卡教育面临的挑战。

斯里兰卡教育改革还包括美育、文化和道德技能和素质、经济技能。语言是民族的身份，即使用英语作教学语言，斯里兰卡孩子也需要学习母语，学习文学、文化和宗教。斯里兰卡需要加强对贫困人口家庭教育的支持，完善支持贫困人口的教育资源分配，缩减社会经济差异。斯里兰卡的经济增长有赖于民族和谐。教育改革要教育孩子珍惜不同民族的和谐，所有的孩子都应该学习泰米尔语和僧伽罗语。

斯里兰卡还要扩大高等教育，加快高等教育发展，目前的教育模式不可能满足所有年轻人的需求。在每年符合条件的100 000人中，仅16 000能够进入大学。高等教育需要更大包容性。目前的大学模式、结构和管理需要全盘改革。

1948 年独立以来，与其他发展中国家相比，斯里兰卡教育体制改革是一个成功的案例，特别是在普及普通教育和教育的性别平等方面。完成 1～5 年级小学教育的第一个关键目标已经完成，接下来的一个目标是确保 1 年级到 9 年级的升学率，现在是 90%，希望增加到 95%。普通教育的另一个目标是初等和中等教育的质量需要提高，特别是在贫困地区的学校。《2006—2010 年教育领域发展框架和措施》有多个改善质量的政策举措，初步迹象表明了这些举措卓有成效，所有学校的学习效果改善。但质量改善需要时间，特别是贫困地区的学校。所以，《2006—2010 年教育领域发展框架和措施》政策改革和举措需要时间，对贫困地区学校和第二类学校，政策和资源应该向他们倾斜。

30 年代和 40 年代的政策辩论使得天才贫困儿童能够进入英语作为教学语言学校免费学习，可惜英语作为教学语言的学校教育因为 50 年代中期和 70 年代初期的改革而终止。改革的效果引发争议，人们认识到削弱了作为全球经济通用语的英语教学水平对国家经济竞争力带来了负面影响。政府现在意识到英语对经济发展的重要性，许可某些中学科目用英语上课，如科学和数学。

斯里兰卡整个政府教育体制的宝贵经验是提供公办学校的免费教育。经过多代人的连续教育投入，给斯里兰卡带来了巨大的经济和社会收益。教育有助于提高个人收入、减少贫困率、促进代际社会阶层和职业流动、更好的家庭健康和计划生育、更好的性别发展和性别权益，这些普及基础教育的举措产生了巨大社会效果。

斯里兰卡教育改革为普通教育入学机会平等提供了多个经验教训，特别是在初等教育方面。这些好的经验促进了教育机会平等和提高教育质量。但也有一些妨碍教育机会平等和教育质量提高的教训。

在促进普通教育入学机会平等的有益经验方面，建立就近入学的小学网络，是促进小学机会平等的最重要举措。小学生多是 5～10 岁，就近入学要求包括农村的每一个村庄有小学，都市则要重视贫困区域和家庭孩子的就近入学。

另一个重要政策是政府学校的免费教育。免费入学的好处是一所学校内没有社会阶层区别。但不好的方面是代价昂贵。如果对富裕孩子收费、贫困孩子免费，其好处是代价小，但不好处是区别富裕和贫困家庭孩子有困难，特别是处于边缘阶层的家庭。这种教育体制还出现管理和财政负担，学校还会出现收费和免费学生的社会区别，对后者带来刺激和沮丧。斯里兰卡采取的普及初等教育政策，如果政府经费许可，其是最容易管理的体制。在斯里兰卡，普及免费普通教育的成本不高，斯里兰卡文化许可男女同校，所以，大多数学校是男女同校。但在不许可男女同校的国家和文化中，分别设立男女不同学校的高成本会影响政策制定。

鼓励入学率的需求侧措施，如校餐、校服和教材、交通补贴，对促进教育机会平等有重要作用。这些举措减少了教育的间接费用，有利于贫困家庭孩子入学和减少辍学。另外，教材是质量投入的关键。

教育决策者还要考虑有学习障碍的特殊需求儿童群体，包括生理和认知障碍，为他们安排特殊教育项目。特殊教育项目可以是在某种专门学校进行，也可以在普通学校与正常孩子一道学习。还要考虑给辍学或者没有上学儿童提供非学历教育，进行劳动力市场需要的劳动技能训练。这些政策对促进教育机会平等非常重要，但成本很高，需要在资源分配上倾斜。

教育领域的人力资源素质非常重要。优秀校长能够促进学校的效率和运行，优秀教师能够促进课堂教学质量和学习过程。政策要吸引有能力的人担任校长和教师，建立鼓励持续专业发展的机制，对优先者给予教学奖励和鼓励。

物质资本同样重要，如技术、教学资源和教材。在技术密集型的现代教育中，高质量教育需要大量资本投入。需要给小学生开发价廉的信息技术设备，如电脑。另外，人力资源和技术资本可以互换，能够接触和使用技术和教育资源的学生比没有接触的学生所需要的老师帮助更少。在技术和教育资源配置更好的学校日常运行更有效，即使是班级大，生师比高也是如此。教育的资源配置要注意人力资源和物质资源的互补关系。

儿童家庭环境和成长过程对实现教育目标非常重要，包括儿童认知能力的发展。鼓励学习和创造学习条件的家庭的孩子比缺乏这些条件的家庭的孩子学习更好，而这些家庭多是受过教育的中产阶层。家长没有受过教育的贫困家庭没有这些条件，需要提醒家长重视。斯里兰卡政策制定者开始认识到这一问题，教育对学校的放权和促进学校与社区互动，特别是校长、教师和家长的互动也开始不久，都需要加快发展。斯里兰卡计划性的教育体制传统需要改革，需要将家庭教育和国家教育政策结合。

经济政策应该有利于教育投入的经济和社会收益的活力和增长。斯里兰卡过去几十年摇摆在亲市场政策和政府干预之间。亲市场政策是辅之政府干预，提供公共服务产品，如教育和医疗，以及贫困人口的社会保障；或者强烈政府干预政策，压抑市场。在亲市场时期，经济活动活跃，给教育投资提供了空间，产生了劳动力市场的回报，并且有利于国家。在压抑市场时期，增长低，没有教育投资空间，乃至导致社会动荡。斯里兰卡的教训是投资教育需要有利于市场和活跃经济增长的经济环境。

当然，制定促进教育机会平等的教育政策框架也有教训。斯里兰卡教育政策框架压抑了私人领域对基础教育的参与，其负面影响是首先限制了对教育的投入和发展。其次，富裕家庭孩子也享受免费教育带来了新的不平等，本来教育资源可以更多地用来改善贫困孩子的教育。再有，就是压抑了创新，私人学校比公立学校体制更迅速和灵活。

所以，应该鼓励私人领域投资基础教育。

斯里兰卡教育体制的集权也会带来问题，特别是教师配置的平等上。放权后的教师聘任是学校聘任教师，教师对学区负责，这样才能够根据学校需求分配教师，改善教师出勤率。教育体制中不同的人力资源部门的角色和责任的模糊导致程序混乱和教育体制发展的不平衡。例如，校长的位置可以由斯里兰卡校长中心成员和斯里兰卡教育行政中心成员担任。斯里兰卡教育行政中心成员担任校长，导致行政和管理位置空缺，特别是乡村，导致乡村教育部门管理混乱，影响贫困学生的教育质量。一个教育体制的不同人力资源部门应该明确自己的角色和责任。

对斯里兰卡教育的批评认为，竞争太激烈，教育体制僵化，偏向精英。教育忽视了创新能力培养。人们对高等教育的批评是教育质量下降，学生所学专业难以满足市场需求。另外，建立私立大学的主张受挫，但有一些私立教育机构按照国外大学标准授课，成为国外大学的分校。

总而言之，斯里兰卡提供了促进普通教育，特别是在初等教育机会平等的宝贵经验。

第十三章 斯里兰卡教育概览

一、概述

在经济全球化发展的今天，教育已经不再是一项权利、一份快乐、一个得到自由与许可的工具，而是一种投资（Brock-Utne，2000：12）。Brock-Utne 引用他人的话说：我们相信教育是一种投资，就像是投资建设一条马路或者一座桥那样的投资一样。

Carnnoy（2000）认为全球化主要在三个方面影响着教育的发展：金融财政方面，劳动市场方面以及教育层面。在新的全球经济情势下，大量的资金流动依赖于全球市场的信息，交流以及知识。因此，那些知识渊博的、富于创新的、善于运用现代知识系统的人才活动于世界各个工作层面。所有国家的经济体都被迫调整他们的人才结构来适应新的全球经济形式的发展需求。

教育对于一个国家的社会经济发展的重要性是毋庸置疑的。教育在提高人们的生活水平，提高人类的发展，促进社会的公平性与稳定性，增强民主性以及政治决策制定等方面都扮演了很重要的角色。但是，就在两代人以前，一些发展中国家对于教育没有引起足够的重视。早些年，发展的重心都投入到了基础设施中。在近几十年，随着人们日益丰富的要求使一些国家的学者与政策制定者将注意力放到了教育上。在这一先进思想的转变中，斯里兰卡就是典型的代表。与其他发展中国家以及中等收入国家相比，斯里兰卡的女性以及来自低收入家庭的孩子在接受教育公平性方面表现较好。此外，教育质量方面，包括学习环境以及学生的认知水平在近些年都有显著提高。

20 世纪 80 年代，当时的斯里兰卡虽然是一个低收入国家，但其在很多人文方面的发展均取得了可喜的成绩：高人均寿命，低婴儿、儿童和孕妇死亡率，高成年人识字率，高小学教育普及度以及教育性别平等等（Isenman，1980；Sen，1981）。这一结果或许是因为政府对于社会部门的公共建设投资。这一方式在接下来的几十年对于跨国研究中得到了强有力的证明（Anand & Kanbur，1991；Kakwani，1993）。其他像斯里兰卡一样有很好的人文发展的国家城市还有哥斯达黎加以及印度喀拉拉邦（Aturupane et al，1994；World Bank，2005a）。这些国家城市的一个共同点就是政府政策对于人力资本的投资（Anand & Ravaillon，1993；World Bank，1993）。这一人文发展促使斯里兰卡、哥斯达黎加甚至包括同样获得成效的韩国、香港、新加坡、马来西亚以及泰国等国家与城市建立了健全的基础教育与义务教育，提高了中等教育等重要的教育政策从而进一步促进其社会经济的发展（Barro，2001；Hanushek & Welch，2006）。

（一）斯里兰卡的通识教育历史发展

斯里兰卡在通识教育（初级教育与中级教育）方面的普及是各方面综合作用的结果。

首先，斯里兰卡在普及教育方面开始较早。在古代，在宗教机构中人们就使用本族语——僧伽罗语与泰米尔语进行教育。这一教育形式大多限制于宗教知识传播以及简单的读写教学中，有时候会增加一些算术教学。这些宗教机构的教育形成了接受过教育的人会得到人们的尊敬的一种良好氛围。

16 世纪欧洲国家对斯里兰卡的殖民统治也促进了这一教育体系的形成与发展。16 世纪以及 17 世纪初，葡萄牙（斯里兰卡的第一个统治者）在他们统治国家的沿海地区建立了一些学校。到了 17 世纪末以及 18 世纪在荷兰的统治下，沿海的学校网络得到扩大，义务教育年龄规定也提高至男性 12 岁、女性 10 岁。

到了19世纪，英国继承了荷兰对于斯里兰卡的统治。基督教传教士建立了学校来使用英语传播基督教。1868年，相关教育部门被建立来促进教育的发展。19世纪末，英国统治者以及来自佛教、印度教和穆斯林的慈善家建立了英语语言学校，与此同时，传播基督教的学校数量也在持续增长中。1906年的《城乡学校条例》规定了初级义务教育，并授权当地委员会强制城市地区学校的学生出勤率。19世纪末对教育体系的扩张带来的直接结果就是学校数量的急剧增加，由1871年的494所到1911年的2 735所；就学学生数量从1871年的38 355人到1911年的359 657人。这一措施所带来的有利影响是人们识字率的提高。男性识字率从1871年的23%提高到1911年的43%；女性识字率从1871年的2%提高到1911年的将近12%。

第二，20世纪30年代、40年代的普及教育政策制定者深深明白普及初级教育以及中级教育对于经济稳定发展的重要性。这一阶段的一项重要举措是中级教育中对于英语学校的引进。英语语言教育为斯里兰卡政府以及私人企业单位带来了很多经济、商业、贸易发展机会。因此，对英语语言教育的渴望在19世纪以及20世纪初这一阶段显得格外强烈。然而，有限的可利用的英语语言学校使得当时只有社会贵族——主要是乡绅贵族的孩子才能够享受到这种英语语言教育。相反来自普通家庭的孩子只有少数很有学习天赋的才有接受这种英语语言教育的机会。

在公立学校推行免费英语语言教育这一提议被认为是“无价珍珠”一样的宝贵(Sumathipala，1968)。20世纪30年代、40年代的国会记录表明提倡普及教育的政治家深深明白这一举措是为了国家未来发展的一项重要投资。斯里兰卡在1948年获得独立以后，在20世纪50年代、60年代政府都把很大一部分精力投入到了人力资源建设当中(Corea，2008)。

第三，在斯里兰卡1948年获得独立以后的二十年这一特殊的政治经济背景下，其现代教育体系的建设完善是极其重要的。期间，斯里兰卡人见证了大人与孩子两代人接受教育所带来的益处。这一阶段出生的孩子的父母均至少接受过初级教育，甚至接受过中级教育或更多，这些父母可以有比先辈们更多的发展机会因为他们接受过教育。因此，他们想让他们的后代接受更多教育的愿望更加强烈。也因此，普及义务教育这一政策变得更加好展开。

第四，独立后的斯里兰卡的两大政党都对普及通识教育给予了很大支持。国会通过了公立学校免费义务基础教育这一教育政策。斯里兰卡统一国民党与自由党两大政党的支持对于普及初级教育以及扩大中级教育面都有很重要的作用。

（二）斯里兰卡的教育体系

斯里兰卡教育体系大致有五个阶段，主要包括初级教育阶段（1～5 年级）、初中教育阶段（6～9 年级）、普通教育一般考试阶段（10～11 年级）、普通教育高级考试阶段（12～13 年级）以及高等教育阶段。其中义务教育是 1～9 年级（6～14 岁）的初级教育与初中教育阶段。高中教育阶段包括通教育一般考试阶段和普通教育高级考试阶段。1～13 年级有三项统考测试：①5 年级有奖学金考试，这一考试主要是将有天赋的学生分配到名牌学校，同时为一些学生提供奖学金奖励；②11 年级有普通教育证书——普通级考试，这一考试主要检验学生是否掌握 11 年级所应具备的知识，同时筛选部分学生进入到下一阶段教育；13 年级有普通教育证书——高级考试，这一考试主要检验学生是否掌握 13 年级所应具备的知识，同时筛选部分学生进入高等教育阶段。

（三）斯里兰卡的通识教育质量与学习成果

教学质量对学生来讲是很重要的。如果学生进入质量差的学校，能学到的东西就会很少，这是有违教育政策的初衷的。国家教育体系规定了课程目标规定，学生接受的教育必须达到一定的认知技能与能力水平，还要注意培养学生的社会文化意识。

20 世纪 50 年代以后政府就一直致力于提高学校学习环境的质量，特别是农村与近郊地区，并努力提高偏远地区孩子的教学质量。20 世纪 70—80 年代势头尤为强劲，并制定了一些教育改革项目，这些改革项目为后来 20 世纪 90 年代以及 21 世纪教育质量的提高打下了坚实的基础。这项项目政策旨在提高和增加教育体系中的人力与物力，引入了一些新颖的课程标准与改革，转变了一些教学方法从而使得初级教育更加以学生为中心，中学教育更加注重活动型教学（Little，2000；Gunewardena，2002）。

通识教育认知成果的衡量成为斯里兰卡对教育政策与项目制定与监督的一个重要标准。国家教育研究与评估中心在科伦坡大学成立，以实施教育研究并对教育成果进行评估。此外在公开大学也成立了相应的教育评估中心，再后来在帕拉代尼亚大学、贾夫纳大学也陆续成立了类似的评估中心。

研究者分别对 2003 年与 2007 年基础教育课标准中的数学与英语学科进行了学习成果评估。结果显示相较于 2003 年，两门学科在 2007 年的学习成果均有所上升，并且在城市学校与农村学校均分别呈现上升趋势。

英语学科方面，4 年级学生的全国比例平均分从 2003 年的 42％上升到了 2007 年的 52％。城市学校从 2003 年的 55％到 2007 年的 64％；农村学校从 2003 年的 39％到 2007 年的 50％。数学学科方面，4 年级学生的全国比例平均分从 2003 年的 61％上升到了 2007 年的 74％。城市学校从 2003 年的 70％到 2007 年的 80％；农村学校从 2003 年的 59％到 2007 年的 72％。这一调查结果显示斯里兰卡基础教育成果在 2003—2007 年期间有所上升。同时也是 20 世纪 90 年代以及 21 世纪所制定的教育改革项目成效显著的直接体现。

（四）斯里兰卡的学前教育

斯里兰卡学前教育主要是由私营部门资助运营的。在斯里兰卡约有 12 000 所学前教育机构，诸如托儿所、蒙特梭利学校以及公立幼儿园等。在斯里兰卡约有 60%的 3～5 岁儿童就读于这些学前教育机构。很明显，有相当数量的儿童在这一重要阶段没有接受学校教育。这其中超过 80%的学前教育机构是私立的，这些学前教育机构是半公开性质的，这里边有实质性的社会利益，因此有必要对私营部门进行公共补给。政府将大部分的学前机构交由私营部门资助运营很大的一个原因是缺乏这一巨大的并且具有挑战性领域的资源。

现在，对儿童早期教育的重要性越来越受到认可。政府也制定了儿童早期保健与发展的国家政策。政策对儿童早期保健与发展进行了阐释并阐明了儿童从出生前到 5 岁之间的发展需求。政策提倡儿童早期的全面发展，包括对其健康、营养、认知以及心理需求的关注。

总体来讲，学前教育部分是目前斯里兰卡教育体系当中最未受到重视与最薄弱的部分。儿童早期教育的问题需要未来更多的研究工作来为政府与大众提供一个认知基础，从而为提供一个高质量的学前教育体系做良好的准备。

（五）斯里兰卡通识教育体系的局限性

斯里兰卡教育体系的一个主要局限性就在于未能使所有学生平等地接受其基础教育。20 世纪 60 年代初通过的一项立法规定禁止私营部门涉足 6～14 岁学生教育领域的投资，当时的执政政府中存在一种反市场经济的偏见。这一限制大大弱化了教育体系的公平性与有效性。

限制私营部门涉足基础教育领域就意味着普及基础教育的全部花费，甚至包括来自富裕家庭的孩子的基础教育费用也全部来自于政府。这就使得政府预算中每位学生可享受的资源变少。如果当时允许私营企业涉足基础教育领域，那么来自富裕家庭的孩子大多会选择就读私立学校。这样一来，就读于公历学校的每位学生就可以享受到更多教育资源，来自贫困家庭的孩子也就可以享受到更多。因此，限制私营成分涉足基础教育是不明智的，尤其是对那些来自贫困家庭的学生来说减少了他们本可以享受到的教育资源。

除此之外，限制私营成分涉足基础教育也意味着教育资源总量的减少，减慢了教育领域的发展。一个充满生气的私立学校会为加快经济的发展做出很大贡献，同时也会获得相应收益来反过来支持政府对公共服务的投资，包括教育领域。因此，限制私营部门涉足基础教育领域的投资也是经济发展低效率的一种表现。

值得注意的是，为私营部门敞开基础教育的大门并不一定意味着教育领域的自动公平性与有效性。首先，由于部分学生就读私立学校使得就读公立学校的学生人数减少，政府可能因此减少对公立教育的投资。为了防止这一情况的发生，政府需要作出承诺，至少保证维持之前对基础教育的投资预算不变。

其次，私立学校教学质量相较于公立学校更加多元化。私立学校既有世界上最好的学校、也有世界上最差的学校。所以保证私立学校教学质量的一种方式是设置专门独立的机构委员会来监督实施对私立学校的政策规定，确保私立学校达到教育质量的最低合格标准。还有一种方式是允许私立学校教育存在市场竞争，逐渐淘汰较差教育质量水平的私立学校。这两种方式在世界上都是存在的，斯里兰卡应该综合考量，选择一种更加适合本土国情的方式来平衡私营成分在基础教育领域的力量。

二、斯里兰卡的通识教育政策

（一）斯里兰卡通识教育的公平性政策

自 1948 年斯里兰卡获得独立以来，通识教育平等性就成为斯里兰卡公共教育政策中的核心问题。当时，斯里兰卡小学入学率约为 60%。能够接受中学教育的机会很少，只有 15%的小学毕业生可以有机会接受中学教育。能够接受高等教育的人就更少了，每年约有1 000人可以就读大学。这一当时的教育现状意味着只有少数中上阶层的人可以享受教育机会，下层阶级的穷人是被排除在外的。这些年来，政府也一直在致力于普及通识教育的工作，争取各个阶层的人都能够有机会接受教育。

这一教育政策就需要政府做一些实质性的工作来改善当时的教育现状。1948年以来，斯里兰卡的人口逐渐增加，对教育资源的需求量也随之增加。随着经济的发展，斯里兰卡国民家庭收入也有所增加。这一期间教育领域的发展注意力主要集中在学校的建设、学校教学楼的建设，特别是教室的建设，还包括一些科学实验室、图书馆、活动室、多功能教室的建设以及教学队伍的壮大。在20世纪50年代到70年代期间，教育体系中的学校、学生、教师的数量都在不断增加。1950年，约有1 300 000名学生，3 900所学校，38 000名教师。到了1981年，有将近3 600 000名学生，9 500所学校，136 000名教师。学生与老师的比例从1950年的35∶1降到1981年的29∶1。成年人识字率也从1950年的65%增加到1981年的87%。20世纪80年代以后，教育体系仍持续扩大。1991年，学校数量已增加到了将近10 000所，学生人数4 300 000名，教师人数177 000名。中学入学率从1960年的27%上升到1991的70%。

在20世纪90年代到21世纪初期间，有三大新的重要因素影响着斯里兰卡的教育体系与政策。首先，自20世纪70年代以来人口出生率开始有所下降，从1987年开始，每年就读一年级的学生数量开始下降。第二，就读私立学校与国际学校的学生人数开始增加，这导致对公立学校的需求开始减少。第三，随着经济的发展，斯里兰卡人口开始从农村转向城市。因此，一些农村学校渐渐关闭，数量逐渐减少。这一变化使斯里兰卡政府从中受益，有效缓和了政府的教育经费支出。但鉴于公立学校主要为贫穷家庭孩子提供教育平台，所以政府对公立学校教育的预算仍然是一笔固定的开支。

(二)21 世纪斯里兰卡的通识教育政策

教育有助于提高个人收入,降低贫困率,促进社会职业流动性,优化家庭健康与生育控制,优化性别发展与性别权利等等(Aturupane,2009)。普及通识教育为斯里兰卡带来了巨大的收益。与其他发展中国家相比,自斯里兰卡 1948 年获得独立以来其教育体系的发展是一个很好的典范,尤其是在通识教育公平性方面以及教育性别平等方面做得尤为出色。进入 21 世纪以来,斯里兰卡教育部对斯里兰卡教育体系有了更深刻长远的教育目标:

首先,进一步促进初等教育与中等教育的平等化。这一目标是要确保所有 6～14 岁的学生完成义务教育阶段(1～9 年级)学习,并且所有 15～18 岁的学生可以接受中等教育(10～13 年级)。

第二,进一步提升教育质量。学校的教学质量是影响学生选择是否就读该校的重要因素。教学质量低的学校使学生望而却步,而教学质量高的学校使学生趋之若鹜。20 世纪 90 年代兴起的初等教育改革项目旨在提倡以学生为中心的教学方法。学校教学楼的修建也选择了吸引学生的明亮的墙壁与相应的教学设施样式。学生们以小组形式就座并在教学过程中经常组织团体活动,教师尽量多与学生互动。教材多使用彩色印刷,多选用叙述性的文章与插图来吸引学生。这些都会有效促进学生的学习,提高教学质量。

斯里兰卡曾经经历了近 30 年的种族分裂冲突。这一冲突减慢了斯里兰卡整体的经济增长速度、人文发展以及社会进步。冲突期间,一些学校被战火毁坏,教育质量受到很大影响,也导致很多学生很早就辍学。因此,改善教育质量的一项很重要的任务就是尽量保全种族多样性与维护种族和谐。

第三,进一步加强教育资源配置的经济有效性与平等性。教育资金到位对于开展通识教育平等性至关重要。2003—2007 年的公共教育投资逐年增加，从2003年的390亿卢比增加到2007年的990亿卢比。

第四，进一步加强教育管理与教育服务。这一目标旨在平衡学校领导人、教师、家长以及学生之间的关系。学校也可以设置学校管理委员会来充当学校管理的催化剂，从而使学校的管理更加符合学生发展的需求。

这四个目标相互促进和相互深化。目前接受1～9年级基础教育的学生比例已经达到了95%，接下来斯里兰卡面临的任务就是提高初等教育与中等教育的教育质量，特别是贫困地区的教育。目前，斯里兰卡国家教育部已经出台了一些相关政策来提高教学质量，教学成果也得到了一定提高。但是改善薄弱学校状况、提高其教学质量仍然需要时间。

三、斯里兰卡的英语教育

（一）斯里兰卡的英语教育历史发展

在欧洲人来到斯里兰卡之前，斯里兰卡的教育主要是面向一小部分精英群体的，这些精英主要是指贵族家庭的子女，绝大多数的斯里兰卡人民是没有接受教育机会的。除了这些贵族家庭的子女要接受教育之外，佛教高僧也要接受教育。这些贵族子女和佛教高僧通常是在村里的寺庙内接受教育。他们上课的课程通常包括僧伽罗语以及基本的佛教文学知识，对泰米尔语的教育多是基于印度的传统。在印度，婆罗门保留着印度传统。他们吸引年轻的学者去他们的家里向他们介绍神圣的印度语书籍。在斯里兰卡也是同样的，只有来自泰米尔贵族的继承者可以享受来自婆罗门的教育。

1505年，葡萄牙人入侵了斯里兰卡，紧接着的是1656年荷兰人对斯里兰卡的殖民统治，最后是1796年英国人对于斯里兰卡的殖民统治。在殖民者的统治下，斯里兰卡的教育经历了多次的改变。一种说法认为，在1815年英国人对斯里兰卡的完全统治影响下，斯里兰卡的学校教育基本稳定成形。

在英国统治期间，在保留本族语学校的同时，更多的注意力被放到了英语语言教学当中。本族语与英语的语言教育都在不断发展成熟。通常认为有高地位教育与低地位教育。前者指的是5～18岁所接受的英语语言教学，而后者指的是小学教育的本土语言教学。英语语言教学是基于西方(主要是指英国)教育传统，这类学校要收取学费，而本族语学校是免费的。

殖民教育加速了社会的不平等化。那些接受本族语教育的人因为不擅长英语而受到了不公平的差别待遇。英语语言学校为英国殖民统治系统输送白领工作人才，所有的政府工作职位或者更高的工作职位都只为来自免费征收学校的学生提供，受过英语语言教育的斯里兰卡人开始瞧不起那些没接收英语教育的本族人(Ranasingha, 1999)。

然而，能接受英语语言教育的人是很少的，大部分的斯里兰卡人还是接受本族语的教育。英国人通过使少数人接受英语语言教育对其所殖民的斯里兰卡人进行等级划分。截止到1911年，有约1.8%的斯里兰卡本地人接受英语教育(Dharmadasa, 1992:192)。英语被认为是殖民统治者所使用的语言。掌握英语被认为是通往高等阶级的必经道路。殖民教育带来了人们之间的不平等性，拉大了贫富差距。正是这样的等级偏见促进了斯里兰卡后来的免费义务教育与语言政策的提出。

随着经济全球化的发展，英语占主导地位的趋势也愈加明显。现在，许多的英语语言课程被引进到了斯里兰卡的大学课程当中。同时也建立了许多的私立学校来提供英语课程为世界大大小小的企业输送人才来保护本国的就业形势。如果说经济全球化是对各国企业贸易的整合和发展，那么一门公用交流的语言也是有必要的。目前的形势下，英语似乎是获得最高主导地位的语言。

教育改革的核心之一是语言政策的完善。英语是全球经济化发展下的产物，经济全球化进程的力量下很有可能导致一言制的产生。这一现象在某些人眼里也代表了合理性（Phillipson，1999：199-200）。即使是在斯里兰卡获得独立以后，英语仍然是其一门主导性的语言。接受英语语言教育的人仍然对接受本国语言教育的人带有一定歧视。

因此，完善语言政策与推广免费义务教育对于斯里兰卡是至关重要的，特别是对于贫困的人来讲显得尤为重要。使用母语对于斯里兰卡重拾自己在英国殖民统治期间丢失的身份是尤其必要的。对斯里兰卡本国语言教育政策的保存，在学校中教授与使用本国语言对于促进斯里兰卡民族和谐具有积极作用。英语虽然是经济全球化下的产物，但是它仍然应该作为第二语言或者外语来教授。

（二）斯里兰卡的英语态度

早在20世纪30年代、40年代斯里兰卡就为平穷但有天赋的学生开放了免费就读公立英语学校的平台，这一举动在当时被认为是“无价的珍珠”一样珍贵，为斯里兰卡的社会经济带来了实质性的投资利益（Aturupane，1993，2004；World Bank，2005a）。然而讽刺的是，英语语言教育在20世纪50年代到20世纪70年代初被废除了。取消这一世界上使用最广泛的语言教育，直接影响了斯里兰卡在世界上的经济竞争力。现在，斯里兰卡政府意识到英语对于其经济发展的重要性后，允许一些科目，诸如科学与数学等在中学阶段采取英文授课。很长一段时间以来，斯里兰卡英语的发展都是国内、国际社会语言学家关注的重点。

在斯里兰卡，人们主要使用三种语言：僧伽罗语，泰米尔语和英语。据调查，74%的斯里兰卡人说僧伽罗语，18%的人说泰米尔语，10%的人会说英语。目前，英语在学校从1年级就开始教授。僧伽罗语和英语大多在城市人口中使用。英语在斯里兰卡有几百年的历史了，最初英语在斯里兰卡是只有贵族才能使用的语言。现在在斯里兰卡，英语仍然具有很高的地位。因为掌握英语是目前一些国有企业与私营企业招聘的先决条件，同时也是社会流动性的前提。有的人既会说僧伽罗语、又会说英语，并且形成了斯里兰卡自己的英语变体——斯里兰卡式英语。在日常交流甚至书面交流中，他们有时会进行语码转换，即两种语言切换使用。这也使得斯里兰卡式英语形成了自己的语音、语法与词汇特点。随着 2009 年斯里兰卡近 30 年内战的结束，斯里兰卡宣布了三语制的国家语言政策。斯里兰卡不仅在提高母语的教学质量，也同时在不断提高英语教学质量。政策提倡把会说英语作为一种生活必备技能来教授。

斯里兰卡式英语在语音、词汇、语法、句法等方面与英式英语与美式英语有一定的区别，但它在斯里兰卡也得到了一定的运用，这也表明了斯里兰卡人对其的认可。但是，斯里兰卡式英语的使用价值与使用广泛度仍然是人们的一个争论热点。Meyler(2007)出版了《斯里兰卡式英语字典》一书，也标志着斯里兰卡式英语定义的规范化。该书的核心目标是描述英语在斯里兰卡是如何使用的。它对斯里兰卡式英语进行了定义，并努力促进斯里兰卡式英语的认可度，使其能够成为众多国际英语变体当中的一种。对此，斯里兰卡本地的学者以及国外的一些语言学家也都给予了支持与肯定。然而，并不是所有斯里兰卡人都接受斯里兰卡式英语。一些学者也提出了斯里兰卡式英语不够系统等观点。所以，一些人对斯里兰卡式英语表示支持，另外一些人对其采取消极态度。因此，斯里兰卡式英语的命运决定于政府以及人民对于其的接受程度与使用度，以及政府的语言政策与规划。

近年来对斯里兰卡英语态度的研究越来越多，例如 Gunesekera(2005)，Raheem(2006)，Kunstler(2009)等都对此有一定研究。基于这一研究背景，Bernaisch (2012) 继续这一研究，相较于之前的研究，Bernaisch 扩大了研究范围。Bernaisch 通过利用社会语言学中的调查问卷法对斯里兰卡存在的不同英语变体的态度进行了对比研究。这一研究对比了当地人们对于英式英语、美式英语、印式英语以及斯里兰卡式英语这些英语变体的态度。

英式英语作为斯里兰卡英语的历史输入源语言变体，在斯里兰卡当地人的语言认知域中仍然占有一定地位，这一点反映在斯里兰卡有相当一部分数量的人在使用英式英语，尤其是在科伦坡(Gunesekera, 2005)。此外，在 Kunstler (2009)的调查中，有 50%的受访者表示对英式英语的喜爱超过其他几种英语变体。

美式英语在斯里兰卡的历史可以追溯到 19 世纪初美国传教士来到斯里兰卡北部和东部地区(Jayawardena, 2003; Yogasundram, 2008)。正是有了美国传教士，才有了美式英语与斯里兰卡式英语之间的语言联系。此外，20 世纪 70 年代斯里兰卡对外开放市场经济模式以及外来新型媒介流入加强了美式英语在斯里兰卡的地位(Meyler, 2007)，也同时对斯里兰卡式英语产生了一定的影响(Gunesekera, 2005)。

然而，外来新兴媒介的流入不仅为斯里兰卡带来了美式英语，也同时带来了其他英语变体——印式英语。印式英语通过印度语报纸、印度语电视节目以及宝莱坞电影等媒介传入斯里兰卡。除此之外，政府节目"English as a Life Skill"以及 Speak English Our Way，都旨在提高教学质量并且增强人们的英语口语能力，这在很大程度上依赖于与印度教育教学的合作(Somarathna, 2010)。基于这种情况，印式英语在某些方面就对斯里兰卡式英语产生了影响。

正是基于这一丰富的语言背景下，Tobias Bernaisch 对比了当地人们对于英式英语、美式英语、印式英语以及斯里兰卡式英语这些英语变体的态度。这一调查研究采用问卷调查法，受访者对这四种英语变体进行评价。

该调查涉及的社会变量主要有：性别、年龄、种族、职业、居住地、掌握的第一语言以及英语能力等。该调查一共有169名受访者作为受访样本，其中60.1％为女性，39.9％为男性。他们的平均年龄为31.1岁，年纪最小的是21岁，年纪最长的有76岁。有35.5％的为学生群体，30.1％的人在企业部门工作，18.7％在高校工作，11.4％的人从事公立学校或者私立学校教师工作，还有4.2％的人目前没有工作。关于受访者的居住地，61.7％的人来自科伦坡，8.4％的人来自阿奴拉达普勒，还有剩下的29.9％的受访者来自斯里兰卡西部地区与南部地区。65.9％的人为僧伽罗人，3.7％的人为泰米尔人，21.3％的人说他们是斯里兰卡种族的人，剩下的9.1％来自不同种族背景，例如斯里兰卡自治市市民以及非洲摩尔人等。77.6％的人以僧伽罗语作为他们的第一语言，16.4％的人以英语作为第一语言，还有5.6％的人第一语言为泰米尔语。69.3％的人认为他们英语能力较好，12.7％的人认为他们英语能力一般，还有18.1％的人认为他们英语能力较差。

经过调查，受访者对英式英语拥有最高的好感度，其次是斯里兰卡式英语，接下来是美式英语，最后是印式英语。上述调查者考虑到的社会变量均没有对人们对于英式英语的态度起决定性作用。其中，受访者的职业这一变量对于斯里兰卡式英语、美式英语以及印式英语的地位起到了重要作用。每种职业都对英式英语给予了高度评价，而对于斯里兰卡式英语、美式英语和印式英语的态度因职业的不同而不同，例如在高校担任教师的与在企业部门上班的人对于后三者的态度会有所不同。

受访者对于这四种英语变体的态度变量与排名的调查结果显示英式英语在斯里兰卡仍然具有很高的地位，还应值得注意的是人们对于英式英语的态度更加同质化，而对于排在末位的印式英语的态度趋于异质化，这也就意味着在斯里兰卡语言社区内其联系范围更加广泛。斯里兰卡式英语排在第二位意味着人们不仅意识到斯里兰卡式英语的存在，并且对其抱有一定程度的积极态度。美式英语有其经济与政治方面的优势，即使是在这样背景下，斯里兰卡式英语仍然超过它，足以证明斯里兰卡式英语在人们心中的地位。同时也反映了印式英语没有其他几种英语变体受欢迎。

此外，根据各项数据表明，受访者认为英式英语给人感觉很有礼貌、很绅士，加之英国曾经殖民斯里兰卡的历史背景，使人们认为讲英式英语是经济地位与权势的象征，这一历史背景同时也让人们认为英式英语在这四种英语变体中最为古老：它在18世纪初就已被引入斯里兰卡(Gunesekera，2005)。斯里兰卡式英语对斯里兰卡人民来讲显得更为亲切友善、直接。人们认为美式英语更具现代性。有趣的是，印式英语虽然排名最末，但人们认为它给人感觉比较谦虚友善，这一点跟斯里兰卡式英语的地位是不相上下的。

人们认为英式英语最不具现代性，认为它最古老也反映出了英式英语在人们心中地位开始下滑这一事实。加之人们普遍认为斯里兰卡式英语在日常交流中显得更加友善亲切，这为其在斯里兰卡站稳脚跟奠定了一定基础。但这也掩盖不了短时间内英式英语在斯里兰卡仍然是地位最高的英语变体这一事实。不过，虽然目前调查结果显示英式英语比斯里兰卡式英语地位高，但未来斯里兰卡式英语地位升高势头明显。

(三)斯里兰卡的大学教育与大学英语教育现状

斯里兰卡是南亚地区最好的施行基础教育的国家之一，有相当可观的识字率(Jayaweera & Gunawardena，2007；Ribound et al，2007)。较高的初级教育普及度带来的一个后果就是相对偏低的高等教育普及率。2000年的斯里兰卡，成年人的识字率为91%，但仅有2.3%的成年人(年龄大于30)接受过中级教育。当然，这其中都没有包含北部和东部部分地区，这些地区受过中级教育的人更少(DoCS，2011a)。义务教育政策于1947年引入斯里兰卡，这一政策允许每位学生19岁以前免费就读于斯里兰卡公立学校，这为斯里兰卡公民识字率做了巨大贡献。然而，到了大学阶段，公立大学每年只有 22 000 个位置提供给新生，仅占所有中学毕业生的 3%。虽然还有一些私立大学的存在，但其中的高昂学费超出了大多数学生的支付能力。这也就导致了斯里兰卡大学入学考试的激烈竞争。

此外，斯里兰卡大学里的大部分课程，包括诸如医学、工程学、兽医学以及牙医学等均采取英文授课。然而在中学教育阶段采取斯里兰卡本族语即僧伽罗语和泰米尔语授课，英语是作为一门必修课来学习的。大学生们的英语水平也不尽相同，来自科伦坡的学生的英语水平要普遍高于来自农村地区的学生。虽然英语在中学阶段是作为一门必修课程学习的，但是学习英语的来源渠道在城市地区与农村地区却差别很大。据一些大学教师反映，大部分来自农村的学生对于适应全英语授课有困难。总之，斯里兰卡的大学教育与大学英语教育之路任重而道远。

（马雪　编译）

参考文献

Abhayadeva, C. Early Childhood Care and Development in Sri Lanka. *National Education Commission* (*NEC*). Colombo: Sri Lanka. 2003.

Anand, S. & M. Ravillion. Human Development in Poor Countries-On the Role of Private Incomes and Public Services. *Journal of Economic Perspectives*, 1993, 7(1): 133-150.

Anand, S. & R. Kanbur. Public Policy and Basic Needs Provision: Intervention and Achievement in Sri Lanka. In: Dreze, J. & S. Amartya. (Eds.). *The Political Economy of Hunger*, 3. Oxford: Clarendon Press. 1991.

Aturupane, H. *Is Education Beneficial? A Microeconomic Analysis of the Impact of Education on the Economic Welfare of a De-*

veloping Country, Sri Lanka. Unpublished PhD thesis, Cambridge: University of Cambridge. 1993.

Aturupane, H. Public Investment in Education. In: Kelagama, S. (Ed.). *Economic Policy in Sri Lanka: Issues and Debates*. Colombo: Institute of Policy Studies. 2004.

Aturupane, H. Education in Sri Lanka: Learning Outcomes, Equity and Household Preferences. In: Senanayake, S. M. P., Wimalaratne, W. & A. de Silva. (eds.). *Development Perspectives: Growth and Equity in Sri Lanka*. Colombo: Department of Economics, University of Colombo. 2008.

Aturupane, H. Celebrating 60 Years of Progress And Challenges in Education in Sri Lanka. *South Asia Sector for Human Development Working Paper*. Washington DC: World Bank. 2009.

Aturupane, H., Glewwe, P. & P. Isenman. Poverty, Human Development and Growth: An Emerging Consensus. *American Economic Review*, May 1994 (Papers and Proceedings), 1994, 84(2): 244-249.

Barro, R. J. Human Capital and Growth. *American Economic Review*, 2001, 91(2): 12-17.

Brock-Utne, B. Peace Education in an Era of Globalization. *Peace Review*, 2000, 12(1): 131-138.

Corea, G. *My Memoirs*. Colombo: Gamani Corea Foundation. 2008.

Dharmadasa, K. N. O. The Growth of Sinhala Nationalism in Sri Lanka. *Language, Religion, and Ethnic Assertiveness*. Michigan: The University of Michigan Press. 1992.

DoCS. (Department of Census and Statistics). (2011a). *Social Conditions of Sri Lanka*. Colombo: Department of Census and Statistics. Accessed 22 February 2014, from http://www. statistics. gov. lk/social/social%20conditions. pdf.

Gunesekera, M. *The Postcolonial Identity of Sri Lankan English*. Colombo: Katha Publishers. 2005.

Gunewardena, C. *Evaluation of the Effectiveness of the Implementation of Reforms in Primary Education*. Colombo: National Education Research and Evaluation Center. 2002.

Hanushesk, E. & F. Welch. *Handbook of the Economics of Education*, 1. Amsterdam: Elsevier Science and Technology Books. 2006.

Isenman, P. Basic Needs: the Case of Sri Lanka. *Word Development*, 1980, 8(3): 237-58.

Jayawardena, K. Nobodies to Somebodies: *The Rise of the Colonial Bourgeoisie in Sri Lanka*. Colombo: Social Scientists' Association and Sanjiva Books. 2003.

Jayaweera, S. & Gunawardena, C. *Social Inclusion: Gender and Equity in Education Swaps in South Asia-Sri Lanka Case Study*. Kathmandu: UNICEF Regional Office South Asia, UNICEF. 2007.

Kakwani, N. Performance in Living Standards: an International Comparison. *Journal of Development Economics*, 1993, 41 (2): 287-319.

Kunstler, Viktoria, Mendis, Dushyanthi & Mukherjee, Joybrato. English in Sri Lanka: Language functions and speaker attitudes. *Anglistik: International Journal of English Studies*, 2009 (20): 57-74.

Little, A. W. *Primary Education Reforms in Sri Lanka*. (ed.). Colombo: Ministry of Education and Higher Education. 2000.

Meyler, M. *A Dictionary of Sri Lankan English*. Colombo:

Mirisgala. 2007.

Phillipson, R. The Globalization of Dominant Languages. In: Brock-Utne. B. & Gunnar G. (eds.), *Globalization on Whose Terms*. University of Oslo: Institute for Educational Research. 1999.

Raheem, R. Configuring the Mosaic: Investigating Language Use and Attitude in Sri Lanka. In: Hemamala V. R. & S. Herath. (eds.), *Selected Papers from the 3rd International Conference of the Sri Lanka English Language Teachers' Association*. 13-27. Colombo: SLELTA. 2006.

Ranasingha, A. *A Pearl of Great Price: The Free Education System in Sri Lanka*. The Tinbern Institute: University of Amsterdam. 1999.

Riboud, M., Savchenko, Y. & Tan, H. *The Knowledge Economy and Education and Training in South Asia*. Washington, DC: World Bank. 2007.

Sen, A. Public Action and the Quality of Life in Developing Countries. *Oxford Bulletin of Economics and Statistics*, 1981, 43(4): 287-319.

Somarathna, R. Speaking English Sri Lankan Way. Retrieved 20 January, 2011, from http://www.dailynews.lk/2010/12/16/fea01.asp.

Sumathipala, K. H. M. History of Education in Ceylon: 1796—1965. *Ceylon Historical Journal*, 1968(13). Colombo: Sri Lanka.

Tobias, B. Attitudes towards Englishes in Sri Lanka. *World Englishes*, 2012, 31(3): 279-291.

Wijetuna, S. & V. Wickremaratne. *Pre-School Survey*. Colombo: Ministry of Social Welfare / UNICEF. 2003.

World Bank. *The East Asian Miracle: Economic Growth and Public*

Policy. Washington. DC: World Bank. 1993.

World Bank. *Treasures of the Education System in Sri Lanka: Restoring Performance, Expanding Opportunities and Enhancing Prospects*. Colombo/Washington DC: World Bank. 2005(a).

Yogasundram, N. *A Comprehensive History of Sri Lanka: From Prehistory to Tsunami*, (2nd *ed.*). Colombo: Vijitha Yapa Publications. 2008.

（马雪编译）

第二篇
斯里兰卡语言概要

第一章　斯里兰卡的语言政策、种族矛盾和语言权利

在斯里兰卡独立前的4个世纪中，先后遭到3个西方殖民者的入侵和统治，斯里兰卡的语言政策和规划受到殖民统治者的影响。独立后，斯里兰卡又经历了几十年内战，斯里兰卡政府军和泰米尔猛虎组织之间的内战在2009年结束。导致这场冲突的原因就包括民族语言。

斯里兰卡语言政策经历了不同历史阶段，包括殖民地时期语言政策、独立后的语言政策、内战时期的语言政策和目前（2014）的语言政策。

斯里兰卡人口大约为2千万。2009年内战结束后，斯里兰卡发生了巨大变化，与南亚各国相比，经济增长较快（The World Bank 2013）。斯里兰卡历史上经历了葡萄牙、荷兰和英国3个殖民者，他们对斯里兰卡语言都产生了特别重要的影响。斯里兰卡的两大民族——僧伽罗族和泰米尔族的来源都可追溯到印度，但又形成了自己独特的身份认同：语言、宗教、民族起源、文化和祖先。语言是民族身份的标记，统治阶层会利用语言增强权势。斯里兰卡的语言规划和语言政策历史，都伴随着政治和军事力量的影响（Canagarajah 2005）。

斯里兰卡的语言问题是历史上种族冲突乃至内战的主要原因，尽管语言不是导致冲突的直接原因，但语言问题，特别是语言与政治和经济权利关联时，会成为冲突的导火索（Laitin，2000）。

一、斯里兰卡殖民地时期的语言政策和语言规划

斯里兰卡殖民地时期的语言政策和规划从1505年葡萄牙人对斯里兰卡的殖民化开始，其目标是垄断东西方贸易。葡萄牙人为了实现对产地的控制，确保贸易商品的可靠来源，在沿海地区逐渐建立要塞，并且借助军事优势大肆扩展。

1658年，荷兰人取代了葡萄牙，他们垄断了斯里兰卡各种贸易，包括大象出口、各种香料和纺织品。不过，在葡萄牙和荷兰统治时期，殖民者主要控制的是沿海地区；斯里兰卡的内陆中心，包括康提王国，还是保持了自治。

1796，东印度公司取代荷兰。1815年，英国殖民者征服了康提王国，最终，3个王国组成了一个民族国家。

1832年，英国人任命一个委员会对斯里兰卡进行经济改革，其中包括语言规划，将英语作为官方工作语言以及中学与大学的教学语言(Canagarajah 2005)。这样，突出了英语的作用，英语的地位高于两个当地语言：僧伽罗语和泰米尔语。英国殖民者的这种语言政策是因为他们清楚，“语言的地位规划和习得规划同等重要”，如果让英语成为稀有资源，就会极大提高其价值(Canagarajah 2005)。英国殖民政府的教育政策是建立少数使用英语作为教育语言的学校，培养少数精英。当时，斯里兰卡仅6.6%的人口能够使用英语，他们多被英国人雇佣在政府低级职位。英国殖民者在斯里兰卡的语言政策的目标是建立和维持其权力，并不打算让自称是官方语言的英语面向大众。因此，英语学校地位高，是通向上层社会经济的门槛，英语学校的威望和权势是当地语言学校无法竞争的。学校教育语言的区别与社会经济分层是一致的，英国人的语言政策也即 Skuttnabb-Kangas (1998) 所说的语言帝国主义：不同语言使用者具有不同权势。

直到1956年，英语作为斯里兰卡官方语言的状况才发生改变，这

时距离斯里兰卡 1948 年独立已经 8 年。即使在内战时期,英语也具有特殊地位。独立就是推翻殖民者的语言垄断,但英语也是权势和威望语言。独立战争期间,英语是反对英国殖民统治的斯里兰卡各族群的连接语言。独立后,英语继续作为政府官方语言。英国人的殖民语言政策不仅提高了英语地位,还实现了社会分层和族群区别,有利于英国人的分而治之政策。当时,泰米尔族有更多机会接触英语和进入英国殖民者政府。即使在主要是僧伽罗族的地区,泰米尔语也不成比例地进入公共行业和高工资行业。占人口多数的僧伽罗族感受到被社会边缘化和经济的被剥夺。

二、独立后的斯里兰卡语言政策

1948 年独立后,英语保持了官方语言地位。接受了英语教育的精英阶层不打算改变英语让其受益的语言地位(Canagarajah 2005)。1957 年,新当选的僧伽罗族首相 S. W. R. D. 班达拉奈克颁布了《1956 年官方语言法》(也称"僧伽罗语唯一法"),根据该法案,仅僧伽罗语是官方语言。《官方语言法》否定了泰米尔语的官方语言地位,导致泰米尔族的不满。该法案出台后,泰米尔联邦党开始要求建立一个半自治的泰米尔语言区。当时,印度南部的泰米尔族提出要在印度建立一个泰米尔独立国家,担任斯里兰卡内阁部长的泰米尔族人孙塔拉林加姆威胁要支持印度泰米尔人的这一计划。这引起了斯里兰卡僧伽罗族对斯里兰卡泰米尔族动向的担忧。

1958 年,首相班达拉奈克通过了《泰米尔语言法第 28 号》,规定泰米尔是地区性语言。但是,该立法不但没有安抚泰米尔人,反而导致他们更大不满。

1956 年的语言法案也在大学招生和政府岗位影响到泰米尔族人。西方传教士建立的精英英语教育体制使得斯里兰卡泰米尔不成比例地进入政府精英阶层、司法阶层和大学阶层。泰米尔人口占总人口的

11%，但独立前，泰米尔人占政府人员的33%、司法人员的40 %(de Silva 1984)、大学生的31%。这导致僧伽罗族提出了“僧伽罗语唯一”口号，班达拉奈克1956当选首相后通过的《1956年官方语言法》标志着僧伽罗族的改变，影响到大学招生和政府岗位的招聘。1969年前，大学按照成绩招生，泰米尔族学生在科学学科的人数超过人口比例。《1956年官方语言法》出台后，为满足大量僧伽罗族学生上大学的愿望，时任首相的班达拉奈克夫人通过了大学招生差异性政策，泰米尔族要比僧伽罗族录取分数高20分。1974年，实行根据地区水平的配额制。这样，独立后斯里兰卡泰米尔人入学人数锐减。

1972年和1978年分别修订了宪法，但斯里兰卡语言现状没有改变。不过，在1987年，斯里兰卡语言状况出现变化，当时出台了1978年宪法13修正案，修正案规定:“泰米尔语也是官方语言，英语是交际语言”。不过，宪法修正案对泰米尔人的作用极少。

独立几十年后，泰米尔语成了官方语言，但泰米尔族分裂群体采取了暴力反对僧伽罗族主导的政府，到20世纪90年代，分裂组织已经在斯里兰卡北部和东部建立了割据。内战和种族冲突持续到2009年5月分裂组织领导人被击毙而告结束。不过，泰米尔人和使用泰米尔语的穆斯林一直享有在任何居住地用泰米尔语作为教育媒介语言的权利，包括中等和高等教育。斯里兰卡当地语言的地位不断变化，但斯里兰卡保持了较高的成人当地语言识字率。斯里兰卡的改革，如坎南加拉1945年提出的《免费教育计划》，促进了成人识字率的提高。到1960中期，从学前到大学都是用僧伽罗语和泰米尔语教学。联合国教科文组织统计研究所(UIS)强调并且肯定了斯里兰卡的这一成绩，据其统计，斯里兰卡使用僧伽罗语和泰米尔语的年轻人识字率和性别平等指数比当地其他国家高。

三、泰米尔分裂组织的语言政策

斯里兰卡独立后，僧伽罗族恢复了多数群体地位；泰米尔族，包括受英国人青睐的上层泰米尔人，对回复到少数群体地位不满。1990年，泰米尔族分裂造成事实上的割据，其语言地位通过武力得到巩固提高。这种状况直到 2009 泰米尔族分裂组织被政府军打败而结束。当时，尽管泰米尔分裂组织没有一个法定的机构制定语言政策，但其官员坚持在正式和非正式场合使用泰米尔语，实行“纯泰米尔语”或者“泰米尔语唯一”的语言政策。该组织的各级机构都致力于促进“纯泰米尔语”，泰米尔报刊定期刊登有关新泰米尔词汇和应该在什么时候使用它们的告示，公共标示和通告也随之变化。新的泰米尔词汇替代了英语、葡萄牙语、僧伽罗语和其他语言的借词。该组织也借助其他大众媒体促进“纯泰米尔语”。进入该地区的出版物要检查，该组织控制地区的广播电视仅有“纯泰米尔语”节目，以前在教育和专业领域存在的语码转换、混合、借助、双语和双言现象被禁止（Canagarajah, 2005）。

泰米尔分裂组织坚持单一语言和单一文化政策，认为“英语所包含的意识形态和文化”对泰米尔文化造成危害（Canagarajah 2005, p. 426）。该组织的语言地位规划是为新的泰米尔单语社会开辟道路。尽管如此，英语却没有从该组织控制的地区消失。人们依然在使用英语或者“泰米尔语化的英语”（Canagarajah, 2005）。

四、斯里兰卡内战后的语言政策

在内战后的民族和解过程中，当地语言地位的整合作用得到斯里兰卡政府认可。2011 年，由政府任命的机构《教训与和解委员会》作出报告说，斯里兰卡应该是三语国家，即僧伽罗语、泰米尔和英语。该报告提到中小学课程改革，包括强制学习第二官方语言，以此为工具确保两个语言社区态度改变。该报告建议，泰米尔族学生学僧伽罗语、僧伽罗族学生学泰米尔语的方法会促进文化和谐。该报告还提出，学习英语给所有斯里兰卡人提供了共同语言，也提供了在越来越全球化的世界中发挥作用的语言技能。

除了课程改革，政府还实施了一系列制度和机制建设，以实现《教训与和解委员会》的目标：包括建立官方语言局、官方语言委员会和民族语言和社会和谐部，这几个机构采取措施，在国家层面实施官方语言。

民族语言和社会和谐部在促进斯里兰卡当地语言中发挥了积极作用，其启动了全国性的语言培训和鼓励项目，让政府官员学习两种官方语言，加强了语言培训项目，任命了地区和地方政府官员协调官方语言政策。民族语言和社会和谐部还启动了其他项目，如与加拿大政府合作的国家语言项目(NLP)，该项目加强了僧伽罗语和泰米尔语社区关系，提高了对语言权利和多元化的尊重，促进了社会和谐与和平。国家语言项目的目标还包括加强民族语言政策和项目在公共领域的领导力，增加对语言权利、双语和多元化的认识和支持，并且影响决策者。另一个目标是增加公共交际和服务，使公民能更多接触所选择的民族语言；加强翻译服务和翻译培训项目，在关键地区增加双语和多语教学和服务模式的创新，促进性别平等、良政和社会和谐。同时，其他的地方和国际非政府组织也通过社区意识建构和教育，小规模语言项目支持多语政策(Martyn 2013)。另外，还建立了国家层面的机制，如官方语言委员会(OLC)、官方语言局和国家语言教育和培训学院(NILET)，以促进官方语言政策的落实。

五、语言政策的影响

独立40年来，僧伽罗语一直是唯一官方语言，泰米尔语是北方和东方传统的泰米尔人居住区的地区语言，泰米尔社区保持其语言和文化、有纪念文化和宗教的公共假日。另外，泰米尔人能够在全国中学和大学使用自己的母语。

随时代的变化，斯里兰卡政府承认了泰米尔语的官方语言地位。

1987年，泰米尔语成为官方语言，4年后，斯里兰卡政府在1991年根据《18号法令》建立了官方语言委员会(OLC)，确保了泰米尔语不仅“合法”而且“制度化”。官方语言委员会的责任是“提出与官方语言使用有关的原则建议，按照宪法第4章条款对语言使用进行监督和监控”。2005年的官方语言委员会报告讨论了泰米尔语如何“制度化”，提出应该采取的措施的建议，让斯里兰卡成为双语国家。报告提出，“在法律条款的规定和落实之间存在巨大差异”。报告指出，泰米尔语与中央政府交流的渠道和设施不足。政府没有在僧伽罗语地区提供足够的泰米尔语服务，同样，泰米尔语地区也没有提供足够的僧伽罗语服务。这表明作为官方语言政策的核心，公共服务无法满足两种语言功能。原因是：①公务员没有接受两种语言的训练。②在政府雇员中，泰米尔族仅占8.31％(OLC 2005)。

早在1992年，官方语言委员会就开始了官方语言培训和考试项目。但缺乏足够的人力物力资源来满足所有公共服务的语言需求。官方语言委员会因为工资低而难以招聘和保留语言教师和翻译(OLC 2005)。即便到2014年，也没有对公务员掌握双语的硬性要求和激励，而政府也缺乏，在更多公共领域使用泰米尔语，或者在泰米尔语地区雇佣更多泰米尔语者相应的要求。

Raheem(2006)在对斯里兰卡开放大学教师的研究中发现，被调查的教师对斯里兰卡语言政策的了解非常少，而他选择的调查对象是学者，是语言政策的研究者和执行者。仅33％的僧伽罗族教师和学者意识到国家官方语言的宪法地位，而知道这一事实的泰米尔族教师和学者比例更大。Mendis(2002)在对斯里兰卡中小学老师和学生的调查中发现，大多数人没有意识到僧伽罗语、泰米尔语和英语的宪法地位和作用。因此，政府的责任是不要让《第十三宪法修正案》成为一纸空文。多数民族和少数民族语言使用者都应该更多知道斯里兰卡语言的地位。历届政府采取了各种举措，但需要研究探索泰米尔族对政府官方语言政策的各种反应。没有使用者支持，政府的语言政策无法实施。泰米尔分裂组织在1990年建立的实际控制区中，对政府的泰米尔语语言政策便没有兴趣。

目前，斯里兰卡的冲突已经结束，这种局面有利于建构和平与和谐。斯里兰卡政府正采取举措实施官方三语政策，但成为现实尚需时日。首先是政府缺乏在所有公共服务提供官方语言服务的资源，不过，随着掌握三语的孩子完成学业进入劳动力市场，局面会有所改观。其次，是缺乏使用所有语言的官方文件和翻译者，许多文件还是僧伽罗语。国家语言项目的一个目标是建立翻译学位，培训翻译人才，但挑战是缺乏三种语言的良好教学方法，成本昂贵，并且缺乏教师（Martyn 2013）。

各个国家语言规划的历史表明，语言使用者从来不是政策的被动接受者，而是会积极争取语言权利、争取母语的主要地位。斯里兰卡的历史证明，前殖民者的语言政策对不同语言群体和社会群体的分割，其负面影响今天仍然流毒未尽。斯里兰卡的情况还表明，剥夺一个少数群体语言的官方语言地位会导致社会动荡，而赋予一个语言官方语言地位并不意味着其必然在社会上实现广泛使用的功能。20年前，泰米尔语就被赋予了官方语言地位，但这种法律举措没有改变泰米尔语社区的困境。

斯里兰卡目前的社会语言局面受到过去的影响。种族和语言冲突不是在赋予语言地位的时候，而是其被忽略的时候。斯里兰卡政府所采取的多种举措来解决僧伽罗语和泰米尔语的双语问题，其将有利于促进社会和谐。

第二章　斯里兰卡的英语文学教学

因为历史因素，斯里兰卡人对英语文学的观点多样，人们对其褒贬不一。但目前对英语文学的统一观点是，世界上任何地方用英语写的作品和世界各国作品的英译都是英语文学。

本文讨论的斯里兰卡的英语文学教学是指1976年的英语文学教学，1976年是一个重要阶段，新的教育制度开始实施，其应用于当时10年级，也即高中第一年及以后的学生。在这以前，8年级或者大约13岁的学生可以在普通教育一般考试阶段选修文学。使用的教材包括文学作品和诗歌。学生也可以在普通教育高级考试阶段选修文学。

普通教育一般考试和高级考试于1966年开始从剑桥考试向伦敦大学普通教育证书高级水准考试转变。考试内容出现了缓慢变化以适应当地需求。新的教育体制因为高级国家教育证书（HNCE）的实施而发生巨大改变，1977年，考试首次针对完成11年级的学生。现在10年级大或者约15岁的学生可以将英语文学作为独立课程学习。

得到政府支持出版的《理解基础上的阅读：英语文学选读》是唯一的教科书。英语教师是当地英语教师协会成员，该协会是政府支持的教师专业协会，或者是斯里兰卡英语协会成员。该协会有的成员是好学校的老师，其学生英语好，还有的成员是大学的英语教师。

所有大学生都要学英语，特别强调阅读。大多数大学生努力学习和掌握英语，追求说和写的能力，但教学条件有限。斯里兰卡大学每年大约有30名学生学英语专业课程，其中一半的学生即15人，读英语专业本科，每年大约有4个学生录取到特殊课程，他们学4年英语，毕业论文要求是10 000字。

对普通学生的要求是英语好，对英语文学主要时期和流派有较好的掌握。考试是闭卷形式。对荣誉学生或者优秀学生来说，他们希望课程设置合理，能够更好掌握英语文学知识。他们希望英语课是人文课程，而不是仅仅学习作品、作家和不同时期的流派。在两门课程之一获得至少第二等级标准的学生可以到英国进入研究生学习。

但支持研究生教育的资源不足，图书馆资源不能满足研究生需求，人文学科研究经费不足，但对斯里兰卡语言状况和英语教学还是有较多的研究材料。而自然科学领域经费较好，并且能够获得国外支持。

斯里兰卡学校教僧伽罗语和泰米尔语文学，高中僧伽罗语课程还有哈姆雷特的僧伽罗语翻译版本。教学内容还包括斯里兰卡人用英语写作的作品，特别是诗歌（最近 15～20 年）和短篇小说，还有英语创作的戏剧也达到较高水平。

斯里兰卡翻译作品多，但很多翻译作品质量一般。英语是斯里兰卡了解世界文学的工具，有很多法语、德语和俄语作品来自英语翻译。这种方法有利于斯里兰卡剧本创作，促进了当地语言创作的戏剧的生动和丰富多彩。

斯里兰卡出版了英国的课本，还有斯里兰卡人写的英文论著出版。不过，斯里兰卡教材价格贵。许多进口教材超过了教师和学生的购买力。在 20 世纪 70 年代，80％的斯里兰卡人平均月收入不到 8 英镑。

第三章　英语教学与斯里兰卡社会和谐

在 20 世纪，斯里兰卡长期存在僧伽罗族和泰米尔族的民族问题和冲突，1956 年的议会法案规定僧伽罗语为唯一官方语言，从而导致冲突加剧。1983 年 7 月，泰米尔分裂分子袭击了一支政府军运输队，从而将冲突激化为武装分裂。僧伽罗族和泰米尔族在全国冲突加剧。从那时起，斯里兰卡政府和泰米尔猛虎组织的战争不断，现在战争虽然已经结束，消除种族之间的敌视还需要漫长的时间。

自从 1956 年实施的“僧伽罗语唯一”政策以后，斯里兰卡政府语言政策也发生了变化，新的语言政策赋予了泰米尔语作为民族语言的官方语言地位，英语成为联系语言、也是少数民族布尔族的第一语言。理论上，斯里兰卡公民有权利使用自己的母语，但实际上，僧伽罗语是社会主流语言，大多数泰米尔人能够使用僧伽罗语交流，但不能读写。政府机构有必要做表率来促进语言平等。

尽管官方语言政策发生变化，但英语作为联系语言的普及进展缓慢。英语是斯里兰卡社会精英阶层的第二语言或者第一语言，官方对英语的态度更多是出于经济发展而非民族和谐的考虑。不过，对英语的需求大，社会阶层对其支持的也多。“公众人物对其重要性的强调每天不绝于耳，人们纷纷提出英语教学的建议、计划和策略。而官方对全国英语水平下降的看法也开始影响到教育界。”（Kandiah 2000：14）。

国家教育委员会 1992 年 5 月的报告中提出了斯里兰卡教育的 9 个国家目标，其中第一和第二两个目标最重要：①增强民族凝聚力，实现和谐和团结。②实现社会公正和消除不平等。

Peiris (2000:10)对第一个目标评论说:“这是基于过去分裂斯里兰卡社会的冲突的考虑。民族团结需要考虑不同的文化传统和不同宗教的价值观”。她对第二个目标评价说:“目标的实现需要各民族的良好意愿和和谐,需要个体认识自己的职责和权利。”显然,国家教育委员会将教育看作是促进斯里兰卡社会和谐的手段。

英语作为联系语言是实现这些目标的重要环节,促进社区真正相互理解,还需要不同民族的孩子在同一学校接受相同教育。但僧伽罗族和泰米尔族孩子是在不同学校接受自己母语的教学。如果在同一个学校,教学语言没有分层,就会失去让僧伽罗孩子和泰米尔孩子在同一个班共同学英语,参与实现英语作为联系语言的实践的机遇。

在斯里兰卡,社会对英语的需求是出自经济目的,英语作为促进“社会和谐”的联系语言更多是在理论的探索上。但是,在目前政府的教育改革中,在如世界银行、英国国际发展部(DFID)、亚洲开发银行等外部支持下,“社会和谐”被看作是教育改革项目的一个目标。以英国国际发展部支持的“小学英语项目”(PELP)为例,在政府推出支持使用英语作为教学语言的政策、支持所有学校和年级学英语后,英国国际发展部支持的“小学英语项目”的目标是加强斯里兰卡小学英语教学,包括教师发展和课程开发两个部分。

30 个地区英语支持中心(RESCs)组成的网络负责实施教师发展部分,这一网络早已存在,并且是教育部在职英语教师培训机构。英语支持中心在民族冲突地区也在运行,中心给所有当地教师开设课程,重点是提高小学英语教学能力,在 2000 年为6 000 教师开设了1 000 门为期一天的课程,进行了新课程材料训练,包括该项目为 3 至 5 年级设计的课程材料。

课程开发部分是为 3 到 5 年级开发的材料,因为英语是从 3 年级开始学,包括学生用书、练习册和教师用书。但是,该项目在实施中与斯里兰卡教育、社会和政治背景发生冲突。

即使在冲突地区，人们也渴望孩子接受教育，希望能够在不同民族和文化环境中无拘束无恐惧地生活。教材开发涉及教学目标、作者、作品和评估程序。对于教材开发，Auerbach (1995:9)所说，“课程开发涉及的教学法、内容、材料、课堂教学步骤和语言都涉及不同的意识形态”。斯里兰卡英语教学的决策也涉及意识形态因素，英语教学也要尊重当地课程设置。

教材编写不仅要考虑活动本位和学生中心的教学目标，还要满足社会目标：不同民族和社区、宗教和性别在教材中的呈现，包括农村和城市孩子的和谐生活，相互尊重和宽容。教材编写者多是一线教师，而非远离教育的老资格权威。这些权威离学生越远，教材的有效性越差。

教材还需要国家教育学院评估。材料选择不能有对民族、宗教、性别和弱势群体的歧视。教材还有质量监控。

3 年级的第一本英语教材出版后，项目的组织者英国文化委员会希望，该小学英语项目在整体上能够符合英国国际发展部的目标：平等，扶贫和社会和谐。一个项目评估专家认为，一个对外项目要考虑受援国的社会、经济和教育背景，并且提出 3 个建议。教育和教育改革是促进和谐社会的必要条件。但在社会、政治、法律和经济等总体的改革中，教育仅是其中一部分。教育的作用依赖社会和谐。改革需要时间。专家评估报告赞扬了 3 年级教材，世界银行专家认为，该教材是斯里兰卡教材编写的里程碑。教材得到教师、学生和价值的赞扬。

评估专家也批评了教科书的语言偏向个人主义，如：I am; I play; I like; I eat; I read; I drive; My sister; My mother，在僧伽罗语中，孩子们会用“我们”代替“我”。教材的英语缺乏分享、理解和共同努力的概念。教科书的语言首先关注的是自己，然后才是家庭和朋友，家庭周围环境和更大环境。另外，斯里兰卡大多数贫困人口在农村，但该教材表现的是城市，应该添加更多关于农村的内容。该教材的其他缺陷是缺乏听说磁带、书本太重、有许多印刷错误、有些指南不清晰。

斯里兰卡街头巡警

第四章　全球化背景下的斯里兰卡教育与语言

一、经济全球化的背景

跨国公司的全球化运行方式，是基于知识的信息，全球化的生产、消费和流通都被跨国公司控制。在全球化思潮中，教育不再是公共产品，不再是社会、文化和经济政策的混合，而仅是经济政策的一部分。跨国公司和财团将教育看作是投资，例如，世界银行出版物《教育的优先和策略：教育的优先和策略回顾》的作者 Burnett and Patrinos 就认为，教育与架桥修路一样是投资(Brock-Utne，2000:12)。

Brock-Utne(2000)指出了国际货币基金组织和世界银行资助教育的动机，国际货币基金组织和世界银行通过公司、市场、财经、银行、通讯和生产来促进资本的全球化进程。国际货币基金组织和世界银行提供贷款的条件，就是要接受和遵循全球经济路径的思想。

Carnoy(2000)认为，全球化在 3 个方面对教育产生影响：金融、劳动力市场和教育。在新的全球经济中，大规模的资本流动依赖全球市场的信息、通讯和知识。需要具有知识、创新和能够使用现代信息系统的个体。各国经济需要适应新的全球经济，需要对经济结构进行调整，需要培养市场需要的劳动力。Carnoy (2000：13)指出，结构调整就是对外汇和国内消费不平衡的调整，也是对经济的放权和私有化。

如果真实意图是获取利润，那么，收益少并且短期难以见效的项目就会被削减。这就严重影响到如健康和教育等需要大量经费投入的公共服务，发展中国家难以提供财政支持，不得不向国际货币基金组织和世界银行借钱。这些世界金融机构就附加了借款条件:修改公共政策,以“在全球背景下发展经济”,主要是减少公共开支。

二、对斯里兰卡教育与语言的影响

斯里兰卡实行免费教育,实行将两种民族语言作为教学语言的政策,以减少社会经济的不平等。政策规划是从小学到大学实行民族语言作为教学语言的免费教育,1945 年母语在小学成为教学语言,1953 年在中学成为教学语言,1960 年在大学成为教学语言。另外,1945 年的建议提出改善学校差异,在每一个选区建立一所好学校,称作中心学校,其目的是促进民主,让教育面向所有人而无论其种族和阶层。

经济全球化对斯里兰卡教育改革产生了巨大影响,Carnoy(2000)认为,在斯里兰卡,全球化促使教育出现了三类改革:竞争驱动的、财政驱动的和平等驱动的改革。

竞争驱动的教育改革。竞争驱动的教育改革是经济全球化的产物,目标是改善劳动力质量来促进经济产出能力。是以经济产出能力为中心的(Carnoy,2000:9)。目前斯里兰卡有两个改革项目:亚洲开发银行支持的中等教育现代化项目(SEMP)和世界银行支持的中等普通教育项目(SGEP)。中等教育现代化项目的目标是提高中学教材和教学质量,包括教育技术,其包括 3 部分:质量、机会和效率。质量包括英语、科学、数学、环境、新技术和商科课程教学,促进教育机会,增加科学实验室,改善科学教育质量,特别是在普通教育高级考试阶段。

中等普通教育项目的目标也是改善教育质量、教育机会、管理和财政;修改 1 至 9 年级大纲,编辑教材;培训教师、校长和教师培训师;给农村学校提供更多图书馆和教学材料。该项目计划通过重新组织学校来改善教育机会和质量,适应国家教育委员会提出的新的教育结构,并且向农村和城市贫困学校提供更多支持,所以,两个项目的目标都是增强学校教育面向 21 世纪就业需求的责任,加快斯里兰卡经济发展。具体而言，两个项目的目标是：改善质量，提供更好的教学材料给农村和城市贫困学校，培训教师和校长，开设适应劳动力市场需求的课程，编写与课程相关的教材，减少课程与就业市场的差异。本质上，是竞争驱动的教学改革。

财政驱动的教育改革。中等教育现代化项目希望探索私人资本进入中等教育领域，并且进行成本回收研究，目的是减少教育的公共开支，尽管在中等教育和大学尚未开始，但该议题已经进入政府考虑程序，让中等教育更有竞争性。如果斯里兰卡教育依赖这些国际组织的援助，就会受到其全球化政策的影响。

平等驱动的教育改革。平等驱动的改革目的是把资源从教育的高级阶段向初级阶段倾斜，更有利于贫困群体，这样能够让资源得到更加有效的使用。目前小学教育毛入学率是该年龄段儿童的101%，计划2000年实现普遍义务教育，上述两个项目的目标是提高一至十三年级的教学质量和改善入学机会。平等驱动的改革计划扩大农村和城市贫困学校的机会，给贫困家庭优秀学生发放奖学金、提供就业指导、增加教育和职业机会，给学校提供适应新课程的设备、增加图书馆，提供教师阅读教学培训，提高学生阅读能力。

财政驱动的改革会削弱平等驱动的改革，因为在全球经济背景中，是财政驱动的改革在主导教育改革。而斯里兰卡坚持一到十三年级实行平等驱动的改革，是因为斯里兰卡教育所取得的成就，包括性别平等和90%的成人识字率，这些是归于全民免费母语教育政策和平等驱动的改革。

免费母语教育的成就。斯里兰卡独立后教育改革成就显著，入学率大幅增加，从1901年的25%到1953年的72%，再到1985年的83.5%。这也说明外语作为教学语言是孩子学习的障碍，而母语是孩子学习最有效的媒介。就是因为外语是孩子学习数学和科学的障碍，使得数学和科学成为少数社会精英的专利。但在斯里兰卡，学习数学和科学科目对国家社会经济发展又特别重要，前教育部长马欣达·拉那维拉谈到，教育语言从英语改变为母语对大多数孩子有利，特别是对科学教学有利，应该让英语不再是学习科学的障碍。

斯里兰卡人口发展指数也相当不错，成人识字率高达90%，预期寿命为72岁，小学和中学毛入学率高，分别是101%和70%，教育大体实现了性别平等，女性参加工作的人数持续增加，这些，都是母语免费教育的结果。但也有人批评说，斯里兰卡教育体制培养的学生因为课程设置与市场需求不匹配而没有竞争力。

另外，尽管斯里兰卡实行母语免费教育政策，但其教育体制还是根据英国的体制设置的。学生学习的目标是参加考试，获得文凭和证书以保证就业，但随着免费教育政策的实施，在20世纪60年代后期和70年代，毕业生越来越难以找到工作。批评者认为，免费母语教育政策导致受过教育的年轻人过剩，从而引发年轻人骚动。但Bandarage(1998)认为，到1977年，接受母语教育的毕业生已经能够在公共领域找到工作，但1977年开始的私有化和经济自由化限制了国有企业发展，减少了公共领域的工作机会。扩张中的私有领域，特别是外国银行和公司喜欢来自城市富裕家庭、并且接受了英语教育的孩子。私有化和经济自由化是全球化的主要特征，毕业生失业不是母语教育的必然结果，而是前殖民者语言英语依然得到吹捧和作为经济全球化的主要语言的产物。

语言驱动的教育改革。除上述改革类型，作为全球化的结果，也可能有语言驱动的改革，即英语作为教学语言。如果全球化是超越国界的经济活动的整合和组织，全球化语言就是英语。Phillipson(1999:199—200)认为，教育的核心是语言政策，全球化的核心是英语。全球化会促使全世界成为单语环境，而这正是跨国公司所追求的目标和理想。

尽管斯里兰卡反对英语作为教学语言，希望用母语教学取而代之，但英语具有的优势地位使得接受母语教育者地位下降。1977 年，斯里兰卡开始的经济自由化产生了收费的英语国际学校。学生参加英国的考试。毕业生因为英语流利而比接受母语教育的学生更受私立领域青睐，另外，多所外国大学建立了斯里兰卡分校，使用英语教学，这样，英语最终也开始进入斯里兰卡公立学校。从 2002 年起，政府的教育政策在 40 年后开始了改变，允许英语作为科学课程教学的选用语言进入高中。

政府也在计划建立私立大学，如 20 世纪 80 年代初建立的北科伦坡医学院是收费的学校，也是 1945 年实施免费教育以来首次引入的私立大学。该校的入学条件是通过普通教育高级考试，如果家庭条件富裕，得分低的学生也可以入学。这种高等教育私有化的政策导致大规模学生抗议，该学院后来附属于凯拉尼亚大学。

另一个例子是政府几年前曾经与国际货币基金组织谈判，建立附属于阿伯丁大学的收费医学院，这也引起社会各界纷纷反对，政府意识到可能出现的学生抗议和社会骚乱，于是停止了高等教育的私有化。出现收费的英语国际学校和打算建立英语教学的私立医学院，这些都是 1977 年开始的经济自由化的结果。全球化的两个特征就是经济自由化和私有化。

对英语重新成为中学教学语言的思考。那些赞成英语作为教学语言的人认为，母语教学降低大众英语水平，英语是通向世界和获取信息的唯一工具。僧伽罗语仅在斯里兰卡使用，因此作为教学语言用途不大。通过翻译获得知识的效果也不理想，因为翻译文本质量不高。因此，英语应该作为中学教学语言、作为国际通用语，而且，英语还能够促进不同民族的和谐和相互理解。

但是，人们不会忘记，斯里兰卡以前的中等教育和高等教育是少数能够接触英语的精英阶层的专利，英语妨碍大多数学生获得信息，而且，如果语言政策发生变化，会导致目前的入学率和人类发展指标显著下降。对使用英语作为教学语言的观点，可以用很多国家的例子进行反驳，例如挪威就只使用挪威语，包括在教育中。与斯里兰卡相反，流利使用英语是在政府或者私立领域获得工作的前提。同样，冰岛仅25万人，其使用冰岛语，但他们并不认为自己的语言是通向世界和获取信息的障碍，在包括大中小学教育中都使用冰岛语。芬兰、日本、韩国等国家都是母语教学，也都是高水平教育。

斯里兰卡使用母语作为教学语言已经超过半世纪，在各个教育层面，不同学科的术语问题已经解决，特别是在中学和大学层面，教育更多地向所有人敞开了大门。这一切是通过免费教育实现的，也得益于斯里兰卡首任教育部长坎南加拉的倡议。

Carnnoy(2000:3)认为，与“政府活动”对立的自由市场“意识形态”支配着鼓吹全球化改革者的思维。世界银行和国际货币基金组织就是两个最大的全球化鼓吹者，希望接受援助的国家进行教育改革，焦点是私有化和放权，核心并非改善教育，而是财政驱动的意识形态。

前面提到的教育改革的重点是数学、科学、技术及英语教学。英语教学因为质量下降受到较多批评。斯里兰卡中小学开设了英语，技术学院将英语作为专业课程，大学将英语作为学术英语和专业课程。但是，这3个层面没有协调一致的标准。由外国专家设计的教材中的社会文化背景、意识形态和文化价值与斯里兰卡学生的生活脱节，教学法同样如此。西方国家开发的教材，课程和使用的教学法是否与斯里兰卡社会有相关性和恰当性。斯里兰卡需要思考的是，西方主流文化、意识形态和社会关系对教育的影响会有多大。

西方金融机构和教育机构的这些做法的核心是全球化。上面提到的两个项目既不关注教材使用的主体，也不关注通过改善职业教育课程来促进斯里兰卡的工业和农业的发展。跨国公司不愿斯里兰卡自足，因为会影响他们产品的倾销。他们希望通过教育改革，培养全球化需要的劳动力和工具。所以，课程内容缺乏学习者自身的社会文化背景。

斯里兰卡需要坚持自己的语言政策和免费教育政策，这有利于大多数民众。母语取代英语成为教学语言能够帮助我们获得殖民地时期失去的身份认同。所谓英语作为教学语言能够促进民族和谐完全是幻想，因为英语只是向上流动的工具和获取财富的钥匙，只会形成接受了英语教育的僧伽罗人和泰米尔人的少数精英。

斯里兰卡应该是在泰米尔语学校教僧伽罗语，在僧伽罗语学校教泰米尔语，这样才能促进民族和谐和理解。同时，在各个年级将英语作为第二语言教学，作为获取世界信息的工具。全球化的下一步是高等教育的私有化，斯里兰卡要记住免费母语教育创建人 C. W. W. 坎南加拉(1968:288)的话：奥古斯都自夸说，"一座砖城在我手里变成了大理石的城市"。如果我们能够说我们让昂贵的教育变得价廉，我们把封闭的书本变成开放的字母，我们把富人祖传的财富变成了平民的遗产，斯里兰卡政府将会崇高多少呀。

第五章　斯里兰卡英语的社会语言学分析

对斯里兰卡英语的社会语言学研究关注语言态度，而且应该区分对英语不同变体的态度，应该包括对斯里兰卡英语、印度英语、英国英语和美国英语的态度，这样才对未来语言规划有帮助，而不是笼统使用斯里兰卡英语一词。

一个变体要成为一个国家社会文化身份的组成部分，其语言的形式结构和功能需要和使用者态度结合（Holmes，2008：117）。斯里兰卡英语变体在多个结构层面具有其特征。

首先，在语音学和音系学层面，元音有单元音化过程和发音的央化趋势，而辅音，包括清辅音和浊辅音受母语影响，如僧伽罗语和泰米尔语（Meyler 2007）。

在词汇层面，斯里兰卡英语变体的特征是大量词汇组合，如动词和名词构成的合成词：*cook-woman* ＝a female cook，名词和名词构成的合成词：*cousin brother* ＝male cousin（Meyler，2007：65），杜撰的搭配：*uncleared area* ＝areas controlled by the LTTE [Liberation Tigers]（Meyler，2007：275）或者叠加：*hot hot coffee* ＝coffee which is "freshly made and/or steaming hot"（Meyler，2007：116）。动词层面，在带双宾语的动词 give 中，英国英语倾向双宾语结构，斯里兰卡英语倾向介词予格结构。

句法层面，斯里兰卡英语大量使用 *one* 作为替代，放在形容词短语中，如 *she is a beautiful one*，这是受到僧伽罗语影响。

斯里兰卡英语变体的特征，作为第二语言的广泛使用和英语的地位，都使得斯里兰卡英语有广泛的接受度和使用度。但英语对斯里兰卡国家和人们究竟有多大价值颇多争论。争论的参与者包括斯里兰卡国内外学术界、公共舆论领袖和政府。

Meyler 主编的《斯里兰卡英语词典》(*A Dictionary of Sri Lankan English*)(2007)标志着斯里兰卡英语典籍化的开始。该词典"描述斯里兰卡英语的使用模式，给出其定义，促进对斯里兰卡英语作为国际英语变体之一的接受度"(Meyler，2010：ix)。"斯里兰卡英语形成了自己的特征、自己的使用，但缺乏文字的描述"(Gunesekera，2000：131)，需要对斯里兰卡英语和其用法进行更多语言学分析和研究。因此，国内外学术界高度评价第一本词典对斯里兰卡英语的系统描述。

近年来，英语重新成为斯里兰卡教育和社会发展的重要工具，在媒体和广告上经常与两个当地语言共存，人们使用英语颇为常见。这些因素影响到英语，把斯里兰卡习俗、表达、兴趣和经历带入了英语。英语扩展到当代所有交际领域，并且还在继续发展。《斯里兰卡英语词典》给斯里兰卡英语中的多文化词汇带来一致性和准确性(Raheem，2007：vii-viii)。

但是，斯里兰卡英语这个概念及其词典并非得到民众的一致接受。学术界和新闻界批评该变体缺乏系统性，还有人认为，促进斯里兰卡英语的使用会压抑当地语言的使用。还有，斯里兰卡英语有时被看作是在社会语言方面对当地民众的压抑，因为英语被看作是特权阶层的语言，尽管这些特权阶层的政治权力被削弱，但他们在某些文化领域依然有支配力量。

在斯里兰卡僧伽罗语中，英语被称作 *kaduva*，即刀剑，该术语是农村学校孩子的杜撰，抱怨他们在学校的英语课堂没有学到足够的英语能力来挑战精英阶层。*Kaduva* 准确地是表示双刃剑：精英阶层希望英语作为维系特权的手段。社会下层缺乏学英语的动机，原因包括社会、经济和政治因素。他们不是意识不到英语带来机会，而是意识到机会不是他们的，因为社会权势结构不平等，英语难以给他们带来机遇。

因此，推进斯里兰卡英语而不是更有威望的变体，会被理解是双刃剑，人们会认为，精英阶层学的是英国英语，而让社会下层学习的是低威望的斯里兰卡英语变体，从而剥夺了他们通往更高社会地位的机会。不过，许多斯里兰卡英语学习者自认为是使用的英国英语，但其语言的产出暴露了与期望目标的偏离。据调查，60%的被调查者意识到斯里兰卡英语变体的存在，承认自己使用的是该变体。但仅 40%的人愿意将斯里兰卡英语变体作为期望目标。

不过，认为斯里兰卡社会精英学习和使用的是英国英语、他们在语言上要压制社会下层的观点，难以解释斯里兰卡社会语言学现实，因为真实情况是，斯里兰卡社会精英中也仅有很少部分能够使用英国英语。总之，在斯里兰卡，有人赞成和推广斯里兰卡英语，有人反对推广。

使斯里兰卡语言争论变得更复杂的是政治选举中对教育改革给出的建议：让英语成为生活技能，其目标是在全国促进英语作为口语和交际语言的能力。斯里兰卡英语的典籍化是计划通过国内外语言学家合作，并且在媒体节目“用我们的方式说英语”(*Speak English Our Way*)中宣传将斯里兰卡英语作为最恰当的斯里兰卡交际语码。

斯里兰卡英语最终能否作为交际工具，取决于其在斯里兰卡言语社区使用的程度，政府推出的语言政策和规划仅是催化剂。斯里兰卡英语使用者及其对英语变体的态度将决定斯里兰卡英语变体是否会成为制度化的英语第二语言变体。

在后殖民的英语变体发展模式中，“某种英语，如斯里兰卡英语的标签，与某地的英语，如斯里兰卡的英语不同，某种英语仅表示其是一独特类型，与其他变体不同，但又是等同的。”(Schneider 2007：50)。Schneider(2007)关于后殖民的英语变体发展模式提到 4 个关键因素：

历史与政治；身份建构；社会语言学的接触、使用、态度；语言发展及结构影响。斯里兰卡英语处于 Schneider 框架的本土化和规范化阶段，斯里兰卡英语的社会语言学现状支持这一观点。

在历史与政治层面，斯里兰卡 1948 年从英国殖民地独立后，成为独立和自立的国家。

在身份建构层面，根据 Schneider (2007)的观点，身份建构概念在斯里兰卡的适用程度有限。根据发展进化历史，当地人和殖民者的融合构成新英语的基础。斯里兰卡因为其自然资源，如香料、橡胶和茶叶，成为英国殖民地和掠夺对象，处于自然产品供给链的尾端，独立前夕，大多数殖民者离开了。但是，对于英语和其功能的偏好，英国英语将继续影响当地英语变体。

在社会语言学的接触、使用、态度层面，Goonetilleke 在《斯里兰卡英语文学和斯里兰卡人民》(2005)一书中描述了斯里兰卡多元化的英语文学状况，但人们对斯里兰卡英语变体的接受程度和态度的相关研究寥寥无几。

在语言发展及结构影响层面，《斯里兰卡英语词典》出版(Meyler 2007)是斯里兰卡英语典籍化的第一步，与目前总统竞选标语“让英语成为生活技能”一道，会促进斯里兰卡英语的规范化和统一。

可以说，斯里兰卡英语作为英语变体，其历史、政治和语言发展的标准得到满足。但身份建构对斯里兰卡英语适用有限，斯里兰卡英语变体作为发展完善的一种新英语，社会语言学因素居主要地位。不过，在斯里兰卡语境中，还需要使用者对斯里兰卡英语变体的接受和态度的实证调查。

Bernaisch(2012)调查了斯里兰卡对英国英语、美国语言、印度英语和斯里兰卡英语的语言态度。英国英语因为历史原因成为斯里兰卡英语变体的来源，很多人自称使用的是英国英语，特别是在首都科伦坡。英国英语，特别是标准伦敦语音，是教学目标中的主导地位，

50%的人青睐英国英语。

美国英语在19世纪初进入斯里兰卡，当时，美国人在北部和东部建立了学校。这种英语变体也影响了斯里兰卡英语，如贾夫纳和拜蒂克洛等地的人就带有美国英语语音。而70年代的开放市场政策和外来的新媒体的进入，不断加强了美国英语在斯里兰卡的影响，包括对斯里兰卡英语的影响。外来媒体的进入，使得斯里兰卡社会文化生活中美国英语得到强化，也使得印度英语影响加大。因为政府"英语作为生活技能"的口号和媒体《用我们的方式说英语》节目，其目标是提高教学质量和英语口语能力，也大量依赖印度教学设施。斯里兰卡英语变体的演变有这些复杂的背景。

对语言态度的研究表明，使用语言的某种范畴标签具有与使用具体语言样本相同的结果，Bernaisch(2012)的调查就使用了各种语言变体的标签，如印度英语。在调查得分中，英国英语得分最高，斯里兰卡英语其次，说明斯里兰卡人对斯里兰卡英语的信心，使用斯里兰卡英语者不仅意识到该变体，还持有积极态度。然后是美国英语，不过，美国英语被认为最有现代性，印度英语最低，但实用程度高。

英国英语的地位与殖民地时期的统治相关，当时使用英语能够带来社会经济权势，现在英国英语因此被看作不适合平等交往。而斯里兰卡英语的使用就没有这种心理禁锢。而且，英国英语被看作是最古老的变体，现代性最低。

斯里兰卡英语是内部稳定的英语变体。在谈到新英语的社会语言学条件和态度时，Schneider (2007：50)认为，"出现新的语言形式，这种形式去掉了原有的烙印，并且得到积极认可。"对斯里兰卡英语的积极态度表明了斯里兰卡英语发展的社会语言学特征，一个新的泛民族身份正在斯里兰卡出现。僧伽罗人和泰米尔人的社会移动性和接触增强，新的就业机会使得他们相互更加接近，出现了新的种族标记语"斯里兰卡人"，而斯里兰卡英语有可能被越来越多的人使用为联系语言。

第六章　斯里兰卡马来语的演变

斯里兰卡马来人祖先是从 17 世纪开始移民到来斯里兰卡的。马来人作为一个族群，意指使用马来语的群体。居住在印度尼西亚和马来西亚的不同语言族群，将马来语作为第一或者第二语言。在斯里兰卡，来自印度尼西亚群岛的移民称作马来人。斯里兰卡马来语使用者与不同语言的接触，包括马来语、印度尼西亚语、英语、荷兰语、葡萄牙语、僧伽罗语、泰米尔语，这种跨文化接触和互动对斯里兰卡马来语产生了明显的影响。

从 13 世纪起，马来语成为马来西亚伊斯兰教语言。从 15 世纪起，马来语被葡萄牙和荷兰殖民者作为贸易语言，被用来扩展政治影响，传播到今天的雅加达和爪哇北海岸，进入马鲁古群岛、安汶和班达岛，成为这些地区的普通话。

狭义上的马来语在语言分类上属于南岛语系的印度尼西亚语族。最早的纪录是 7 世纪晚期在南苏门答腊地区发现使用了印度南部的字母的石刻，石刻来自曾统治印度尼西亚西部广大地区的室利佛逝帝国（7～14 世纪）。室利佛逝帝国起源于爪哇，最终控制了苏门答腊、爪哇西部和中部，以及马来半岛，马来语成为官方语言。马来语使用范围随伊斯兰教而传播扩展。16 世纪，葡萄牙人来到马来半岛，编撰了马来-葡萄牙语词汇表。

语言规则管辖词汇和句子的构成，使用特定语言的人属于特定文化集团。另一方面，属于不同种族和文化群体的人也会使用同样的语言，特别是该语言成为种族间的交际工具或者通用语时。马来西亚官方政策支持和强化马来语地位。廖内省马来语方言在苏门答腊中部成为标准语。马来语成为争取独立的民族运动的一部分。1928 年,马来语被印度尼西亚命名为印尼语言(Bahasa Indonesia)。马来西亚语和印尼语言是马来语的两个标准变体,是英国和荷兰殖民统治的结果。1824 年,英国和荷兰签订边界条约,柔佛-廖内(Riau-Johor Sultanate)苏丹国分为马来西亚和印度尼西亚两部分。除词汇外,马来西亚语和印尼语这两种语言在语音、构词和句法上都非常相似(Brown 2006：450-452)。

不同文化和语言的人交往会产生皮钦语和克里奥尔语。马来人在长时间长距离海上航行过程中,与不同文化和语言的人交往,出现了马来语的克里奥尔语。一个语言群体获得政治权力后,会利用语言加强和巩固地位。皮钦语和克里奥尔语是社会条件的产物,而所谓正规语言才是威望和政治权势的象征。掌握航海技术使得跨国贸易开始,随之是领土扩张。斯里兰卡马来语就是跨文化接触的结果。

马来人很早就掌握了航行印度洋的技术。欧洲人的到来扩大了文化接触的范围。印度尼西亚经过印度到非洲海岸的航海线路从罗马时代就为人所知。中国人、印度人、阿拉伯人和印度尼西亚人都经过这一路线。12 世纪阿拉伯航海家伊德里西(Idrisi)将马达加斯加人称作 Zendj,词汇 *Zendj*/ *Zandj*/*Zindj* 表示东非海岸使用班图语言的人。伊德里西还提到来自 *Al Zabaj* or *Al Zabag* 的商人(即爪哇或者苏门答腊)乘小船到马达加斯加进行贸易。*Al Zabaj* 是阿拉伯语,最初表示爪哇,后来表示首都是爪哇的夏伦德拉王朝,10 世纪,控制了苏门答腊和马六甲海峡的室利佛逝帝国搬迁首都,因此,词汇 *Al Zabaj* 从表示爪哇改变为表示苏门答腊。

马达加斯加和印度尼西亚的交往开始于 7 世纪。南婆罗洲达雅族使用的 Maanyan 语言与马达加斯加语在语音、语法和词汇上有惊人相似。17 世纪起,人们就注意到马达加斯加语和南岛语系的关系。

荷兰东印度公司在印度洋的商业活动使得印度洋的人群向西和

向东流动、非洲人东移。荷兰控制印度洋时期，开普敦和斯里兰卡成了流亡的马来国王、贵族和罪犯的聚居地。领土扩张和殖民地需要雇佣军，于是，荷兰人和英国人开始雇佣马来人。

斯里兰卡马来人的历史和社会背景从航海开始。如果船只从马来半岛或者苏门答腊西海岸往西航行，风会将其刮向斯里兰卡东海岸或者南海岸。东南亚人多乘坐舢板来到斯里兰卡，斯里兰卡南部省城市汉班托特的名字就来自船名“舢板”。汉班托特的马来人口在斯里兰卡城市中居第三，科伦坡和加姆珀哈地区是马来人最多和第二多的地区。马来人被僧伽罗人称作 *Jā Minissu*，意思是“来自爪哇的人”，当然，他们并非都是来自爪哇，有的来自马来半岛。

根据斯里兰卡编年史《*Cūlavamsa*》，来自佛教马来王国单马令(Tambralinga) 的国王 Chandrabānu 在 13 世纪两次入侵斯里兰卡。当时的马来定居者可能是佛教徒或者印度教徒，与当地人通婚后融入了多民族的斯里兰卡。15 世纪斯里兰卡诗僧室利罗侯罗(the Venerable Sri Rahula)就在其用僧伽罗语写的诗歌 *Kāvyasēkhara* 中描述了马来的船所带来的礼物。

尽管马来人和斯里兰卡人早期就有接触，斯里兰卡马来人的历史要从殖民地时期开始，在葡萄牙殖民地时期(1505—1656 年)，马来人移民斯里兰卡的极少。斯里兰卡马来人认为，其祖先是荷兰殖民地时期(1656—1796 年)和英国殖民地(1796—1948 年)从马来群岛移民过来的。有的马来人是来自当时被联合东印度公司控制的印度尼西亚群岛的政治移民。大多数马来人当时在占领斯里兰卡沿海的荷兰军队服役。在荷兰统治前，葡萄牙殖民者和荷兰殖民者为争夺制斯里兰卡进行了 20 多年的战争，很多马来人在控制印度尼西亚群岛广大地区的荷兰军队服役。斯里兰卡和开普敦成了马来流亡者的选择地，但斯里兰卡更受欢迎，因为距离东南亚更近。从 1652 年起，荷兰人将马来流亡者和奴隶带到开普敦，他们成了开普敦马来人。但这些开普敦马来人不再使用马来语了，而是通过宗教展示文化身份。

欧洲殖民者的公司缺乏人手，于是，荷兰公司从巴达维亚（印尼首都雅加达旧称）招聘了劳工。从 18 世纪，荷兰人称这些前士兵、政治流亡者的后裔、自由奴隶和刑满释放的罪犯是“自由爪哇人”，这些移民中有的脱离了荷兰人控制，跑到了僧伽罗人控制的康堤王国定居。还有大约 200 到 500 名马来士兵逃离了荷兰军营，参加了康堤王国军队（Hussainmiya 1984：136-138）。1795 年，在荷兰统治末期，马来人总数达到 2 400（Hussainmiya 1984：89）。

在荷兰统治末期，斯里兰卡马来人有了自己的清真寺和自己的社区。今天在科伦坡还有 3 个马来人清真寺。清真寺布道使用的是斯里兰卡马来语，但祈祷使用的是阿拉伯语。那些无法在马来清真寺祈祷的人去了使用斯里兰卡泰米尔语布道的阿拉伯裔清真寺。

19 世纪初，马来士兵参加了英国殖民者征服康堤王国的战争。1815 年，英国人征服了康堤王国。

荷兰殖民者还带来了马来罪犯，让他们通过为东印度公司劳动来服刑，有时还叫他们参加民兵，服刑完就能够获得自由并且在斯里兰卡定居。大多数马来人参加了荷兰驻军。

最早的流亡者是在荷兰殖民地时期来的，大多数来自马鲁古群岛和小巽他群岛。荷兰文件记录，许多来自爪哇的流亡者是因为 17 世纪后期的战乱。他们也提到了来自巴占、蒂多雷、帝汶、马都拉和苏门答腊的贵族。18 世纪末，有 200 名左右贵族流亡者，占马来人口的大约 10%。他们带着妻子、家庭和仆人，居住在科伦坡、加勒、亭可马里和贾夫纳等城市。说马来语的人包括这些家人，数量大约是 2 000 左右。

这些新来的马来人来自安汶、班达、巴厘、布加内、爪哇、马都拉和马来半岛。士兵的招募主要是定期在雅加达进行，但有时也从马来罪犯和奴隶中招募。流亡的马来贵族指挥这些马来人部队，他们驻扎在斯里兰卡沿海的荷兰人城堡。这些马来士兵许多后来和当地人结婚。

在跨文化交际上，在远离都市的马来社区，人们使用古马来语，在西爪哇也发现了马来语碑文。在 7 世纪的室利佛逝国，一种叫 *K'unlun* 的马来语方言在该地区作为通用语流行。根据公元 4 世纪左右源自印度北方的婆罗米语的印度南方版本帕拉瓦文碑文，可以估计印度教和佛教进入东南亚的时间。来自室利佛逝佛教王国的碑文来自 7 世纪末。

通往东方和西方的船舶通过马六甲海峡，马来语是该地区流行语言，至少从 16 世纪起，是东南亚地区航海的通用语。伊斯兰教也是通过马来语在 13 世纪起开始传播的。那以后，马来语用阿拉伯字母书写，19 世纪末，英国人把阿拉伯字母改成了拉丁字母。

最重要的马来方言是马来半岛南部方言，其构成了标准马来语和印度尼西亚官方语言的基础。尽管两种语言都基于相同的古代马来语言，但其标准变体是不同的。

斯里兰卡马来语不同于马来西亚语言和印度尼西亚语言。移民斯里兰卡的马来人使用多个马来西亚和印度尼西亚方言，1812 年，英国人在斯里兰卡办的军营学校使用马来语教学，该学校在 1878 年关闭。后来，科伦坡建立了皇家军事学校，在加勒、康堤和亭可马里等地建立了马来语学校。客观上，这些学校有助于斯里兰卡马来语的保护。当英国人征服了整个斯里兰卡后，保持这些马来军队就没有必要。最后一支马来军队在 1873 年解散，军营学校也随之关闭。这些学校给马来人提供了学习和保持其语言的环境。因为有足够的使用者，马来语能够一直保留到现在。

斯里兰卡马来语有多种方言，依地理位置和社会经济群体而定。在科伦坡有两种方言，富裕的马来人使用的马来语和郊外的奴隶岛马来语不同。南部省也有两种方言，分别在汉班托特和基林德使用。基林德马来人社区保留了其母语。但在汉班托特，斯里兰卡马来语是濒危语言。在康堤和科伦坡富裕的马来人社区，斯里兰卡马来语也是濒危语言，因为年轻人不再使用。在科伦坡郊外的奴隶岛，马来语也使用受限。

斯里兰卡马来语与马来半岛和印度尼西亚群岛使用的马来语变体相似，但是，因为双语或者多语的语言环境，斯里兰卡马来语的类型与马来语的类型逐渐分离。当地语，包括僧伽罗语和泰米尔语都是动词后置的，其使用于日常交流。斯里兰卡马来人的年青一代倾向使用英语，因为英语在学习、工作、旅游和与外国人交流上更方便。

斯里兰卡僧伽罗语和泰米尔语使用者在很多地方接触密切，两种语言和群体相互影响。包括人口、政治、经济和社会因素促使马来人学习不同语言，进行不同种族间的交流。有些马来人能够使用 4 种语言：斯里兰卡马来语、僧伽罗语、泰米尔语和英语。在多文化环境中，多语能力并不罕见。少数民族群体掌握的语言越多，获得的经济和社会机会和利益就越多。

僧伽罗语和泰米尔语影响到斯里兰卡马来语的类型变化。斯里兰卡马来语在类型上与标准马来语不同。斯里兰卡马来语的类型相似于僧伽罗语和斯里兰卡阿拉伯泰米尔语的类型。马来语作为通用语是在 19 世纪军营学校开始学习的，斯里兰卡马来语从 20 世纪发展到现在的类型。1948 年独立后的语言政策使得斯里兰卡马来语从一个动词中位（主-动词谓语-宾语）语言转换到动词后置（主-宾语-动词谓语）语言的进程加速，因为当地语言（僧伽罗语和泰米尔语）成为了教育语言，在就业和日常交流中更加重要。

对不同时期的斯里兰卡马来语书面语的比较，可以判断其变化和变异的发生。

东南亚地区语言体系受到该地区跨文化接触的影响，也受到欧洲殖民者语言的影响。有多个欧洲语言曾经是当地的官方语：马来西亚、文莱和新加坡的英语，印度尼西亚的荷兰语，东帝汶的葡萄牙语，越南的法语。尽管殖民统治结束，但与殖民语言接触的后果显而易见，有些斯里兰卡马来语词汇中使用的葡萄牙语词汇也存在于僧伽罗语和泰米尔语中，也许是从僧伽罗语或者泰米尔语进入斯里兰卡马来语的，或许是在马来语作为通用语时被最初的马来定居者所使用的。在葡萄牙殖民者之后，荷兰和英国殖民者来到斯里兰卡，斯里兰卡马来语也有了荷兰语和英语词汇。

双语和多语现象导致了借词。在双语人中经常出现语码转换和语码混合现象，如英语和斯里兰卡马来语的借词。借词是因为需求动机和需要表达新的经历、物体和实践。有多个社会文化背景因素导致借词：殖民地环境，不同文化，经济因素和生存。

20 世纪 60 年代的斯里兰卡语言政策发生改变，马来人可以选择学习僧伽罗语、泰米尔语或者英语。从 1972 年起，英语不再是政府资助学校的教学语言。中央政府补贴的免费教育覆盖斯里兰卡所有孩子，包括是用僧伽罗语或者泰米尔语教学的学校。马来人社区的日常用语是僧伽罗语，他们就用僧伽罗语学习。包括僧伽罗语和泰米尔语等当地的语言的动词后置对马来语的影响很大，但从 20 世纪下半页，动词中位的语言如英语和标准马来语的影响开始加大，至少在一部分斯里兰卡马来人中间是如此。在斯里兰卡，马来语言受到英语的威胁，很难预测马来群体使用的斯里兰卡马来语类型未来的变化趋势。

从 1993 年起，普通教育一般考试和高级考试开始使用马来语。但马来人社区存在意见分歧，对究竟是学斯里兰卡马来语还是学标准马来语各执一词。有些斯里兰卡马来人认为标准马来语有利于在经济发展较快的东南亚找工作，有的认为应该学斯里兰卡马来语和标准马来语，应该对马来语的斯里兰卡变体骄傲，并且应该保持其活力。斯里兰卡马来语的进化历史是斯里兰卡历史重要部分。不过，现实是，斯里兰卡马来语真的成了濒危语言。

独立后，斯里兰卡的语言政策是僧伽罗语，泰米尔语和英语作为教育语言，其影响到对少数民族语言的态度。科伦坡的富裕马来人用英语接受教育，大多数马来人学习僧伽罗语。而僧伽罗语也有方言变体，康堤的山区和低地和沿海语言都不一样。

马来人的流动是因为贸易和政治导致的现象。荷兰和英国殖民者使得马来人从东南亚移民到印度洋其他地区。在斯里兰卡，他们构成独特的种族和语言群体，其语言结构展示了斯里兰卡社会文化和历史因素的变迁。斯里兰卡马来语的类型变化，是跨文化接触、贸易和领土扩张的产物，其发展前景，也受到政治、经济和社会文化因素的影响。

乘坐火车的少年

第七章　斯里兰卡语言和文化教师培训

国家语言教育政策应该包括语言地位的描述，文化和语言目标的规定。斯里兰卡有一系列关于语言和文化教师培训的国家语言教育政策，但斯里兰卡国家语言政策分散在不同的官方文件中，如官方语言委员会和官方语言局的年度报告、规定和公告中。不过，在斯里兰卡宪法、国家教育委员会普通教育改革和国家教育目标三个关键文件中包括了斯里兰卡国家语言教育政策的地位、原则和目标。

一、宪法

斯里兰卡宪法明确了语言的地位，其中关于语言的条款和语言范畴的术语反映了政府的语言政策历史。该历史可分几个阶段：殖民时期的“英语唯一”；1944—1956 年期间的僧伽罗语、泰米尔语和英语；1956—1978 年期间的“僧伽罗语唯一”；1978 年开始的僧伽罗语和泰米尔语，加上英语；1987 年开始的僧伽罗语和泰米尔语作为共同官方语和民族语，英语作为交流语言。目前，斯里兰卡的语言状况主要是根据 1987 年的《印度-斯里兰卡和平协议》第二款第 18 条的规定，斯里兰卡官方语言是僧伽罗语、泰米尔语和英语，不过，根据宪法，仅僧伽罗语和泰米尔语具有官方语和民族语的法律地位，英语是交际语。斯里兰卡宪法第四章有关语言的条款如下：

第十八节：(i)斯里兰卡官方语言是僧伽罗语，(ii)和泰米尔语，(iii)英语是交际语。

第十九节：僧伽罗语和泰米尔语是斯里兰卡民族语言。

第二十一条：赋予人们用两种民族语言接受高等教育的权利。

因此，在宪法中体现了语言政策关于语言地位的规定，不仅确认了在公共机构中僧伽罗语和泰米尔语的法律地位，还确保了大学使用这些语言的权利。

二、国家教育委员会普通教育改革文件

语言政策的另一个要素是目标，国家教育委员会公布的普通教育改革文件（the Reforms in General Education，RGE）多次提到作为第二语言的僧伽罗语和泰米尔语。最显著的是第 2.3 节：教育的质量改善。关于初中教育是这样规定的：在教师条件具备的情况下，开展第二民族语言的教学，如给使用泰米尔语的学生教授僧伽罗语，给使用僧伽罗语的学生教授泰米尔语（NEC 1997：11）。在 2.4 节高中教育中，也直接提到作为第二民族语言的僧伽罗语和泰米尔语，其主要是指 10 和 11 年级，这两个年级学生需要参加普通教育一般考试。选修科目添加到以前包括公共课和必修科目的课程安排中，在语言课程上，母语和英语被标注是“核心课程”，作为第二民族语言的僧伽罗语和泰米尔语则被列为 7 门选修科目，学生可以选择其中 3 门。普通教育高级考试中没有提到第二民族语言。

国家教育委员会的普通教育改革文件的第 2.7 节中提到了学校英语教学改革。其总体目标是提供“全国学生能够用英语理解和交流的机会”，帮助就业和进步是主要目的。

该文件的第三节讨论教师教育，提到英语的篇幅远远少于作为第二语言的僧伽罗语和泰米尔语。改革文件中对作为第二语言的僧伽罗语和泰米尔语的规定被总统和教育部长进行了扩展，希望从 2000 年起把第二语言扩展到小学。普通教育改革文件和 1999 年 9 月的扩展将英语、僧伽罗语和泰米尔语作为公共教育促进民族团结和民族和

谐的关键目标，希望未来的斯里兰卡人是三语的。但在第二语言教育规划中，英语和第二民族语言没有包括在一个连贯的计划中，第二语言也没有与母语关联，母语读写能力和第二语言读写能力也没有关联。英语和两个母语有所分离，如果将英语和两个母语作为一个整体的三语教育计划思考，更能够带来协调和强化的好处。语言教育需要连贯一致的措施和方法。

三、国家教育目标

国家教育目标支持改革文件中与第二语言目标相关的各种条款。第二民族语言学习的主要目标不是语法，也不是第二语言教师关注的交际能力，而是促进民族和谐和和平。国家教育目标包括：①增进民族凝聚力、国家完整和民族团结；②建立普遍的社会正义模式；③国家建构活动中的积极伙伴关系应该确保培养人们相互之间持续的、深层次的和有约束的关心。

宪法、官方语言局和官方语言委员会的文件赋予了使用母语的权利和接受母语教育的权利。普通教育改革文件进一步规定了互惠的双语。最后，改革规定了作为共同附加语英语的交际能力。这些条款可以作为隐形的国家语言教育政策，可以归纳为：①语言地位。僧伽罗语和泰米尔语平等。英语的特殊地位，作为共享的附加和联系语言。②整体目标。民族和解。僧伽罗语和泰米尔语作为大众语言，英语作为交际语言。③实施目标。僧伽罗语和泰米尔语作为公共行政和教学语言。英语作为行政的附加语言和教育的共同第二语言。④教育的意义。母语教学＞母语读写能力加英语作为第二语言＞英语读写能力加第二民族语言习得。

因此，斯里兰卡的语言政策所描述的语言结果对僧伽罗语学生的要求是(表 2-1)：

表 2-1　对僧伽罗语学生的要求

	僧伽罗语	英语	泰米尔语
时间和语言媒介	完全的教学和考试语言	每周5小时，从小学到中学的高级考试阶段，某种程度的浸入式方法	中学每周2小时(2000年起小学)到一般考试阶段，某种程度的浸入式方法
口语	学术的	交际的，部分学术的	交际的
读写能力	僧伽罗语读写能力，文学和语言艺术	读写能力和文学	学习文字和简单阅读
社会文化	母语和身份认同文化	第二语言，工具型使用	跨文化，融入型使用

对泰米尔语学生的要求是(表 2-2)：

表 2-2　对泰米尔语学生的要求

	泰米尔语	英语	僧伽罗语
时间和语言媒介	完全的教学和考试语言	每周5小时，从小学到中学的高级考试阶段，某种程度的浸入式方法	中学每周2小时(2000年起小学)到一般考试阶段，某种程度的浸入式方法
口语	学术的	交际的	交际的
读写能力	泰米尔语读写能力，文学和语言艺术	读写能力和文学	学习文字和简单阅读
社会文化	母语和身份认同文化	第二语言，工具型使用	跨文化的，融入型使用

普通教育改革，1999年的改革扩展和语言的法律地位，使得斯里兰卡学校和国立教育学院能够执行在部分三语的背景中提供双语读写能力的双语政策。

四、作为第二语言的僧伽罗语和泰米尔语

民族语言作为第二语言的教与学历史复杂曲折。1977年，斯里兰卡开始决定教泰米尔语孩子僧伽罗语作为第二语言，教僧伽罗语孩子

泰米尔语作为第二语言。有的学校马上开始教两种语言。其背后是民族团结可以通过相互双语实现的信念。但大多数学校一年后停止了试点(ICES 1990)。

教僧伽罗语和泰米尔语两种民族语言的动机还是来自宪法第13和第16修正案。目前教僧伽罗语和泰米尔语作为第二语言的实践是修正案在教育中的反映,即在民族团结和谐框架内对民族多元化和多元文化的尊重的理想,传统的语言目标、语法、词汇和话语等让位给了更加宏大的民族目标。斯里兰卡语言教师培训需要考虑这些宏大目标。但是,没有一个明确的国家语言政策的弊端在语言教师教育中显现,特别是在学校和教育学院的僧伽罗语和泰米尔语教学中。

1996年世界银行评估报告给出了教师职前教育的课程结构,其仅包括了每周2小时必修的第二语言II课程(僧伽罗语或者泰米尔语)。该课程是公共课,课程第一年的第二学期开始32小时的课程,时间太短并且没有课程要求描述。显然,大学无法通过这种机制培训学校的第二语言教师。这些32小时的语言和跨文化教育需要制定一个大纲,要有斯里兰卡语言和多元化的意识。还需要给泰米尔语孩子教僧伽罗语的教师的大纲,和给僧伽罗语孩子教泰米尔语的大纲。在第二语言领域,双语能够促进跨文化理解,但现实是语言教学强调的多是技术层面如语法、交际和词汇,与文化和跨文化关系隔离。

语言和跨文化能力的关系包括:①双语教育比外语教学法更能够获得双语能力;②双语能力本身并不一定会在社会两大群体之间获得积极关注;③双语教育有助于让学生消除人类差异是问题和麻烦的错误观点,消除不同群体的误解和怀疑;④在跨文化框架下的语言教学有助于学生建立接纳和宽容的积极态度;⑤双语者比单语者能够更好接受语言差异,接受不同群体做事方法;⑥双语能力所形成的积极态度和关系比单纯文化和价值观教学持续得更久。第二语言教学的目标是交际能力,包括:语法能力;社会语言学能力;话语能力;和策略能力。跨文化语言能力超越上述能力。

语言中的跨文化教学涉及多个新的因素：国际化、经济全球化、旅游、信息和互联网。在多民族社会出现 4 种新的教学法：①外国文化教学法（80 年代逐渐被抛弃）；②不同文化比较教学法（今天的主要方法）；③多元文化方法（多在多民族社会）；④跨文化方法（各国通用）.（Risager 1998）。外国文化教学法认为在一特定地域的某个国家仅存在一个单一文化，并且将该语言的文化与学习者文化隔离。不同文化比较教学法对比外国和本国文化，关注差异和相似。多元文化方法关注多元文化和多语言社会，强调相互尊重和保持不同，关注共同和共享知识。跨文化方法强调文化的相互渗透，不区别某个民族国家的单一文化，文化受到移民、旅游和经济全球化影响。斯里兰卡英语有自己的语言特点，但与其他英语变体相互理解，其表明多种身份和文化影响。

斯里兰卡语言教育应该关注这样三种能力，而不仅是语言能力。①文化认同。学习者在日常生活中受到文化的影响并且形成自己的观点。认可日常生活的文化，包括受到文化影响和塑造的行为，获得文化生活的自我知识。②不同文化比较。即人们的态度、行为、技能、知识、兴趣等被文化塑造。比较文化差异，进行协商和相互理解，达到有效交流。③多元文化的创新性或者混合，不同人群的交往增加，欣赏不同文化的混合。

教师的跨文化训练包括：①人种志方法。这是人类学家的田野调查方法。它有助于获得不同文化的知识，培训接受者观察自己的语言和文化行为。语言教师培训就是要关注自己和不同文化群体的文化和交际行为。②移情教学。不同文化研究需要移情状态。一个社会出现移情的情况包括：当过分强调统一，就有同化的压力；当过分强调差异，就有分裂的压力。移情的教学基本是两个步骤：识别和认可差异；将差异整合。认可个体差异，将其融合到更大群体和文化模式。

语言文化教师培训是要能够明白自己的文化经验的独特性，然后将其融合到斯里兰卡文化模式乃至世界模式，从而能够处理文化多样性的挑战。③学科知识。语言文化教师的学科知识包括语言能力、语言教学方法能力。但语言使用的文化背景同样重要。文化包括三要素："古老的，积淀的，突显的"(Jayasuriya，1992：63)。对文化有两种错误认识，一种是过分强调其对我们行为、信念和价值观的影响。不同文化群体的冲突被看作是不可避免，因为被文化束缚。另一种相反，是否认文化的影响。不同文化群体的冲突被看作是因为经济、政治和个体差异的原因。古老的文化表示传统和认同，其将人们与过去的历史模式连接。当寻求认同与长期影响我们的事件、价值观和经验相联系时，视野会转向过去。古老的文化多在目前的交际中，出现的形式是常识。

积淀的文化表示目前的行为模式、生活方式以及艺术和文学。

凸显的文化表示目前我们如何制造文化。我们根据积淀的和古老的文化模式制造和交流文化。在日常实践中，我们根据所知道的和假设的来达到目的。环境和时间都是不一样的，所以文化是动态的。我们可以影响和改变文化模式。新词时刻都进入语言，反映并且改变文化。语言从其他语言借用，这样，文化得到发展和改变。

文化的有些部分是显性的，有的是隐性的。显性的包括艺术、工艺、舞蹈、习惯、服装、风俗和语言，隐性的包括事件的感知、信念、行为规范、角色、假设、价值观、礼节，直接和间接，对时间空间的感知，学习风格。如果把文化看作是包含知识、高艺术和文学，那么强调的是书面语言和正式语域。把文化看作是实践，则强调的是口语和非正式语域，文化存在于语言的日常使用。

文化的隐性部分经常被看作不是文化，而是做事的正常方式。不同文化做事方式不同，包括内部人和外部人区别。只有学习者自我认识，才能教文化意识。文化概念复杂，隐藏在日常生活，会导致种族中心，定型化和种族主义。欣赏艺术、建筑、绘画、舞蹈和服装很容易，但欣赏作为文化的日常生活困难。

上述文化观念，不同文化的教学，并非要让斯里兰卡人脱离自己的文化舒适区，而是希望认识到这是基本的，需自我意识和他人意识。

语言教育的概念重要。语言学习者也是使用者，语言使用涉及复杂的因素，语言教学要超越传统上局限在语言学的观点，语言使用者也并非仅是理想化的说话人和听话人。任何时刻的任何话语都是通过互动建构的，语言的使用塑造环境，也被环境塑造。

斯里兰卡国家语言政策应该明确国家在英语和日语、德语、印地语和法语等外语上的交际需求，需要明确在对于斯里兰卡非常重要的历史和宗教方面的语言交际需求。明确的语言政策比隐含的好，因为可以进行评估、监控和改变。

语言和文化的关系是有机的和合成的。语言作为文化意味着我们都是一个实践社区的成员，我们以专业的、个人的和喜欢的方式居住，经济全球化和跨民族公民身份给我们更广阔世界，语言和语言教师就是桥梁。语言教师要给学生提供母语和目标语文化的空间，所有语言教师培训不仅是技术层面的问题。

第八章　斯里兰卡英语教师

在信息时代，教育需要跟上全球经济的快速发展，同时，教师角色和教学策略也需要不断改变以适应课堂和学生的需求变化。

在斯里兰卡，教师多是大学研究成果的消费者和实施者。斯里兰卡语言教学课堂研究主要是学术研究人员的领域。英语作为第二语言教学的教师很少提出问题和解决问题，只是实施那些远离课堂的人的研究成果和设计的课程，这样的背景使得课堂实践者的声音缺失。斯里兰卡政府为促进教育的产出，赋予了教育管理者更多的责任。这样，教师角色也发生巨大变化。教师在很大程度失去了自主权，而教育行政人员具有作出重要决策的职责。课堂教学的情况是教育行政人员、官员和政治家的社会和政治决策的反应。教师角色成为仅仅是技术人员的角色，他们被动地完成政府和教材规定的内容，在教学上，教师没有发挥个人见解的空间和对环境变化的思考空间。

实践者的失声造成了课堂教学研究的真空。近年来，教师声音的重要性受到教育研究人员的关注。同时出现了新的概念："作为研究者的教师"和"反思型实践者"。教师在学校教学设置、课程和教材设计、课堂实践研究中开始发挥积极作用。现代语言教育赞同反思性的和研究型的教师模式，这有助于促进斯里兰卡英语作为第二语言的教师对教学法的课堂研究和教师专业发展。

教师加研究者范式与反思型实践者相似，即将教师加研究者看作是有意地、系统地、符合道德地和考虑环境因素地在课堂观察和反思。研究包括一系列复杂的信息收集、记录、分析、讨论和课堂决策。教师从技术人员成为专业人士。他们以自己的专业知识探索和解答问题，传播其观点，促进积极的和有效的教育变化。

在70年代，就有人提出作为研究者的教师的概念，认为，“教育的改变依赖于一个教师能够参与并且反馈教学的研究方式”(Stenhouse, 1975: 165)。但直到2000年左右，才有大量实践者研究成果出现，教师专业化发展也与课堂研究结合起来，“该方向是希望通过为了描述、解释、归纳和预测而收集和分析原始数据，从而讨论和解决问题。”(Anderson, 1990: 4)

教师专业化发展包括有限的和扩展的专业人士两种，前者认为教师的工作局限在课堂：课堂教学质量高，对学生评估方式正确，对学生需求负责。后者认为教师具有探索精神，从事研究，了解教学实践及其对学生的影响，理论结合实践，反思教学，参与专业化发展活动。他们的发展包括在广泛的教育和社会背景中思考教学，学生的学习和课堂实践研究(Zwozdiak-Myers, 2012)。

教师应该具有对课题实践的系统反思和建构意义的能力。课堂实践研究不是自发的，而是通过对现有实践的质疑，收集信息并且产生新的观点的精心设计的过程。通过课堂实践研究，作为研究者的教师能够得到自我反思、专业发展和持续提升(Hopkins, 2008)。

语言教师进行教学研究有多个意义，如要说服某人、要探究问题、进行政策研究等，还包括理论结合实际的研究。作为研究者的教师进行课堂观察、案例分析、进行学术讨论，让理论与实践结合。语言教师通过教学研究展示自己能够对教学实践进行理论概括的能力。课堂研究的主要目的既是促进教师对自己、课堂和学生及学校的更好了解，也能够通过反思改善教学(Stremmel et al., 2002)。

语言教师可以参与4类研究：基础研究、应用研究、行动研究和评价研究。第一类侧重理论探讨；第二类使用新信息解决课堂问题。行动研究的目标是解决显而易见的问题，评价研究是评估课程，项目和教材效果。

教学反思是“使用感知、经验和信息的能力，以对过去和现在进行总结，以确定未来的行动。反思是认知行为，人们通过回顾、分析和评估获得的经验。反思也是社会政治过程，人们通过交流、决策和社会行为重新建立社会生活。这样就出现不同类型的反思。例如行动中的反思和对行动的反思。前者表示反思伴随行动，后者表示行动之后的思考（Schön，1983）。Mezirow（1990）给出了内容反思、过程反思和前提反思，分别关注“是什么”“该如何”和“为什么”。Senge（1990）提出了3种类型的反思：技术反思、实践反思和批判反思。教育的技术反思表示对教学技术、策略和技能的反思，这与Schön的对行动的反思相似，关注的问题是：我做了什么？我如何做得更好？实践反思关注专业实践的“为什么”和“怎么做”的问题。批判反思将前面两个反思与社会、政治、财务和道德因素结合。

反思教学是动态的和循环式的。作为研究者的教师系统地收集信息，批判性分析和讨论数据，并且将结果与同行分享。然后，对语言课程和教学法进行有根据的决策。教师需要有意识地进行课堂反思，与日常反思不同在于，它是有计划的、积极的、持续的，将教师的关注集中在解决课堂问题。因此，教师需要理论联系实际，弥补课堂外部研究者给出的理论和课堂实际的差距。

反思让作为研究者的教师有机会参与教育改革和促进自身专业发展，让作为研究者的教师通过仔细审视专业实践而将反思作为发展的一种方式。通过审视，教师对教学更加具有反思、批判和分析能力。

调查表明，大多数斯里兰卡英语教师老师认为应该参与课堂研究和反思实践。但是，斯里兰卡大多数中学教师对研究方法和课堂研究实施的知识有限。他们接受的教师培训很少有研究方法训练，即使有训练也是在设计和深度上有问题。课堂研究的专业性和能力涉及保密、匿名、文化敏感和研究工具。作为研究者的教师不具备这些技能，或者在研究过程中其行为不恰当，结果是研究结果扭曲，接受调查者受心理伤害，引发民族、文化和性别敌意。

研究方法和课堂研究实施的训练不足，是大多数教师难以参加研究的主要原因。但是，课堂研究可以改善教学。很少有教师通过课堂研究来促进个人职业的专业化发展，原因可能是现实因素。行动研究是专业化发展重要方式，特别值得斯里兰卡教师注意。另外，教师的课堂研究成果多数是自己使用，或者小范围使用，很少有人发表或者在会议宣读。

反思实践对斯里兰卡英语教师教育的作用尚不明显，需要在斯里兰卡教师教育和专业发展上进行改革，包括：①英语教师教育和培训课程需要有研究方法课程，让参加培训者掌握研究技能，了解研究特征和足够实践。研究方法包括定性和定量方法、数据收集和分析方法、取样和调查方法。②英语专业的教师应该多参加学术会议和工作坊，深化专业领域的知识，吸收不同观点，建立学术联系。③学校应该建立英语教师研究小组，从事课堂教学研究，发表研究成果。

第三篇
斯里兰卡社会

第一章　17～19 世纪斯里兰卡僧伽罗妇女社会经济角色的变化

在 17 世纪来临之际，以殖民地经历来划分，斯里兰卡有两个分明迥异的行政区域。第一个区域是沿海省份，在 16、17 世纪之交时是处在葡萄牙人的统治之下（Abeysinghe，1966；de Silva，1972）。在 17 世纪早期，荷兰人就表现出了和斯里兰卡建立贸易往来的兴趣。在葡萄牙人之后的 17 世纪中叶，在沿海地区他们已建立了自己的权力机构（Goonewardena ，1958； Arasaratnam，1958）。在 18 世纪时期的最后十年，该地区被英国人占领（Mendis，1971；Colvin R. de Silva，1953）。第二个区域是康提王国。这曾是一个独立的本土王国，直到 1815 年才沦陷到受英国人的统治。科特王国是在第 16 世纪时期开始落入葡萄牙人手中。与这一政治骚动同期，康提王国渐渐成为了主要的本土王国。特别是在 16 世纪晚期圣塔瓦卡王国沦陷之后，这个过程聚合了本土势力（Dewaraja， 1972）。因此，17 世纪斯里兰卡沿海省份被西方殖民列强控制；而康提王国，一个有些向外部世界封锁的内陆地域，仍保留了该国的土著状态。

理解这种地域划分，顺带提及一下就是政治分工，对研究后殖民时期的斯里兰卡经济历史很重要。康提王国的经济堪称“本土经济体制”，这基本上是一个封闭的、主要是自给自足的经济。而在沿海各省的情况有些不同。到第 17 世纪到来之际，沿海地区已经历了近百年的殖民影响。这种经济在这个意义上是“开放的”，是受殖民列强利用以满足他们的国际贸易活动的经济。（沿海的）本土社区虽然不时会获得参加这样的（贸易）活动的机会，但更多的是剥夺他们胜过机会提供。然而，到了17世纪，在经济上该地区变得更能通向外部世界。但人们不能忽视的事实是，即使在葡萄牙人到来之前，沿海地区通过各种经济活动经由码头如科伦坡、加勒和亭可马里等向世界其余地方开放。然而，该地区“有几分封闭”的原因是，土著社区的社会经济结构没能充分地转型和配套到足以赶上新经济局势的变化。他们没获得允许或不准备一起放弃现存的土著体制，而同时又不得不面对新体制的挑战。以肉桂去皮工这一情况为例来说，肉桂去皮是对政府的义务服务，已分派给代代相传的特定种姓的一群人。因此，它是传统的一部分，西方列强根本没有对此重视过。但是，由于对斯里兰卡肉桂的国际需求增长，殖民统治者们保留了现有土地终身制，通过不让他们在新体制下的别处寻找生计来保障肉桂剥皮服务。可以说，这种二分法则是当时农业经济体制与现代经济体制碰撞的结果。这种情况造成了一个二元论分区，这一区域里因两种如本土经济体制和殖民统治创设的体制同时运行，本土体制变得复杂。(二元论概念意味着一个“整体”的概念，其内部有两个分明可见的部分。在特定社区的历史上和世界上特定地方，二元论的出现已广泛地受到不同专家的解释，作为存在于称为“传统社会”和西方世界正出现的后“工业革命”资本主义社会之间突发的跨文化活动的结果)(Kurukulasuriya，1983：165)。

就性别研究来看，有关人类历史的一个关键理论是文明加剧了基于性别的社会经济角色的界定。皮得·史特恩斯(Peter N. Stearns)这位对性别和历史做了广泛的研究的当代历史学家指出，“在文明进步的同时，在各种接触交往中不仅限制互往，而且性别体制——男女关系体制——也已正在形成。事实上，影响性别的最大变化或是农业的兴起早于文明本身”(Stearns，200：13)。可以说，到了17世纪，斯里兰卡僧伽罗社会男人和妇女的经济作用都得到了很好的界定。这一情况在康提社会背景下更具说服力。

关于早期农业社会各个阶段及男女性所发挥的作用问题，现代学者博塞拉普(Boserup)提出这样的重要观点,“…… 在人口稀疏的农业社会,刀耕火种是经济基础,妇女完成大部分的劳动;而在人口较稠密的农耕地区,男人比女人干活更多。而在土地灌溉、土地集中的地区,男人和女人都得投入大量的劳作”(Whyte and Whyte,1982:18-19)。如果人们要界定当时康提农业社会背景下僧伽罗妇女的作用,可以推断说,她们是位于博塞拉普描述的这一过程中的次要阶段的。当时康提王国是一个政治上健全的社会实体,并且具有一个界定完好的社会经济结构。康提王国人口密度适中,居民们用犁地的农耕方式种植(Knox, 1982: 1681,18-19)。因此,如博塞拉普指出的,总的来说康提经济也是这样,在农业活动中男人的作用更突出。有关康提社区经济体制情况,罗伯特·诺克斯(Robert Knox)给出具有极大价值的描述。(在拉加辛哈二世执政期间,罗伯特·诺克斯作为国王的俘虏在康提王国生活过,并对这个国家和居民生活作下了生动的记载。)尽管对特定的人或事件他记述有一定的失误和不准确(Goonewardena,January 1958:39-52)。

诺克斯清楚地表明,康提社会的农业活动中男女有角色区分和很好的界定。据诺克斯所说,农业活动中男人的作用是负责主要的劳动任务,如耕地、播种、收割庄稼(Knox:108-110)。妇女们干除草、移栽、搬运庄稼到禾场的农活,她们还负责庄稼粮作物的收割(Knox:108-110,112)。这些不能看作是她们在家里干的家务活,因为她们通过在其他村地里干活也获得了报酬(虽然不是以钱币而是以实物形式)。诺克斯记述了其中以椰子作为报酬的收入(Knox:110)。维马拉哈马(Kapila Vimaladharma),这位考察了康提妇女经济状况的现代研究者的看法是,这不是一种用实物的支付,而只是一种在康提农业活动中盛行的风俗或传统(Vimaladharma,2003:145)。然而,由于王国的农业体制和经济受传统风俗规约,在这种极其看重集体劳动的农业体制下,椰子会看作是妇女劳动的某种类别的收入。

因此,妇女明显在农业活动中有特定的角色定位、但却被界定为次要角色,因为主要农活似乎都已集中在男人身上。

重要的是,尽管貌似妇女被界定在次要地位,但在农业中她们的作用被认为同等重要。事实上,这是显而易见的:无论在家里还是在公众领域(如在集体干农活时),男人不干涉女人的农活或任务。诺克斯注意到了这一点,说:“男人搅和或参与那些本该属于女人的事情被认为是丢脸面的事(Knox:244)。”他指的“农活”是什么?在家里她们干的是大米水稻脱粒的活、供水供柴火的活、准备饭菜的活,还干为全家整晚床脚铺下取暖、维持火旺的活;在公众场合,她们负责除以上提及的农活,还得又干喂养牲畜的集体性劳动。这种角色区分界定的基础是什么?提拉卡·梅塔兰达(Tilaka Mettananda)教授的观点是,如此男女角色分工的基础不是依据劳动辛苦的本质特性或妇女的水平优势。就这一点她作了解释,指出尽管分配给妇女们干的是如田里锄草之类轻活,但在家里重得多的家务活却用她们来干(Mettananda,1994:130)。从诺克斯的讲述看,这是很明显的,她们负责为家里供水、供柴火和把水稻脱粒打成大米。因此,可以认为这样的角色界定的基础不是劳动,而是权威。由于男人被认为是家庭的养家人,在各种经济活动中女人拥有一个次要的角色身份是相当重要的。这有助于家庭维持家庭成员间的权威分级状况。按照马克斯·韦伯(Max Weber)所说,在父权社会,(尽管在这方面没有达成观点一致,但康提社会通常认为是父权社会的,且带有入赘婚姻体制的独特特征。在这种婚姻体制中,亚洲大多前现代父权社会通常认可的女性角色在某种程度上是不相同的。)家庭老大男人的权威是通过妻子身心对他的依赖得到保留(韦伯的观点被归纳在 Bendix,1977:330)。这一点极其重要,在社会经济领域中,人们已接受了男女拥有不同角色的风俗而保留下来。可以推断,在界定康提农业经济男女角色作用时,类似的规则被运用。

应该强调的是,这是角色分工而非贬低女性。按现在的标准,会认为这是基于性别的歧视。然而,在这种情况下,即使是养家糊口的男人,在这种基于土地所有制才提供服务职责的机制下,也没有处于完全独立的经济状态。人们必须接受的事实是,这不是性别歧视,而是有目的的角色界定或分工。如前所述,其目的是为了保留权威。此外,在早期农业社会,劳动力供给本身来自家庭,家庭中的每个人都很重要。因此,无论是什么样的传统角色,对一个人而言,无论是男还是女,掺和别人的劳动是不恰当的:这违背了风俗规约。

贸易在康提社会不是一种基于金钱而产生收入的经济活动。(与外面世界的贸易交往是通过国家来实施。作为个体的康提人很少涉足贸易活动。当他们确实有需要参与贸易,交易规模也是小型的,而且是以商品或以物易物的方式交换。大部分贸易活动是通过穆斯林人或摩尔人进行的。)因此,除了农业,别的突出的经济活动是基于种姓制度的技术服务展开,这种种姓制决定了土地的使用权、经济活动和康提人的社会地位(Pieris,1956)。

通常有两种服务妇女可以参与其中,如参与传统的有明确的服务意义风俗服务,还可以参与那些当作是生计手段的劳动服务。然而,在某些情况下,这两种服务混成一体搅和不清,比如洗衣女工的劳动。受种姓的界定,洗衣是她们的生计方式。可同时,这些妇女是一年一度佛牙节节日队列的一部分,她们会作为种姓服务成员随佛牙匣子行走(Knox,224)。此外,还有女舞者以及服务佛牙的妇女。这些妇女似乎具有担任礼仪的能力(Vimaladharma:127-133)。她们的工作不能界定为一种生计手段,只是一种传统的延续。然而,她们有时因为这些劳动服务,获赠了土地和其他财产。可是很明显,大多数的这些土地赠予品并不是实际服务的报酬,而是对服务劳动认可的赠予品,带有家庭福气的用意,还确保后代未来延续特定的服务。

也有妇女是为君主家庭提供服务的。这些人是在皇宫做事的女厨师(Knox,154)。各种土地赠予记录都提到了这些当厨神的妇女。“厨神”这一词语表明了她们的荣耀地位(Vimaladharma:124)。另一例子是宫廷娱乐还会设置三个类别的女子称谓。据报道僧伽罗妇女与马拉巴尔、摩尔女人一道在这些人的队伍里从事跳舞服务(Vimaladharma:124)。另一重要的服务是保姆职位,它需要来自贵族家庭的女性照看皇室的孩子(Vimaladharma:124-125)。有妇女是负责辅助或伺候皇后和皇室家庭的太太小姐们,也是得来自贵族家庭的(Knox,54)。困难的是,难以在生计方式与传统延续之间准确识别界线,特别是对有社会地位较高的女性界定。

但是,在较低种姓阶层,尽管会涉及如妇女服务佛牙节事例,各种服务是极具仪式和传统性的,这些(服务)也都与家庭生计相关。重要的事实是,康提妇女间的角色作用会基于社会地位不同而存在差异。较高种姓的妇女通常完成具体的礼仪任务或向皇室提供服务。虽然她们的服务获得了回报,但那不是她们的谋生方式。而来自较低种姓阶层的妇女,尽管有时也表现出自己的执行仪式能力,对这行业贡献了她们的服务,但这是她们家庭的谋生途径。这些贡献在康提社会的民歌中是显而易见的。这些歌曲清楚地反映了妇女们对一些如编制行业的直接贡献。无论是民歌的颂歌、贺喜歌(Pannan Kavi 或 Kapu Kavi),还是涉及完成种姓任务时如编框、织布的吟唱,这一点是很明显的。然而,也有其他情况,这种直接的涉及并不明显。比如涉及的陶瓷行业辛苦劳作后的吟唱或歌唱,没有提及女性的贡献(Vimaladharma:134-136)。结论是,在那些行业里,妇女的角色作用可能已归属为只是助手,因为她们需要帮忙打理家里的所有事务。烧瓷这样的技术活只能会在男性间代代相传。这一点可从诺克斯对工匠的描述得知,“甚至任何工匠都不能改变他们代代相传的行业;儿子只干与父亲曾经一样的手艺,女儿只嫁给和父亲手艺同样的人。而且她的(陪嫁)部分是这样的手艺工具,会很有用,确实属于该行业……”(Knox,

206)。因此,很显然甚至在这些行业中,妇女曾发挥的是次要角色的作用。这样的划分又一次是基于权威,而不是劳动。这些行业角色通过代代相传得以继续维持。父亲会把从自己父亲那里获得的手艺传给儿子,而对于女儿,他会给予她丈夫所需的部分行当工具,用以继承其从事的种姓产业。

参照中国古代妇女地位,库马瑞·加伊瓦德纳博士(Dr. Kumari Jayewardena)指出,在研究妇女地位时,人们不能忽视的事实是,即使在同一社会,妇女的地位因社会的阶层不同也会存在差异(Jayewardena,1986,171)。在研究康提社会时,这一观点不能忽视,存在一个严格的基于种姓而非阶层的社会分工。

似乎社会中最高层的女性已发挥了具体的角色作用,这与她们的生计方式并不直接相关。甚至在家庭里,可以认为她们只有为数不多的活干。然而,诺克斯指出,即使属于贵族家庭的女性,尽管有仆人,她们也参与家务活。虽然这证实了她们在家里干活的推断,但意指她们所做的只是延续当好家庭贤妻良母的传统。可是她们似乎可以选择是自己干活还是监管仆人干活。这种情况在公共场所也会如此,比如,她们向皇室成员所尽的种姓职责或提供的服务,不是作为生计的必须,而是传统的延续。事实是这些经济负担由拥有较少种姓特权的妇女承担了。

另一点应该强调的是,有的妇女赚钱谋生的手段似乎已被人们认为是低贱或可耻的。关于妓女,诺克斯提到卖淫是国王所不允许的(Knox,70)。这表明,卖淫是非法且不道德的谋生方式,这种谋生方式一些僧伽罗妇女必定已从事了。人们认为奴隶不是一种生计方式。其实,它是社会体制内一个机构。在这机构里奴隶们允许过正常的生活,还被赐予土地和牲畜。诺克斯看到的唯一的区别是不允许他们自己保留奴隶(Knox,208)。这儿需要强调的是,奴隶的女人如同社会中其他妇女一样必定也已对她家庭的生计做出了贡献。

然而，总的来说，如前所述很明显，康提妇女发挥了她们次于男性的经济作用。可是，在维持康提社会当时经济结构的运转中，该作用和男性发挥的主要角色作用一样重要。在康提语境下，传统上社会已认可妇女的经济角色为依赖体。可这一体制的独特之处是社会如何对妇女的这一依赖状况承担责任。从王国的风俗规约看，这是明确的。与世界上其他地方同类情况相比，该规约在某些方面是极具进步性，已给予了处在次要经济角色的妇女所需的经济保障。首先，她们有继承权，有权获得财产且可大量地自由支配财产。顺便提及，婚姻中她们的财产没有与丈夫的合并一起或是规定必须合并为共同财产。根据传统康提法律编撰者黑拉伊(Heyley)所言，与当时欧洲的法律相比，这是该法律非常进步的方面(Heyley，1923：285)。其次，该法律保障了社会中妇女不会因家里有经济实权的男性成员的过失而穷困潦倒(Koggalage，2006)。需要注意的是，男性成员方的过失是通过法庭(判决)来补救，且有大量的事例记录在案。(司法专员的报告和国家档案馆第 23 号提及了 20 世纪 30 年代以前法院的这类案子情况。)比如，丈夫不能在妻子没有生活保障时抛弃她；而且他的义务只有在她再次步入婚姻时才能结束(Knox，248)。

这样，可以得出结论，在康提地区女性在经济中扮演的是次要角色，这导致她们在经济上对家庭的男性成员处于依赖状态。然而，为了保证她们的经济利益，也有一套特定的通过传统运转和法律保证的机制存在。

论文的第二部分将关注在殖民经历前的沿海省份僧伽罗妇女社会经济角色的总体状况。

在科特王国，经济情况总的来说主要是自给自足的农业经济。除了农业，内外贸易成了经济的一个重要方面(de Silva，1995：37-60)。社会阶层的划分还是基于种姓制度。它又不完全等同于康提王国的种姓制度。到第 15 世纪，有些种姓达二十六种，靠传统方式获得特定的谋生。然而，C. R. de Silva 教授指出，到 16 世纪有报告显示，尽管各种种姓还存在，《公众种姓种类》书中写到他们已获得的谋生方式改变了(de Silva，1995：47-48)。然而，可以认为，虽然一些种姓的角色作用可能已遭受了改变，但仍然有某一特定的服务或多种服务分派给各个种姓。尽管一些特征是两区域共同具有的，但沿海各省的土地任期制度也比康提的复杂得多。基本上贵族家庭有封地，包括国王赐予的村庄和在那些村庄直接享有田地股份。村庄的其他土地基于村民提供的服务赐予他们，这些土地称为荒地(pangu)。还有其他种类的如佃租土地和当长工(otu 和 ande)的土地任期所有制方式(de Silva，1995：37-60)。

在这种经济体制中，妇女似乎也发挥了一个不够突出的角色作用。在农耕方面，看护庄稼这样的次要的角色任务分配给她们。《鸽子音信》(Parevi Sandesaya) 一书提及了(负责)驱赶稻田里鸟儿的妇女(Parevi Sandesaya，1958：诗句第 111 行)。《八哥音信》(Selalihini Sandesaya，1990：诗句第 38 行)《鹦鹉音信》(Gira Sandesaya，1990：诗句第 76 行)两书都提到了叫 El Geviliyo 的人们，作者 G. S. B. Senanayake 把她们等同为待在水田保护作物的妇女。除了干这农活，妇女们也负责畜牧动物。在《天鹅音信》(Tisara Sandesaya，1985：诗句第 87 行)和《鹦鹉音信》(Gira Sandesaya，诗句第 75 行)两书还提到了叫 Gopalu Liyo 的女工，是负责照看牲畜的妇女。贸易是另一个重要的方面。《天鹅音信》(Tisara Sandesaya，诗句第 76 行)和《鹦鹉音信》(Gira Sandesaya，诗句第 60 行)两书也都涉及了女性参与贸易(活动)。Indrani Munasinghe 教授对《鹦鹉音信》一书中的相关描写作了评价，很明显妇女当时参与了在市场或在树荫下等开阔地进行的贸易交易(Munasinghe，2005：80)。据 Munasinghe 教授所说，有证据表明甚至在公元 14 世纪前，妇女就参与了纺织棉线。她还指出有妇女在陶瓷行业干活，且进一步说，这些妇女很可能已帮助了家庭的买卖交易活动(Munasinghe,83-84)。妇女的另外职业是干女仆活。女仆有两种分类:有在寺庙干活的,还有那些在人们家里干活的。她们获得的报酬是钱币(kahavanu)或是稻米(Munasinghe:90)。《天鹅音信》书里提到了科特这样的叫 desi 的侍女,她们通常是用头顶运东西(Hamsa Sandesaya,1985:诗句第 125 行)。

根据以上谈及的所有事例可以认为,沿海地区的妇女在农业活动中拥有一个次要的角色定位。有妇女投身于家事行业,也有些做的女佣活。明显不同于康提场景的是妇女参与了贸易活动。这表明在贸易更开放的沿海地区,至少在国内贸易活动中已给与了妇女参与的途径。我们在此能明白的是,尽管妇女的角色作用又一次被界定到几个特定的区域,而且仍是次要的,但是她们获得了一个更为开放的经济角色。可以得出结论,在这一地区也是男性群体被视为主要的养家人和关键的经济运作人。然而,也可以认为她们的经济作用与康提社会妇女相比更具动态性,原因是沿海地区对外部世界更开放。我们把同时期沿海和康提地区寺庙壁画上描绘的女性装束相比较,沿海地区的灵活性和开放性是显而易见的。在加勒地区的一个专门供奉国王敬拜的名叫 Totagamuva 大寺庙里,壁画上描绘了穿着印有五颜六色的衣服的女性,不管她们的社会地位(1990 年发行的 Totagamuva 寺庙一书相关内容,作者是 Chutiwongs 等)。这些衣料可能是进口来的,在加勒地区很常见。在该地区进出口贸易是经济活动的一部分。而在属于同一时期康提王国的 Sooriyagoda 和 Madavela Viharas 寺庙的壁画上,大多时候把女性着装描绘成纯白色(1990 年发行 Sooriyagoda 或 Madavela 寺庙书中相关内容,作者 Chutiwongs 等)。有的场合女性如交际花(Amittatapa),常身着色彩艳丽的衣服,在佛教文学里被视为邪恶的女人(在康提专供国王敬奉佛主的 Degaldoruva 寺庙里的壁画上可见)。这可能也表明了康提社区对沿海社会向外部世界开放的态度(Koggalage, 2007)。因此,可以说妇女经济角色的细微差异,可能是由于沿海地区通常经济(活动)更为动态的本质导致的。也有从事其他的职业,一种是跳舞。但是,不清楚的是该行业被认为是传统还是这群妇女的生计方式。在书籍《天鹅音信》中(Tisara Sandesaya,诗句第165-179行),有单独的部分描写了舞者。重要的事实是,这些舞者(参与的活动)都与娱乐,而与宗教活动无关。《八哥音信》书中有谈及妇女在神社跳舞(Selalihini Sandesaya,诗句第72-76行)。这更符合传统,而非出于纯粹的生计。《信使诗集》(Sandesa Kavya)中另一明显的特点是对妓女的描写,如为世人所知的Vaishya和Bisaru Liya两名妓(Tisara Sandesaya书中诗句第11行和27行;Hamsa Sandesaya书中诗句第17行;Selalihini Sandesaya书中诗句第23行)。由于这些女人的美丽获得了这些诗歌作者的赞赏,顺带提及,其中一些作者是寺庙的僧侣。可以推断在当时妓女从事的交易并不是不合法。然而,它可能已拥有了一个堕落腐败交易的名声。这些因素再次表明,严格的传统划分的康提王国妇女经济角色在沿海各地是看不见的。

然而,即使在这些地区,妇女的角色作用基本上是局限在家庭的事务劳作。据Munasinghe教授所说,女人烹饪做饭的才能得到很好的赏识,而且被认为是她们的特质(Munasinghe,85-87)。在《信使诗集》里,女人对其家庭的义务,对丈夫的职责以及她处理家务的能力,还有她节俭(的品质)都赢得得了很大的赞赏(见专为理想的佛教妇女的描写,Kavyashekharaya,1966:184,186和189)。因此,可以认为,女性是被指派了一个次要特性的经济角色。正如在康提社会背景里,社会怎样看重(她们的)这一贡献不是很清楚。可以说,严格意义上讲,沿海地区的妇女没有享有当时传统法规完好维护的经济保障。与此同时,她们可能会获得机会以更为非传统的方式谋求生计。因为她们作为社会的一分子,与康提社会相比,也经历着不断的开放与变化。

本文的第三部分将关注是否殖民经历已经改变这些僧伽罗妇女

的经济角色问题。

通过对两个世纪的回顾，一开始可以说，康提的经济结构的状况没有遭受巨大的改变。早在17世纪葡萄牙人的袭击期间，经济活动受了干扰，但这些攻击破坏并没有从根本上改变现存的体制。有利于经济体制运转的各种社会条件也没有显著的变化(Dewaraja，1995)。在1815年英国征服康提王国，各种变化才开始渐渐发生。即使那样，英国在其统治的初期并没有带来剧烈的社会变革(Kulasekera，1984)。因此，可以说即使在19世纪早期，康提当地的经济状况和妇女的社会角色也未曾改变。然而，沿海地区的经济状况变化较早。根据S. Arasaratnam教授的研究，葡萄牙统治时期本土行政管理体制没有巨大的改变。他指出葡萄牙人按1597年签订的"马尔万纳公约"答应保留现有的体制。他进一步说，虽然存在因葡萄牙人体制误用不当对人民造成的痛苦，但对现有的行政管理框架从根本上没有明显的变化(Arasaratnam：120)。他还说到，可是由于社会体制受制于一套不成文的习俗惯例，局外人是不可能从理论上研究该体系，且在无多年实际行政经验下掌握其运作的(Arasaratnam：120-121)。有关葡萄牙人的行政管理，K. W. Goonewardena教授给出了相同的解释。他也强调这一事实，尽管葡萄牙人在1597年答应保留现有的体制，葡萄牙官员们确是出于自身的需要在操控着该公约(Goonewardena，1985：153)。两位学者都指出，葡萄牙人虽保留现有的行政管理体制，但由于外国统治的异域本质特性，现行体制开始发生了变化(Abayasinghe，1995：123-137)。

似乎该情况与荷兰人的统治一样。U. C. Wickrameratne博士把荷兰统治者描述成"继任者而非革新者"(Wickrameratne，1996：27)。他们也想保留现有的行政管理体制。尤其是在经济上，荷兰人的主要管理体制谋求以最小的花费赚取最大的利润。为了实现该目标，他们尽最大可能操纵传统体系。然而，变化是不可避免的。比如，尽管原则上荷兰人保留了终身服务制，当他们把它运用于大规模劳动中，实际上该服务体制却改变了（Arasaratnam：136）。而且，他们在沿海地区使用了现成的法律体制（Nadaraja，1973：10），前提是他们认为是“清楚、合理”的。

所有这些发现会把我们导向何处？他们揭示了这样的事实：现成的体制其实在外国列强手中已开始了发生改变，这也包含了经济体制在内。对处于这种局势变化中的女性已遭受了什么样的命运改变？

为了解决这一问题，探究殖民者们对土著社会的态度很重要。简单地说，无论是葡萄牙人、荷兰人还是英国人，他们不喜欢殖民地当时的民风民俗。他们不明白当时盛行的各种社会状况，且称之为不可接受。显然葡萄牙作家 Ribeiro 的观察到了这一点（Ribeiro，1999：50）。他指责僧伽罗人的婚姻制度，认为“他们的婚姻是可笑的事。一个女子常是签合同嫁给她自己种姓的一个男子……如果亲属们都同意，他们就设宴、订婚成亲。次日，丈夫的兄弟会替代他，而且是如果有七个弟兄，她便是他们所有人的妻子……她不可以拒绝他们任何人。”另一例子是英国官员 W. C. McReady 对康提地区的离婚制度作的评论，“一个男子应该有义务保持支付妻子的生活费用，即使他已对她日生厌倦，或者是她不干伐木砍柴和抽水打水的活了，某种程度上这些活他认为是必需的。”（Sessional Paper Ⅲ/1869）。

这样的道德问题是安抚殖民者思想的工具，因为殖民政策相对当时西方的自由主义人文思想是自相矛盾的。（“殖民政策总的来说是不符合当时理性主义者认可的构建人人平等的理念。……因此，殖民者们寻求道德根基来维护其殖民统治。”Kulasekera，1998：104）。这样，殖民者们屈从于“教化”土著社区的政策。葡萄牙作家 Fr. De Queyroz 极其强调这一事实，教化斯里兰卡人是葡萄牙人的义务（de Queyroz，1930）。同样，英国人也具有这样的看法，认为他们注定的义务是“教化”康提人（“正是我们的意愿和乐趣，你们应该完全地废除这些人类谴责的审判与惩罚形式，并且经验已表明在预防犯罪方面，这些形式是较少灵验有效的”，G. C. Mendis，1956：73）。

重要的是，貌似这些文明使命的一个目的是要改善妇女的生存状况。这是很明显的，从 19 世纪 60 年代末英国官员们表述的观点中可见。一位评价殖民政府引进的婚姻法的官员对英国的统治给予了赞赏，认为“ 这部佳作的《婚姻法》，尽管没能如本来期望的那样得到充分地赏识认可，但已做得很好了，而且我毫不质疑，该法律会短期内提高妇女人民母亲的身份到他们应有的位置”（Sessional Paper Ⅲ/1869）。

如前所诉，通过回顾，甚至在这时期之前，沿海地区向外界是有点开放的。即使在葡萄牙人和荷兰人来临之后，现行的体制没有受到结构性的改变。葡萄牙人和荷兰人都保留了现行的体制，但改变是不可避免的。大多体制改变是打着“公平”“公正”或“改善条件”的幌子引进的，而实际上这些改变更有利于追求以较少支出获取更多的利益的殖民列强们。

在这样的氛围下，妇女变得很弱势，因为新的体制满是自相矛盾的情况。比如，以女人的装束为例。如上所述，在沿海地区壁画上每个女性的穿戴装束都是一样的，不管她们的社会地位如何。可现实是，妇女们还得遵守种姓法。据 Ribeiro 所述，女性不能掩藏她的种姓，因为她的装束会展示她的社会地位。一个低种姓的人应该穿裹一块布，只齐到膝盖（Ribeiro：90）。按 Fr. De Queyroz 描述，普通地位的妇女不允许穿短衫外衣，但她们有时用裹着臀部的部分衣服遮住胸和头（de Queyroz：83）。这些风俗稍微发生了改变或是变得不那么严苛了，可是仍然存在着，尤其是在土著社区人们的思想中。比如，在 19 世纪晚期，一个外国人在西部旅行时，看到一些高种姓的男人在责骂一个 padu 种姓的女子，该种姓被认为是阶层中的低种姓。因为遮掩了她的胸，从而忘了自己真实的社会地位（J. W. Bennet cited in L. A.

Wickremeratne,1973:171)。这个例子足以说明沿海地区的变化以及普通人思想上对变化发生的态度。即使荷兰人的统治也没有干涉现有体制。他们允许七种最高种姓的妇女穿短衫外衣,但是来自种姓是侍候 goyigama 种姓的妇女,要限制她们的自由,不允许穿这样的衣服。

因此,值得重要关注的是,尽管妇女的生存状况似乎已经变化,但变化并没完全得到认同。在较高社会地位的妇女身上,各种变化特别明显。她们开始穿葡萄牙款式的短衫外套,披披肩和穿含衬裙的裙子(de Queyroz:83;de Silva,1995:163-181)。可是,正如 Jayewardene 博士指出,总的来说,这种在较高社会阶层妇女中的变化不能适用于整个社会。甚至在较高社会阶层这种变化也不完全受欢迎。1741 年两位出身贵族家庭终身未嫁的女子被禁止将其财产继承权给予一位男性亲属,因为他效仿欧洲服饰的穿戴和生活方式。这些情况表明,殖民统治下的沿海社会是混乱更多胜过变化。事实上,这就在传统与外国统治强加政策之间产生了矛盾。

在社会场景中这种情况非常明显。由于僧伽罗人的社会体制与经济体制关联很大,这种情况也改变了经济。财产权受限而且登记在册;组织土地交易并给予新的合法地位,这些是积极的方面。然而,终身劳动服务制被利用了,因而种姓阶层中较低层的人们遭受着痛苦,而且是“……到 18 世纪末服务终身制持权人的情况变得更糟,因为他们获得自由的能力也大量减少”(de Silva,1995:417-451)。因此可以认为,甚至男性群体的经济作用不时地被改变以适应殖民列强的利益。

在这种情况下,经济上处于次等或依赖地位的妇女面临严峻的结果。主要原因是,尽管殖民列强得躬身屈从在土著体制中“纠正不公”,可现实是他们却利用这些体制获取最大利益。在这个过程中,经济上已经处于次等角色的妇女会流离失所、迷失方向。通过审视,这就是这时期沿海地区僧伽罗人妇女的真实写照。在不断变化的经济情况下，他们失去了过去体制中要履行的特定的角色作用，并且为了保护她们不穷困潦倒，没有从法律上给予她们供给保障，尤其是对于在人口快速增长的社会里的土地权问题(Risseeuw,1991:75-79)。这一点完全不同于康提王国保护完好的传统体制。因此，沿海地区的妇女丧失了传统体制提供的至少给予一个特定角色的保护，同时在殖民经济体系中她们没有被给予新的角色。这致使她们陷入一个更严重的经济危机之中。

在殖民统治下，妇女们开始寻找新的谋生方式。一位在尼甘布荷兰军队服役、名叫 Johann Von Der Behr 的德国籍军官描述到，她们是天才的舞者和能干的杂技演员。他还评价了她们的烹饪美味佳肴的能力，特别是咖喱鸡的美味(Raven-Hart:76-77)。另外德国海员 Christopher Schweitzer 描述了他的经历:他是怎样被船载到一个僧伽罗人老妇房子处就餐，她的生计是靠给荷兰水手们做饭。这个家住科伦坡的妇女能说一点荷兰话，有时会有多达二三十人在围着她的餐桌吃饭(Raven-Hart:42)。他还描述了妇女们用舞蹈和表演杂技来为他们娱乐助兴，并且很乐于结识外国海员(Raven-Hart:65)。这些是对当时没有给予女性地位恰当的考虑经济体制下一些女性生存的绝望状态的证明。

恰巧在新的体制下，处于社会较高层的女性享受了更好的条件。事实上，在一些情况下，她们被给予了如西方所描述的“合法地位”。比如，就新启用的荷兰学校体制来说，女孩被给与了接受教育的机会。但是这些女孩只是来自收入不高的政府官员或学校教师的家庭(Jayawardena:116-117)。然而，一般情况是在新的体制下女性经济上感到很难生活。有时似乎她只得干出格的事。在 1751 年，一个与奴隶通奸的妇女被判处死刑，在科伦坡当众砍头。

似乎能解决妇女生存问题的另一途径就是嫁给荷兰人。但是，不断地因海员的土著婚姻给荷兰的行政管理带来了麻烦。因此，他们采取了措施限制这些婚姻。如果一个女子想嫁给荷兰人，一位传教牧师必须证明她是一个虔诚的基督徒。如果婚后这些女人没参加弥撒，那么她们的丈夫会被取消工资。这些都清楚表明，为了生存，女人们得改变整个的生活方式。很明显，这些婚姻就是谋生手段。德国海员Schweitzer的描绘证实了该推断。他揭示了女人们常常得怎样地讨好荷兰基督教徒（丈夫）们，因为她们需要这些有权者们的安全保护。可是她们又与本土男人有婚外情，甚至生他们的孩子（Raven-Hart：76-77）。

这里值得一提的是，貌似在新的生存模式下，妇女似乎已陷入另一套新的法规之中。根据1760年的一条地方法律，如果一个基督教徒女人与非基督徒有染，她会被处以鞭刑直至流血，投入奴役且没收财产（Raven-Hart：58-59）。因为按照荷兰人的规定，嫁给荷兰男人的妇女在来科伦坡后过了堕落的生活，男人们会给教会权力监督这些妇女们的品行和生活方式（Arasaratnam：210）。因此，甚至这样生存手段也不容易。那些通过婚姻爬上了新的社会阶梯的女性，已获得了经济利益，但她们得为在新的体制下的幸存付出代价。

有证据表明虽然在新的体制下，妇女是更为独立的，但这些情况都是罕见而例外的。德国海员Schweitzer还讲到了一个地方，从Sitavaka回来后他在那儿进餐。房东太太是一个叫布兰科的混血儿。她父亲是葡萄牙人，母亲是一个守寡的僧伽罗妇女。布兰科嫁给了一个拥有船只的富裕商人。在其丈夫因海难失踪时，布兰科却过着舒适的生活，拥有二十个孟加拉奴隶，穿着透明材质配有金色纽扣的短衣外套，全身裹着彩绸。她会说葡萄牙、僧伽罗、马那巴尔和马尔代夫话（Raven-Hart：74）。布兰科不是典型的例子，她只是一个例外。她很孤独，她最想嫁给这个海员Schweitzer，尽管他拒绝了这种可能。她是个残酷的女人，欺诈她的奴隶，常抽雪茄，有堪称“淫乱”的性情。如此这般案例让我们断定新制度下的妇女生存状态是多么的脆弱。

因此，可以认为，殖民统治下的沿海地区僧伽罗妇女的经济角色以这样的方式改变了，结果她们是处在或这儿或那儿四处流散的情形。她们失去了已认可的经济角色，却没给与一个更进步的新角色。事实上，她们一起都被忽视了，剩下的出路只得是以某种新体制允许的方式自力谋生。殖民统治的经济政策更多关注男性劳力，而女性没有给予平等的工作机会。比如，1871 年的人口普查报告显示，男女工作的比率在工业上是 91.77%对 8.23%，在农业上是 93.49%对 6.51%。这清楚地表明，尽管殖民统治打破了（土著）原有体制的顺利运转，但它没能把女性列为一个更为进步的、有组织的、特定的经济角色。这些措施本可为她们经济状况提供保障：实现从次等角色到更积极主动、强有力的角色的转变。然而，真正的发生的事情是，沿海地区的女性甚至失去了以往土著体制下经济角色的原有保障。当人们把该情况与当时较落后可很有保障、只是有些受限定的康提地区妇女的经济角色相比，这是显而易见的。

（黄绚　译）

参考文献

Koggalage, O. T.. Changes in the Economic Role of Women of the Sinhalese Society in Sri Lanka from the 17th Century up to the 19th Century. *Journal of the University of Kalaniya*, 2013-2015, Pp:105-133.

第二章　斯里兰卡乌扬瓦农村家庭和孩子发展项目评估

为了促进社会和教育平等，斯里兰卡在康堤地区乌扬瓦村的一个贫困乡村实施了小学和家庭发展项目。该项目主要调查了母亲在家庭环境中的作用和对孩子学习的影响。影响孩子学习的原因包括缺乏动机和家庭支持、经济条件差、家务事多。家长的积极态度能够培养孩子的社会和学习能力。该项目涉及母亲参与的学习和讨论小组，讨论5个话题：家庭收入、健康和营养、学习设施、家庭互动、母亲和孩子互动。母亲积极参与家庭建设，对收入、健康和营养影响较大。

低收入无业母亲的家庭环境对孩子学习结果有重要影响。这是在康堤地区乌扬瓦村长期研究的结果。该地区的社会经济条件在斯里兰卡属于低层。人口多是贫困类别，无地农业工人，有少量土地的自耕自足农民，小规模农业产业、小商贩、手工艺人等是人口主体。缺乏学习动机、家庭支持、经济条件差、家务事多是妨碍孩子学习的主要原因，即妨碍学习的主要是社会经济原因。

康堤地区人口的营养状况非常糟糕。营养不良、失业、资源使用和经济自立在农村没有得到解决。家庭经济来源以父亲为主，母亲既是家庭主妇，也还得挣钱。贫困家庭母亲无法为孩子提供健康的学习环境、学习指导及物质支持。同时因为经济原因，她们也不理解孩子发展的需求。

研究表明，家庭影响孩子的认知和社会发展，家庭环境对学习有重要影响。家庭环境越健全，孩子的发展越全面，并且能够获得丰富和良好的知识结构。学校教育和社会交往培养孩子具有根据恰当背景知识来解决新问题和归纳的能力(Vygotsky, 1978)。母亲是孩子成长的重要中介。态度积极的父母与孩子学习能力,孩子智力发展和社会能力发展密切相关。反之,母亲教育程度低和自尊低负面地影响孩子学习。研究还表明,贫困也影响孩子学习,影响持续连贯的父母支持和影响孩子的社会表现,父母的积极作用和智力上的参与是促进孩子认知的必要家庭环境条件。

该项目目标是通过对低收入母亲的教育以促进家庭环境的改善。研究对5个因素进行了检测:家庭收入、健康和营养、学习设施、家庭交往互动、母亲与孩子互动。研究的样本人群是25个未受过教育、没有就业、低收入家庭的母亲,每月收入低于1 000卢比,大约21美元,其25个孩子是在村庄小学4年级。选择的标准包括:收入的管理、日常生活、教育标准、家庭关系和交往、健康和营养、生活方式等。大多数母亲的教育不超过6年级,孩子多是4~10岁。大多数丈夫收入低。

他们的家庭住房多是2~3个房间,厨房和卧室小,有6~12个家庭成员。母亲占用一间房作为家庭副业场所或者开商店。大多数房屋没有电,日落而息,因为煤油也不便宜。孩子仅能够白天学习,并且没有单独学习的地方。学习材料仅有政府发放的教科书。大多数孩子没有与家长一道去图书馆的经历。母亲不知道如何辅导孩子,对孩子健康不关注,特别是不知道健康营养食品。这些是低收入家庭孩子的教育出现问题的原因。

参与进行研究的15个研究人员接受了作为教师、观察者和访谈者的训练。他们定期开展培训课、工作坊和手工艺项目,开展家庭收入、健康和营养、学习设施、家庭交往互动、母亲和孩子互动5个方面的家庭环境教育。教育内容包括儿童发展问题,使用教育资源帮助孩子学习,改善家庭健康与营养,加强社会交往和就业技能。教师也作为家庭咨询师,他们的构成包括小学4年级教师、课程设计专家和师范学院专家，参与了学生评估。评估包括母语的听说读写能力、数学包括4年级课程要求。

观察包括家庭的5个方面。对母亲的参与采用了5级评分，对母亲的采访包括母亲在5个方面的参与。在对母亲采访之前，2位教师对学生的数学和母语进行了前测和后测。后测是在对母亲的干预项目实施12周后进行的。

教师们通过讨论、工作坊、研讨会、项目的实地工作，对母亲在家庭环境5个方面进行了培训，帮助母亲获得5个方面的知识和技能。

在家庭收入领域，培训母亲投入家庭副业，如手工艺、花卉艺术、织包、花卉和蔬菜种植、盆景、蘑菇种植、衣服裁剪、玩具制作、美发等。给她们提供了创业的材料，鼓励她们组织起来，从各种渠道获得资金援助，鼓励她们利用村庄的现有原材料进行家庭生产活动。

在健康与营养方面，母亲参与各种活动，获得必要知识。她们学到制作营养餐、维系家庭卫生、改进如厕习惯、房间布置、抛弃废物、饮用开水等。母亲们获得的健康与营养信息使她们具有了对孩子的卫生与健康需求的意识。项目还放映了健康与营养方面的电影，举办了展览，帮助母亲获得家庭健康和解决孩子健康问题的知识。

在促进学习方面，家长和孩子参与学校活动，帮助家长获得能力，了解孩子在学校的学习情况。也帮助母亲利用家庭附近的资源，如公共图书馆和娱乐中心来帮助孩子学习。母亲学会了创造一个家庭学习环境，为孩子准备临时课桌和椅子。这些有助于母亲在帮助孩子学习中发挥积极作用，密切与孩子的关系。

在家庭互动和母亲孩子互动方面，项目给予了母亲必要指导和方法，帮助她们理解和找到恰当的方式来处理孩子的需求和行为问题，建立与孩子的良好关系。教师组织了学习环境，帮助母亲与孩子参与社会活动，如自愿劳动，发展与社区其他成员的关系。

家庭观察是关注母亲在家庭环境中所参与的各个方面，首次观察是在母亲参与教育和技能发展项目之前。第二次观察是在干预项目开始的6个星期之后,第三次观察是在对孩子进行后测之后。观察人员在进行观察前与母亲和家人待了半小时,这样能够观察到真实的行为和家庭环境。

访谈进行了三次,以了解家庭情况和进展。访谈安排在观察之后的同一周,由两人进行。第一位访谈者对母亲进行访谈并且记录。第二位访谈者不参与访谈,只是对母亲反应作记录。以保证访谈的可靠性。

检测是对孩子的前测和后测结果分析,并且与标准结果比较。对母亲参与也进行了分析。对孩子成绩的检测结果是,母语和数学的后测结果好于前测结果。前测结果低于标准结果,后测结果则好于标准结果。

对母亲的观察结果包括对家庭5个方面的三次观察。第三次观察得分最高,母亲的参与也逐步增加。结果表明,通过对母亲的培训和鼓励母亲的参与,孩子的母语和数学成绩大幅提升。母语的提升是因为有母亲的积极参与,数学的提升是因为母亲创造了学习环境。

在所调查的5个方面中,家庭收入与健康和营养的变化较大。母亲获得了与职业相关的知识和技能,7位母亲开始了家庭副业,6位母亲还获得兼职工作,4位母亲的副业收入增加。所有母亲能够参与改善家庭社会经济地位的活动。访谈表明,健康与营养项目帮助母亲影响了家庭和孩子的健康和卫生,促进了健康的家庭环境。总之,母亲培训项目帮助她们解决了以前面临的问题,包括吃、穿、学习、环境卫生、疾病防治等。孩子们也更加积极参与学校的学习活动。母亲给出的建议也更有效果,特别是在学习方面。

对母亲的访谈让人们有机会了解她们面临的问题,找到帮助她们解决问题的方法。数据表明,家庭健康、营养、家庭环境、家庭收入都有改善。通过参与创建恰当的家庭环境,母亲们也增强了自信和自立感。结果显示，母亲越来越多地参与改善家庭状况，孩子的学习成绩也越来越多地得到改善。数据显示，孩子在学习行为和态度上也得到改善。通过母亲培训项目，低收入家庭的母亲能够改善家庭环境，从而提高和改善孩子的学习效果和学习成绩。

斯里兰卡某处地方法庭

第三章 斯里兰卡老人问题

随着生活水平的提高，营养改善和传染疾病的减少，人口老化成为全球现象。根据斯里兰卡人口统计局(DCSSL)调查，2012 年，斯里兰卡 60 岁及以上老人为 250 万，占人口的 12.4%。预计在 2031 年和 2061 年，老人将分别达到 450 万和 630 万(De Silva, 2007)。老人面临的问题包括身体功能衰减、疾病困扰、社会经济地位的改变、与社会的隔离和被忽视，及孤独感。老人长寿对健康的要求越来越高。

随着斯里兰卡 60 岁以上老人数量的增加，斯里兰卡也面临着老人健康和社会需求的挑战。一项对斯里兰卡农村老人生活质量和影响因素的研究表明，老人对保证生活质量最赞同的是"宗教、信仰和信念"，最不赞同的是"我没有钱维修房屋或者维持家用"。对老人生活起决定作用的因素是"独立居住，收入少，慢性肾脏疾病和自我健康评估低"。

生活质量(QOL)是多维的，包括健康状况、身体功能、各种症状、心理和社会调整、福利、生活满意度和幸福感(Ferrans, et al., 2005)。

斯里兰卡国家健康政策的一个目标是改善生活质量，提倡健康生活方式，预防疾病和失能(Ministry of Health Care and Nutrition-Sri Lanka, 2007)，强调老人是需要照顾的弱势群体。政府采取了一系列措施改善老人生活质量，包括制定了相关政策，发放老人卡，建立负责老人事务的书记处、老人委员会、日托中心，建立 70 岁老人并且没有家庭和孩子依靠的退休金制度(WHO, 2009)。政策还强调宗教和文化在尊重老人方面的作用，以及家庭照顾老人的责任。医疗系统面临的问题包括非传染疾病流行、社会保障覆盖面小、难以满足老人健康需求、资源缺乏和分配不平衡（World Bank，2008）、老人越来越多的身体和心理依赖性、经济贫困，及医院和社区缺乏老年护理资源。

斯里兰卡大约77.4%的人在农村(DCSSL，2012a)，生活条件比城市差，老年人状况也更差。家庭结构从传统大家庭到核心家庭的转变让老人失去了关照(World Bank，2008)。女性照顾老人的传统角色因为女性角色改变和工作而变化。老人的健康和福祉影响到其生活质量。生活质量受多种社会人口因素影响，如年龄、性别、婚姻状况、教育、生活方式、工作状态和经济地位，以及各种慢性疾病。功能性衰退导致老年人依赖性增加和生活质量下降。

这项研究调查了424位农村老人，多为佛教徒。结果表明，老人的生活质量不高，但因为有当地的佛教尊老爱幼的传统，老人的日子还算过得去。

斯里兰卡家庭有义务照顾老人的传统。研究表明，大多数老人(86.9%)与配偶或者子女生活，单独生活的不多。96.5%的老人认为宗教对生活质量重要，85.1%的认为文化/宗教/节假日重要。研究发现，家庭，社区和心理健康对生活质量重要，但老人的经济和健康状况差，41%的老人家庭收入低于国家贫困线。农村老人比城市更贫困。仅1/4的老人认为健康还可以。

家庭收入重要，它与贫困和社会地位相关，也与健康、压力和心理沮丧相关。斯里兰卡没有老人津贴的强制性社会保障制度，缺乏社会保障和失能津贴。政府需要增加贫困老人收入和福祉援助。慢性病也影响老人生活质量，自我健康感知对老人生活质量重要。

被调查的大多数农村老人的生活质量还过得去。对生活质量的影响因素中，宗教因素非常重要，家庭、社区和心理健康的指标相对好，而收入和健康较差。独立居住、收入不佳、慢性疾病和自我健康感知对生活质量影响非常大。

第四章　斯里兰卡的政党

传统上，斯里兰卡穆斯林社区被看作是温和与和谐的社区，斯里兰卡的穆斯林政治被看作是南部穆斯林政治和东北部穆斯林政治，传统的政治行为也是中性的。独立前后，穆斯林都奉行与僧伽罗族联合的政策。在僧伽罗王国中，有穆斯林人担任了部长、大使、军人、仲裁者、皇家医学专家和商业伙伴。独立后，大多数穆斯林支持僧伽罗主要政党，统一国民党（UNP）和斯里兰卡自由党（SLFP）。即使在斯里兰卡穆斯林议会这一政党成立后，大多数南方穆斯林同样如此。东北部的穆斯林在政治上与僧伽罗主要党派和泰米尔主要党派联合。穆斯林人继续在重要政府部门任职，如教育部、卫生部、交通部，还担任如市长、大使和议会领袖等重要职务。

20 世纪 80 年代中期，斯里兰卡政党穆斯林议会（the Sri Lanka Muslim Congress (SLMC)）出现，使得斯里兰卡穆斯林政治发生巨大变化，穆斯林政治转向意识形态和身份认同的政治。随着穆斯林议会领导人 Mr. MHM. 阿什拉夫在 2000 年 9 月去世，斯里兰卡穆斯林政治出现了分裂和转向的变化。

1986 年，斯里兰卡穆斯林政党穆斯林议会的出现改变了斯里兰卡穆斯林政治的范式。1983 年以来，东北地区的种族冲突和内战升级，导致社区间在政治和文化出现分裂和敌视，特别是在东北地区的僧伽罗、泰米尔和穆斯林群体之间。内战影响到人们的生存和家园的安全，为保护穆斯林社区利益，斯里兰卡穆斯林议会这样的穆斯林政治组织就出现了。斯里兰卡穆斯林议会作为国家政治的第三种力量出现，提出了穆斯林社区的利益和权益，其影响包括政治、经济和社会。

在政治影响上，斯里兰卡穆斯林议会作为东北地区种族冲突和解决冲突过程中代表穆斯林的政治声音，提出了穆斯林所关注的问题。斯里兰卡僧伽罗族主导的政府和泰米尔族是内战的双方，但东北部穆斯林受到战争影响，因此，斯里兰卡政府开始考虑穆斯林也是受到冲突影响和参加和平谈判的一方。

斯里兰卡穆斯林议会开始在议会代表穆斯林发声，成为泰米尔人族和僧伽罗族之外的第三种力量。该组织在议会获得4个席位，在东北省政府获得第二多席位。1994年，其与反对党联合，获得议会9个席位。从2000年的大选起，斯里兰卡穆斯林议会都是举足轻重的党派力量。

斯里兰卡穆斯林议会领导人 M. H. M. 阿什拉夫原是高级律师，在1986年成立斯里兰卡穆斯林议会后引起国内外关注。斯里兰卡穆斯林议会的政治目标是国家统一和社会和谐。尽管其名称是穆斯林议会，是为了争取穆斯林社区的利益，但其政策一开始就吸引了其他社区人群的关注。穆斯林议会推荐参政的人选也包括其他群体社区的人，如辛加人阿斯塔·佩雷拉就是由斯里兰卡穆斯林议会在1994年推荐到议会的。1998年，斯里兰卡穆斯林议会的领导人组织了另一个政党：全国统一联盟（the National Unitary Alliance，NUA），吸引了大量其他群体社区的人们加入，包括许多僧伽罗和泰米尔人。斯里兰卡穆斯林议会和全国统一联盟领导层还包括其他社区的人，在2000年的大选中，僧伽罗族的维玛拉维拉·迪萨那亚克就是全国统一联盟选出的国会议员。

斯里兰卡穆斯林议会呼吁所有社区平等发展，特别是东部省和北部省的穆斯林社区。在作为联合党执政时，斯里兰卡穆斯林议会争取到重建部的领导位置，利用政府经费进行社区重建。在1994—2000年期间，斯里兰卡穆斯林议会领导人为各种宗教遗产重建拨付了大量经费，开始了“模范定居村庄”建设，包括各种社区，在重建部，该领导人也招聘了各个社区的人加入。

在政治和社会上，斯里兰卡穆斯林议会与其他社区领导和政治家保持了良好关系，与僧伽罗主要党派斯里兰卡自由党和统一国民党也保持了良好关系，邀请其领导人参加斯里兰卡穆斯林议会全国代表大会。同时，与泰米尔政党也保持了良好关系，包括泰米尔联合解放阵线和锡兰工人议会。斯里兰卡穆斯林议会领导人阿什拉夫本人就是1970年代在泰米尔联合解放阵线开始了其政治生涯。

在经济上，斯里兰卡穆斯林议会在斯里兰卡北部省和东部省穆斯林社区的经济发展中起了主要作用。经济上，穆斯林社区成为其他社区的平等伙伴。斯里兰卡穆斯林议会呼吁加大对穆斯林社区受到内战影响地区的重建和救援，因为东南部地区建设滞后，斯里兰卡穆斯林议会呼吁加强港口建设，促进经济发展，对穆斯林社区的经济贡献表现在欧鲁维港口建设上，并且在港口建设中为穆斯林社区提供了大量工作机会。2008年，港口建设开工，完成后将对该地区发展起重要作用。

在社会影响上，斯里兰卡穆斯林议会促进了东部省和北部省穆斯林的社会文化影响。利用政府重建经费，斯里兰卡穆斯林议会关注学校、文化遗产和社会组织的重建，加强了社区内外的社会文化网络。斯里兰卡穆斯林议会的重要社会经济贡献包括建立东南大学和穆斯林文化博物馆。当内战使得穆斯林学生难以在东北地区的大学上学时，斯里兰卡穆斯林议会呼吁在安全的地区建立东南大学，政府确定了在欧鲁维建立东南大学。最初是穆斯林学生居多，现在也包括僧伽罗和泰米尔学生。斯里兰卡穆斯林议会还坚持在公共场所使用穆斯林文化习俗来促进对穆斯林传统习俗和文化遗产的保护。

斯里兰卡穆斯林议会作为穆斯林政党，在10年间成为斯里兰卡政治的第三种力量，但其领导人. H. M. 阿什拉夫在2000年9月16日去世后，斯里兰卡穆斯林议会出现分裂，在穆斯林政治和全国政治生活留下空白。斯里兰卡穆斯林议会的分裂有许多因素，首先是领导人的去世，这是分裂的主要原因。M. H. M. 阿什拉夫没有提出任何继承者，因此，他之后出现的是领导群体，由他的遗孀费利尔·阿什拉夫和劳夫·哈基姆成为共同领导人，出现了两大派系。

其次是领导层的分裂和竞争。在来自东部的领导人去世后，党内来自南方的影响增强。在领导层竞争中，南方影响的增强引起东部不满。斯里兰卡穆斯林议会在1986年成立时，在南部穆斯林中得到的支持不多，但斯里兰卡穆斯林议会最终成长壮大，被看作是代表整个斯里兰卡穆斯林。因为该党政治基础在东部，大多数人认为阿什拉夫去世后领导层应该来自东部省。但结果是领导人是来自南部的劳夫·哈基姆，导致东部和南部分裂。在2001—2002年的大选中，斯里兰卡穆斯林议会已经无法代表穆斯林社区的利益了。领导层的变化，传统的南部穆斯林领导人与统一国民党结盟，其首要目标是商贸。尽管M. H. M. 阿什拉夫在任时反对与统一国民党结盟，但继任的劳夫·哈基姆选择了结盟，从而受到东部穆斯林批评和反对。

与僧伽罗人的矛盾也是该党分裂的重要因素。僧伽罗人认为该组织影响到斯里兰卡的未来，应该改变只关注少数民族的立场。该党领导人M. H. M. 阿什拉夫公开反对僧伽罗人的观点，也遭到僧伽罗人的公开批评。M. H. M. 阿什拉夫去世后，遗孀费利尔·阿什拉夫继续支持人民联盟的联合政府，与党内另外一派形成分裂。

斯里兰卡穆斯林议会出现的背景是国内民族冲突。内战威胁了北部省和东部省穆斯林社区的生命财产安全，斯里兰卡穆斯林议会是作为保护穆斯林社区出现的。1987年签订的印度-斯里兰卡和平协议，北部和东部省合并，斯里兰卡穆斯林议会鼓吹东北部穆斯林地区自治，而这些被泰米尔人看作是威胁。泰米尔猛虎组织对穆斯林采取了暴力行动。当M. H. M. 阿什拉夫去世后，泰米尔组织与斯里兰卡穆斯林议会新领导人关系改善，但从来没真正将其作为平等伙伴。斯里兰卡穆斯林议会也出现反对与泰米尔人结盟的群体并且分裂出去。

外国因素也是斯里兰卡穆斯林议会分裂的原因。国外势力需要维护自己利益的政党。

斯里兰卡穆斯林议会分裂后，穆斯林社区出现更多的小型政党。M. H. M 阿什拉夫去世后该党两个领导人并存的局面仅延续了 6 个月就宣告结束，并且为此走上法庭。法庭给出的裁决结果是劳夫·哈基姆是斯里兰卡穆斯林议会领导人，费利尔·阿什拉夫是全国统一联盟领导人，与斯里兰卡穆斯林议会分裂，支持库马拉通嘉（Kumaratunge）总统领导的人民联盟政府。2004 年，一些反对斯里兰卡穆斯林议会领导层的议员脱离了斯里兰卡穆斯林议会，组成新党。有 6 个新党都宣称代表穆斯林，都继承了前领导人 M. H. M. 阿什拉夫的政策。穆斯林社区政治进一步分裂。

目前，斯里兰卡穆斯林社区和党派推出许多议会代表。在斯里兰卡议会的 23 个穆斯林代表中，4 个是从斯里兰卡穆斯林议会推出，4 个是斯里兰卡穆斯林议会和其他党联合推出，5 个代表执政党，3 个代表反对党。泰米尔全国联盟推出 1 个。有 2 个代表人民解放阵线，其他代表统一人民自由联盟。但他们是否能够代表穆斯林社区存在疑问，实际上是代表各自党派。传统上，担任政府的部长被认为是代表穆斯林，当斯里兰卡穆斯林议会出现时，其领导人阿什拉夫被斯里兰卡国内外看作是穆斯林社区的代表，但目前无人可以担当该任务。他去世后，所有的穆斯林议会成员和部长自认为他们代表了穆斯林声音，但实际上都没有代表穆斯林社区的资格。

穆斯林社区的问题还包括东北部穆斯林自治的要求。斯里兰卡穆斯林议会曾经提出了该要求，但除了斯里兰卡穆斯林议会，所有穆斯林政党都对东部自治保持沉默。在斯里兰卡穆斯林议会巅峰期，还出现了穆斯林公民社会萌芽，要求穆斯林社区的权益和要求。当时斯里兰卡东南大学能够组织穆斯林社区并且发声。目前，斯里兰卡穆斯林公民社会组织已经分裂,东南大学失去了其作用。

在斯里兰卡穆斯林议会巅峰期,其领导人 M. H. M. 阿什拉夫能够获得少量政治支持(议会仅 7 位成员),为穆斯林社区争取更多资源。他争取到两个重要部门,重建部和港口部的正职位置,另外两个部门的副职位置。他还在其他部门争取到重要干部位置和资源分配位置。在其去世后,尽管斯里兰卡穆斯林议会和其他穆斯林党派权力增加,大多数议员成为部长或者副部长,但大多数有职无权。

斯里兰卡穆斯林议会的分裂,使得穆斯林社区的权益和利益被忽视。在和平过程中,穆斯林坚持在和平谈判中的平等参与要求被僧伽罗人、泰米尔人和猛虎组织忽略。在面临自然灾害,如 2004 的海啸灾害中,家园重建工作也被忽略,穆斯林议员和部长也没有起多少作用。

穆斯林社区传统是中立的,但在斯里兰卡国内政治和内战的影响下,社区政治发生变化,民族政治出现。斯里兰卡穆斯林议会的出现是穆斯林政治范式的变化,对斯里兰卡国家和穆斯林政治产生巨大影响。其领导人的去世也对穆斯林政治和全国政治产生了影响。斯里兰卡穆斯林议会分裂为多个小党,穆斯林社区的影响和谈判能力下降,今后穆斯林社区的发展前景尚不明朗。

第五章　斯里兰卡国民经济与民族冲突的接合研究

摘要：当前，越来越多的国家与地区开始响应习近平主席提出的“一带一路”的倡议。斯里兰卡作为“21世纪海上丝绸之路”上的重要节点，是21世纪海上丝绸之路上的重要一环。本文借助斯图亚特霍尔的“接合”(Articulation)理论，对斯里兰卡国民经济与其民族冲突之间的关系进行了简要的梳理分析。分析发现，斯里兰卡的内战与民族冲突已经成为了其社会构成的重要组成部分。而其国民经济并没有在其内战时期直接受到冲击，反而在冲突之中存在着其发展的机遇。

关键词：斯里兰卡；民族冲突；国民经济；接合理论分析。

一、引言

当前，越来越多的国家与地区开始响应习近平主席提出的“一带一路”的倡议。斯里兰卡作为“21世纪海上丝绸之路”上的重要节点，是中国东南沿海地区连接东南亚、南亚，甚至欧洲、非洲沿线国家地区的重要一环。对于斯里兰卡来说，中国提出建设“21世纪海上丝绸之路”的倡议，与该国打造印度洋海上航运中心的设想不谋而合。双方共同建设和经营的汉班托塔港等重点合作项目，将成为“21世纪海上丝绸之路”的重要港口。(姚东琴，2014)在中国提出的“一带一路”倡议的框架下，斯里兰卡具有着重要的战略意义。

历史上，1505年葡萄牙总督之子在偶然之间发现岛国斯里兰卡之后，斯里兰卡结束了封建统治，进入了近代殖民时期。而中国在经过两次鸦片战争、中日甲午战争、八国联军侵华战争等，以及《南京条约》《天津条约》《北京条约》《马关条约》和《辛丑条约》等一系列不平等条约的签订，逐步沦为半殖民地半封建社会。正如半殖民地半封建社会给中国带来了极大的灾难，斯里兰卡的三段被殖民历史，同样让其承受了无法磨灭的痛楚，以至于殖民结束后，遗留在斯里兰卡的民族问题依旧突出。

本文将借助斯图亚特霍尔的"接合"(Articulation)理论，对斯里兰卡国民经济与其民族冲突之间的关系做简要的梳理分析。

二、斯图亚特霍尔的接合理论

霍尔认为，"接合"这种社会联系，"在某些条件下，可以连接两个不同的元素，但这种联系并不是永远绝对存在的。研究者必须搞清楚，在什么情况下才能建立这种联系。"(Hall，1996，142)他认为，通过将历史上具体的社会的要素相互接合起来，可以使社会要素的联系变为有意义的接合，而当有新的接合出现时，以前的意义也可能会被转化。

在"接合理论"这一框架下对斯里兰卡进行分析，下文将把斯里兰卡国民经济形势和民族冲突作为两个存在联系的要素，尝试探究其内在的联系。

三、斯里兰卡国民经济与民族冲突的接合研究

本文中所讨论的国民经济，是对于斯里兰卡人民具体生活中的经济现状的抽象化，并试图分析这种抽象化的描述是如何与斯里兰卡内战相关联的。国家层面的数据通常不包含非正规经济，即在内战期间较少受国家控制但得到迅猛发展的产业(Mwanasali，2000)，特别是与战争相关的产业。所以这种抽象化的国民经济并非建立在"国家"的层面上，而是建立在其国内所有阶层人民谋生的基础之上。因此，

本文将把斯里兰卡人民所遭遇的历史转变与经济困境带入我们的视界，同时人民也成为了历史的见证者与参与者。

斯里兰卡的人口具有其异质性，随着时间的推移，不同民族的人群对于其自身的身份认同存在着很大的差异，而宗教、语言和种姓往往比种族扮演着更重要的角色（Rogers，1994）斯里兰卡从1796年至1948年间作为英国的皇家殖民地，显然，当代对于斯里兰卡种族的研究起始于19世纪的英国社会学家。

英国的社会学家认为，斯里兰卡的人口主要由三个民族或曰“种族”组成：僧伽罗人、泰米尔人或马拉巴尔人，以及摩尔人——斯里兰卡国内的穆斯林（Rogers，1993），社会学家们也把这三个基本的种族群体当作“固定实体”（fixed entities），他们指出，通过内在的以及准生物学上的差异，可以通过外表、态度、性格和文化上被识别（Rogers，1993）。英国种族主义理论逐渐淡化其早期更为看重的宗教和种姓。然而，语言却被逐渐视为种族特征的重要标记，特别是在语言学家和社会学家认识到僧伽罗语和泰米尔语分属于不同的语系之后（Rogers，1994）。英国在其殖民期间，对不同民族进行了人口普查与居住地的划分，在英国殖民者看来，这些区分是帮助各个民族或种族达到内部团结，而不是制造民族之间的矛盾。20世纪以来，宗教作为民族的社会标记也引起了社会学家的重视。在斯里兰卡，几乎所有的僧伽罗人都是佛教徒，大多数泰米尔人是印度教徒，而两民族之中都有些是基督徒。因此，宗教分歧从未完全反映在民族中：69.3%的人口将自己定义为佛教，15.4%为印度教，7.6%为基督教，7.6%为穆斯林（S. de Silva，1997：51）。然而，僧伽罗人中的非佛教徒愈加频繁地发现，其宗教信仰在政治和社会方面被淡化了，社会更加强调他们的作为僧伽罗人的民族身份（Bartholomeusz & de Silva，1998）。

现代主义和后东方主义学者普遍认为，殖民时期的政治团体，通过其社会活动获得各个种族团体、种姓群体以及语言社区的支持，一旦当选，他们就会对支持他们的团体提供政治权利和经济利益上的回馈。正是在这个过程中，“经济”和“民族”在普通人的生活经验中是一体的(Mwanasali，2000)，即两者之间存在接合关系。

随着斯里兰卡和世界其他国家内战的结束，一种称之为后种族理论的新的理论解释逐步形成。后种族论的观点是，无论战争发展的动力是什么，不管是由于历史传统的原因，还是如斯里兰卡一般的种族民族划分，对战争起源解释都不再是对战争存在的唯一解释。因为随着时间的推移，战争成为了一种新的社会形式，一种基于包括战争和暴力在内的社会经济形式，战争已经逐渐转变为人民正在塑造现实生活的一部分。战争的发展导致了一系列的社会变化，这些变化使得斯里兰卡人民的经济生活领域发生了彻底的改变。斯里兰卡内战开始时，斯里兰卡军队达到 12 000 人，而现在达到当时的十多倍。1985 年，军费开支仅占国内生产总值的 1.61% ，到了 1996 年，增长为 6.02%(Arunatilake，Jayasuriya & Kelegama，2000：22)。斯里兰卡政府增加军费预算，并用更高的薪资雇佣更多的军队，这并不能保证战争的胜利，但确实可以给一些人提供了有偿的工作机会(Goodhand et al.，2000：394-395)。当军队中的军人死亡时，他们的家属不仅能够得到政府对棺木的护送(Gamburd，1999)，此外还会给军人家庭提供抚恤金：直到军人去世一年之后，其家属将获得每月 55 美元的抚恤金，以及大额的一次性抚恤(Edirisinghe，2000)。与此同时，这些军人必须统一着装、饮食、武装以及埋葬，所有这些都创造了其他工作机会和其他产业市场。因此，政府的军费开支每年约为 10 亿美元(Edirisinghe，2000)，可以说是为数以千计的普通百姓提供了赖以谋生的机会，这可以说是斯里兰卡内战颇具讽刺的一点。

四、结论

总体而言，通过后种族理论视角下的斯里兰卡国民经济与民族冲突的接合分析可以发现，斯里兰卡的内战与民族冲突已经成为了其社会构成的重要组成部分。而其国民经济并没有在其内战时期直接受到冲击，反而在冲突之中存在着其发展的机遇。现如今，斯里兰卡经济政策的制定仍无法脱离其国内的民族因素。而中国与斯里兰卡在近年的双边外交中，曾出现过中国交建与斯里兰卡国家港务局共同开发科伦坡港口城暂停建设的不愉快事件，是否背后有民族冲突的因素，还有待商榷。同时，本文的接合研究是否可以为相关决策制定者提供一个新的思路也有待考察。但由于本文将斯里兰卡国民经济以及民族冲突作为两种进行接合的社会要素，却缺乏对于其国内意识形态以及社会环境更深入的分析，可能会使得分析结论存在一定偏差。

参考文献

姚东琴."一路一带"战略提出一周年之际 习主席的"丝路之旅"收获了什么.中国经济周刊，2014(37)：62-65

邹威华.斯图亚特·霍尔的"接合理论"研究.当代外国文学，2012(1)：42-49

Arunatilake，Nisha，Sisira Jayasuriya，and Saman Kelegama. 2000. The Economic Cost of the War in Sri Lanka. *Research Studies*，*Macroeconomic Policy and Planning Series*，13. *Colombo*：Institute of Policy Studies.

Bartholomeusz，Tessa J.，and Chandra R. De Silva，eds. 1998. Buddhist Fundamentalism and Minority Identities in Sri Lanka. Albany：SUNY Press.

De Silva，Soma. 1997. Population. *In Arjuna's Atlas of Sri Lanka*. T. Somasekaram，M. P. Perera，M. B. G. de Silva，and H. Godellawatta，eds. Pp. 47-52. Dehiwala，Sri Lanka：Arjuna Consulting.

Edirisinghe，Roland. 2000. Colombo Dispatch：War Effort. *New Republic*，July 31：15-16.

Goodhand, Jonathan, David Hulme, and Nick Lewer 2000 Social Capital and the Political Economy of Violence: A Case Study of Sri Lanka. *Disasters* 24(4): 390-406.

Gamburd, Michele Ruth. 1995. Sri Lanka's "Army of Housemaids": Control of Remittances and Gender Transformations. *Anthropologica* 37: 49-88.

Gamburd, Michele Ruth. 1999. Wearing a Dead Man's Jacket: State Symbols in Troubled Places. *In Conflict and* 210 *References Cited Community in Contemporary Sri Lanka*: "*Pearl of the East*" or "*Island of Tears*"? Siri Gamage and Bruce Watson, eds. Pp. 165-177. New Delhi: Sage.

Hall, Stuart. 1996. On Postmodernism and Articulation: An Interview with Stuart Hall. *In Stuart Hall*: *Critical Dialogues in Cultural Studies*. David Morley and Kuan-Hsing Chen, eds. Pp. 131-150. New York: Routledge.

Mwanasali, Musifiky 2000. The View from Below. *In Greed and Grievance*: *Economic Agendas in Civil Wars*. A project of the International Peace Academy. Mats Berdal and David M. Malone, eds. Pp. 137-153. Boulder: Lynne Rienner.

Rogers, John D. 1993. Colonial Perceptions of Ethnicity and Culture in Early Nineteenth-Century Sri Lanka. *In Society and Ideology*: *Essays in South Asian History Presented to Professor K. A. Ballhatchet*. Peter Robb, ed. pp. 97-109. Delhi: Oxford University Press.

Rogers, John D. 1994. Post-Orientalism and the Interpretation of Premodern and Modern Political Identities: The Case of Sri Lanka. *Journal of Asian Studies*, 53(1):10-23.

韩宗良

参考文献

Aliff, S. M. Muslim Politics of Sri Lanka and Roles of Sri Lanka Muslim Congress, *South Asian Studies*, 2012, 27(1), 247-261.

Anderson, G. *Fundamentals of Educational Research*. New York, NY:Falmer. 1990.

Apprenticeship in Sri Lanka, Education in Asia and the Pacific: reviews, reports and notes, Number 22, December 1985, 63-67. Reprinted (or adapted) from Education in Asia and the Pacific: reviews, reports and notes, of the Unesco Regional Office for Education in Asia and the Pacific, Bangkok,

Aturupane, Harsha. The Pearl of Great Price: AchievingEquitable Access to Primary and SecondaryEducation and Enhancing Learning in Sri Lanka, *Research Monograph No*. 29, February 2009.

Aturupane, Harsha, Paul Glewwe and Suzanne Wisniewski. The impact of school quality, socioeconomic factors, and child health on students' academic performance: evidence from Sri Lankan primary schools, *Education Economics* 2013, 21(1), 2-37 .

Auerbach, E. R. The politics of the ESL classroom: issues of power in pedagogicalchoices. In J. W. Tollefson (ed.) *Power and Inequality in Language Education* (pp 9-33). Cambridge: Cambridge University Press. 1995.

Avalos, Beatrice. *Initial Teacher Training: South Asian Approa-*

ches. Quality in Basic Education: Professional Development of Teachers. Papers Prepared for a South Asian Colloquium on Teacher Training in Asia; Bangladesh; India; Pakistan; Sri Lanka, Commonwealth Secretariat, London (England). 1993.

Bandarage, Asoka. College Degree Bera Bitter Fruit in SriLanka. *The Chronicle of Higher Education* 1998. 45 (17):B8.

Berman, Sally D. ICT-based Distance Education in South Asia. *International Review of Research in Open and Distance Learning*, 2008, 9(3), 1-6.

Bernaisch, Tobias, Attitudes towards Englishes in Sri Lanka, *World Englishes*, 2012, 31(3), 279-291.

Brock-Utne, B. Peace Education in an Era of Globalization. *Peace Review*, 2000. 12(1): 131-138.

Brown, K. *Encyclopedia of Languages and Linguistics.* 2nd edition. Oxford: Elsevier Ltd. 2006.

Canagarajah, S. Dilemmas in planning English/vernacular relations in post-colonial communities. *Journal of Sociolinguistics*, 2005, 9(3), 418-447.

Carnoy, Martin. *Globalization and Educational Restructuring.* Pari: International Institute of Educational Planning. 2000.

Chandrasiri, S. Financing of University Education in Sri Lanka. *Higher Education*, 2003, 45(1), 91-108.

Cirocki, Andrzej; Sujeewa Tennekoon & Alicia Pena Calvo, Research and Reflective Practice in the ESL Classroom: Voicesfrom Sri Lanka. *Australian Journal of Teacher Education*, 2014, 39 (4). 24-37.

Colenso, Peter. Education and social cohesion: developing a framework for educationsector reform in Sri Lanka. *Compare*, 2005, 35 (4), 411-428.

Curriculum for Development: Analysis and Review ofProcesses, Products and Outcomes. *Final Report: Sub-Regional Curriculum Workshop* (Colombo, Sri Lanka, October 1-30, 1976. United Nations Educational, Scientific, and Cultural Organization, Bangkok (Thailand). Regional Office for Education in Asia.

De Silva, K. M. *A history of Sri Lanka*. London: C. Hurst & Company. 1981.

De Silva, W. I. *A Population Projection of Sri Lanka: For the NewMillenium* 2001-101: *Trends and Implication*. Sri Lanka: Institute ofHealth Policy. 2007. Retrieved from http://www.ihp.lk/publications/docs/IHPIdeSilva2007.pdf

Dharmadasa, Indranie. Family and Child Development Project in the Village of Uyanwatta in Sri Lanka. *Paper presented at the Annual Meeting of theMid-South Educational Research Association, Nashville, TN*, November 9-11, 1994.

Dharmadasa, Indranie. Class Size and Student Achievement in Sri Lanka. *Nov* 1995, *Paper presented at the Annual Conference of theMid-South Educational Research Association* (Biloxi, MS, November 8-10, 1995).

Dharmadasa, Kiri H. And Others, *Sri Lankan Teachers'* Development. Paper presented at the Annual Meeting of the Mid-South Educational Research Association (Tuscaloosa, AL, November 6-8, 1996).

English Language Teaching Profile: Sri Lanka. *British Council, London* (England). English-TeachingInformation Centre. Aug

1976

Ferrans, C. E. , Zerwic, J. J. , Wilbur, J. E. , & Larson, J. L.. Conceptual model of health-related quality of life. *Journal ofNursing Scholarship*, 2005, 37(4), 336-342.

Grass Roots. Networking for Primaryducation: CaseStudies: Thailand, Sri Lanka, Philippines, Japan. *United Nations Educational, Scientific, and Cultural Organization, Bangkok (Thailand). Regional Office for Education in Asia and the Pacific*, 1985

Gunesekera. Manique Morphosyntactic errors of fluent speakers of English in Sri Lanka. *Vaag Vidya* 2000(7):112-33.

Hallak, Jacques. Financing and Educational Policy in Sri Lanka(Ceylon.). *Financing Educational Systems: Country CaseStudies*-1. United Nations Educational, Scientific, and CulturalOrganization, Paris (France). International Inst. ForEducational Planning. Paris 1972.

Herath, Sreemali. Language policy, ethnic tensions and linguistic rights in post war Sri Lanka, *Lang Policy*, 14:245-261, 2015.

Holmes, Janet. *An Introduction to Sociolinguistics*, 3rd edn. Harlow: Pearson Longman, 2008.

Hopkins, D. *A Teacher's Guide to Classroom Research*. Maidenhead: OpenUniversity Press, 2008.

Hussainmiya, B. A. *Orang Regimen: The Regiment People. A Study of the Malays of the CeylonRifl e Regiment* 1827—1873. Unpublished Dissertation. University of Peradeniya, Sri Lanka, 1984.

Ismail, A. G. H. Face-to-Face and Distance Learning in Sri Lanka:

Contradictory or Complementary. *Paper presented at the Annual Conference of theAsian Association of Open Universities* (4th, Colombo, Sri Lanka, September 17-18, 1991.)

Jayasuriya, Shihan de Silva. Cross-Cultural Influences on the Language of the Sri Lankan Malays. *African and Asian Studies*, 2009(8): 222-238.

Karunanayaka, Shironica P. ,Som Naidu, J. C. N. Rajendra & H. U. W. Ratnayake, From OER to OEP: shifting practitioner perspectives and practices with innovative learning experience design. *Open Praxis*, 2015, 7(4), 339-350.

Kandiah, T. Re-visioning, revolution, revisionism: English and the ambiguities of post-colonial practice. *Unpublished paper*, 2000.

Laitin, D. Language conflict and violence: The straw that strengthens the camels back. *European Journal of Sociology*, 2000,41(1), 97-137.

Lindberg, Jonas. The Changing Accessibility of Educational Opportunities in Southern Sri Lanka. *Development and Change*,2010, 41(1):131-151.

Little, Angela W. The Politics, Policies and Progress of Basic Education in Sri Lanka. *Research Monograph*, 2010(7):38.

Liyanagunawardena, Tharindu R. , Andrew A. Adams; Naz Rassool3 & Shirley A. Williams. Using non-Personal Computers for eLearning: Sri Lankan Experience. *Journal of Education and Training Studies*, 2013, 1(2),152-158.

Liyanagunawardena, T. R. Blended learning in distance education: Sri Lankan perspective. *International Journal of Education and Development (Using Information and Communication Technol-*

ogy)(IJEDICT), 2014, 10 (1), 55-69.

Liyanagunawardena, Tharindu Rekha; Andrew A. Adams; Naz Rassool &Shirley A. Williams. Developing government policies for distance education:Lessons learnt from two Sri Lankan case studies, *Published online*: 12 *August* 2014*Springer Science + Business Media Dordrecht and UNESCO Institute for Lifelong Learning* 2014

Lo Bianco, Joseph. Training Teachers of Language and Culture. *Language Australia Research Policy and Practice Papers*. ISB-NISBN-1-876768-00-2, 1999.

Lo Bianco, Joseph, Ed. Voices from Phnom Penh. Development & Language: GlobalInfluences & Local Effects. *Language Australia* , *Ltd*2002.

Marambe, Kosala N. &Jan D. Vermunt &Henny P. A. Boshuizen, A cross-cultural comparison of student learning patterns in higher education. *High Educ* , 2012, 64:299-316.

Martyn, S.. In post-conflict Sri Lanka, language is essential for reconciliation, 2013. *Retrieved from http://asiafoundation.org/in-asia/*2013/01/16/*in-post-conflict-sri-lanka-language-is-essentialfor-reconciliation/on* 20 *Feb* 2014.

Menefee, Trey& Mark Bray. Education in the CommonwealthTowards and Beyond the Internationally Agreed Goals. *Report Commissioned for the* 18*th Conference of Commonwealth Education Ministers* (*CCEM*) *in Mauritius*, 28-31 *August* 2012, *basedaround the theme* "*Education in the Commonwealth*: *Bridging the Gapas we Accelerate Towards Achieving Internationally Agreed Goals*"*Commonwealth Secretariat* 2012.

Mendis, D. Language planning and ethnicity: Attitudes and perceptions from the education sector. *The Sri Lanka Journal of the Humanities*, 2002:XXVII & XXVIII, 161-184.

Meyler, Michael. A Dictionary of Sri Lankan English. *Colombo: Mirisgala*. 2007.

Meyler, Michael. A snooty English speaker' s reply. Retrieved 7 January, 2011, from http://www. groundviews. 2010. org/2010/06/03/a-snooty-English—speaker% E2% 80% 99sreply/ # more-3538.

Mezirow, J. Fostering Critical Reflection in Adulthood: A Guide to-Transformative and Emancipatory Learning. *San Francisco, CA: Jossey-Bass*. 1990.

Peiris, K. M. and Nanayakkara, S. "Curriculum and Assessment" in Little, A. W. (ed.) Primary Education Reform in Sri Lanka. *Isurupaya: Ministry of Education and HigherEducation*. 2000.

Phillipson, R. The Globalization of Dominant Languages. In: Brock- Utne. B. & Gunnar G. (eds.), *Globalization on Whose Terms*. University of Oslo: Institute for Educational Research. 1999.

Punchi, Lakshman. Resistance Towards the Language of Globalisation: The Case of Sri Lanka. *International Review of Eduction*, 2001,47(3-4):361-378.

Raheem, R. Configuring the mosaic: Investigating language use and attitude in Sri Lanka. In S. Herath & H. Ratwatte (Eds.), *English in the Multilingual Environment: Proceedings of the* 2004, 2006.

Raheem, Ryhana. Foreword. In Michael Meyler. A Dictionary of Sri Lankan English(*pp. vii-viii*). *Colombo*: *Mirisgala*. 2007.

Rathnayake, Sarath and Sidiah Siop. Quality of Life and Its Determinants among Older People Living in the Rural Communityin Sri Lanka. *Indian Journal of Gerontology*, 2015, 29(2), 131-153.

Risager, K., Language teaching and the process of Europeanintegration, pp242-254 in Byram, M., and Fleming, M., *Language learningin Intercultural Perspective-Approaches through drama and ethnography*. Cambridge University Press, 1998.

Schneider, Edgar W. *Postcolonial English*: *Varieties around the World*. Cambridge: Cambridge University Press, 2007.

Schön, D. A. *The Reflective Practitioner*: *How Professionals Think in Action*. New York, NY: Basic Books, 1983.

Sedere, Upali M., The Context of Educational Reforms Then and Now, *In Commemoration of Dr. C. W. W. Kannangara's* 121*st Birthday*, October 13, 2005.

Sedere, Upali M. Equity in Education: Opportunities and Challenges In A Changing Sri Lanka. *Sri Lanka Association for the Advancemet of Science*, *Proceedings of the Theme Seminar*, 7th December 2010

Sedere, Upali M. *Towards A Stress Free Education—The International Perspective*, 5th Annual Academic Sessions, February 3rd, 2010

Sedere, Upali M. The Changing Times: General Education And The Vocational Training System in Sri Lanka, *Convocational Address*, *Bandaranayake Memorial International Conference-Hall*, *Colombo*, *Sri Lanka*, *November* 16, 2010.

Senge, P. *The Fifth Discipline: The Art and Practice of the Learning Organisation*. New York, NY: Doubleday. 1990.

Sharma, C. L. *Ethnicity, Communal Relations, and Education in Sri Lanka (Ceylon)*. 1976, *ED* 125 143*El* 008 475, ERIC.

Siyambalapitiya, S B. Impact of Changing University Admission Criteria on Engineering Education in Sri Lanka. *Innovations in Education and Teaching International*, 2001 Taylor & Francis Ltd.

Skuttnabb-Kangas, T. Human rights and language wrongs—a future for diversity? *Language Sciences*, 1998, 20, 5-28.

Slavin, R. Class size and student achievement: Is smaller better? *Contemporary Education*, 1990, Fall. 62(1), 6-12.

Stenhouse, L. *An Introduction to Curriculum Research and Development*. London: Heinemann. 1975.

Stremmel, A. J, V. R. Fu & L. T. Hill. *The Transformation of Self in EarlyChildhood Teacher Education: Connections to the Reggio Emilia Approach*. In V. R. Fu, A. J. Stremmel and L. T. Hill (Eds.), *Teaching and Learning: Collaborative Exploration of the Reggio Emilia Approach* (pp. 135-45). Upper Saddle River, NJ: Merrill/Prentice Hall. 2002

Thomas, Elwyn. Policy and Practice in Initial Teacher Training, Quality in Basic Education: Professional Developmentof Teachers. *Papers Presented at a South Asian Colloquium on Teacher Training* (Colombo, Sri Lanka, April 1992). *Commonwealth Secretariat*, London (England), 1993.

Towards Universalization of Primary Education in Asiaand the Pacific: Country Studies—Sri Lanka. *United Nations Educational*,

Scientific, and CulturalOrganization, Bangkok (Thailand). *Regional Office For Education in Asia and the Pacific*, 1984.

Warnapala, Yajni & Karishma Silva. Z-Score demystified: a critical analysis of the Sri Lankanuniversity admission policy. *Journal of Case Studies in Education*, 2007. (1), 1-18.

Zwozdiak-Myers, P. *The Teacher's Reflective Practice Handbook. Becoming an Extended Professional through Capturing Evidence-informed Practice*. New York, NY: Routledge, 2012.

术 语 表

A Center for Education Leadership Development (CELD)教育领导力发展中心

A National Policy on Disability 国家残疾人政策

additional secretary 部长助理

Ambon 安汶

Amparai 安帕赖

An Action-Oriented Strategy Towards a National Education Policy 国家教育政策的行动本位战略

Anuradhapura 阿奴拉达普勒

Ashraff 阿什拉夫

Asita Perera 阿斯塔·佩雷拉

Athulathmudali, Lalith 阿索拉斯穆达里,拉利特

Bacan 巴占

Bandaranayake 班达拉奈克

Banda 班达

Batticaloa 拜蒂克洛

Burgher 伯格人

D. S. Senanayake 塞纳纳亚克

Dakar, Senegal 达喀尔,塞内加尔

Dharamawadana 德拉马瓦德那

divisional offices 分区办公室

Dudley Senanayake

Education Ordinance no. 31《31 号教育条例》

Education Reforms Implementation Unit（ERIU）教育改革特别实施小组

Education Review Committee 教育评估委员会

Education Sector Development Framework and Program（ESDFP）教育领域发展框架和措施

Finance Commission 财政委员会向

Feriel Ashraff 费利尔·阿什拉夫

Galle 加勒和

Gampaha 加姆珀哈

Government Publications Bureau 政府出版署

Hambantota 汉班托特

I. M. R. A. Iriyagolla 伊里亚戈拉

Jaffna 贾夫纳

Janatha Vimukthi Peramuna（JVP）斯里兰卡人民解放阵线

Job Bank 工作岗位银行

K. H. M. Sumathipala 苏马思帕拉

Kaiutdra 凯育特拉

Kalimantan 加里曼丹

Kamala Peiris 卡玛拉·派瑞斯

Kandy 康堤

Kelaniya 凯拉尼亚

Kirinda 基林德

Kumaratunge 库马拉通嘉

Language Act of 1956 语言法

Madura 马都拉

Mahinda Rajapaksa 马欣达·拉贾帕克萨

Mahinda Ranaweera 马欣达·拉那维拉

Mannar 马纳尔

Maradana 马拉达纳

Matara 马塔拉

Moluccas 马鲁古群岛

Montessori schools 蒙特梭利学校

Mrs. Srimavo Bandaranaike 达拉奈克夫人

National Colleges of Education (NCOEs) 国立教育学院

National Education Commission 国家教育委员会

National Education Research and Evaluation Centre 国家教育研究和评估中心

National Institute of Education (NIE) 国家教育学院

National Policy on Early Childhood Care and Development (ECCD)《儿童早期养育和发展国家政策》

National Unity Alliance 民族团结联盟

NEP 国家教育政策

Nuwara Eliya 努沃勒埃利亚

Oluvil Port 欧鲁维港口

People's Alliance Government 人民联盟政府

Perera 佩雷拉

Polonnaruwa 波隆纳鲁沃

Premadasa 普雷马达萨

Presidential Commission on Youth 总统年轻人事务委员会

Pre-vocational studies《职业准备》

Proposals for a National Policy Framework on General Education in Sri Lanka 斯里兰卡普通教育国家政策框架建议

Rauff Hakeem 劳夫哈基姆

Ruhuna 卢哈纳

Sailendra empire 夏伦德拉王朝

school attendance committee 入学委员会

school attendance monitoring committee 入学监督委员会

Sri Jayewardenapura 斯里贾亚瓦德纳普拉

Sri Lanka Educational Administrative Service (SLEAS) 斯里兰卡教育行政中心

Sri Lanka Freedom Party (SLFP) 斯里兰卡自由党

Srivijaya Empire 室利佛逝帝国

Sumatra 苏门答腊岛

Suntharalingam 孙塔拉林加姆

Swedish International Development Cooperation Agency (SIDA) 瑞典国际发展合作署

Tambralinga 单马令

Tamil Language (Special Provisions) Act no. 28《泰米尔语言法第28号》

Tamil National Alliance 泰米尔全国联盟

Tamils United Liberation Front (TULF)

Teacher appraisal schemes 教师评估项目

Teacher Centers (TCs) 教师培训中心

the Board of Education 教育局

the Board of Ministers 部长会议

the Brahmi script 婆罗米语

the Compulsory Education Regulations《义务教育规定》

the Consortium for Research on Educational Access, Transitions and Equity (CREATE) 教育机会,转折和平等联合研究机构

the Department of Examinations 考试处

the DFID 英国国际发展署

the Divisional Schools Development (DSD) 分区学校发展项目

the Executive Committee for Education 教育执行委员会

the Free Education Scheme《免费教育计划》

the Higher National Certificate of Education (HNCE) 国家考试高级证书

the Improvement of Schools by Division(ISD) 分区学校改善项目

the Jomtien conference on Education For All 泰国乔木提恩的全民教育会议

the Lesser Sunda Islands 小巽他群岛

the Ministry of Planning and Employment 计划和就业部

the National Certificate of General Education (NCGE) 国家普通教育考试证书

the National Institute of Language Education and Training (NILET) 国家语言教育和培训学院

the National Unitary Alliance (NUA)全国统一联盟

the Official Languages Act《官方语言法》

the Pallava script 帕拉瓦文

the Peoples' United Front 人民统一阵线

the Poor Law Ordinance 贫困法条款

the Presidential Task Force on General Education 总统普通教育特别团队

the Public Service Commission (PSC) 公共服务委员会

the Rural Schools Ordinance《农村学校法》

the School Cluster Unit of the Policy Co-ordination Branch of the Ministry of Education 教育部政策协调司学校群处

the Sri Lanka Institute for Advanced Technical Education (SLIATE) 斯里兰卡高等技术教育学院

the Sri Lanka Teacher Educators Service 斯里兰卡教师教育者中心

the Tertiary Vocational Education Commission (TVEC) 高等职业教育委员会

the Town Schools Ordinance《都市学校法》

the UNESCO Institute for Statistics (UIS)联合国教科文组织统计研究所

the United Nations Children's Fund (UNICEF) 联合国儿童基金会

the United People's Freedom Alliance (UPFA) 统一人民自由联盟

the Verenigde Oostindische Compagnie (VOC) 荷兰东印度公司

the World Human Development Report —2004《2004 年世界人类发展报告》

Tidore 蒂多雷

Timor 帝汶

Towards a National Education Policy (NEP)《迈向国家教育政策》

Trincomalee 亭可马里

Trotskyist and Communist factions 托洛斯基分子和共产主义派别

United National Party (UNP) 统一国民党

The University of Peradeniya 佩拉德尼亚

University Grants Commission (UGC) 大学拨款委员会

Vimalaweera Disanayake 维玛拉维拉·迪萨那亚克

zonal offices 地区办公室